ABENTEUER

Wolfgang Ecke (Hrsg.)

Geister, Spuk und Nachtgespenster

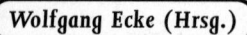

Wolfgang Ecke (Hrsg.)

Geister, Spuk und Nachtgespenster

RAVENSBURGER BUCHVERLAG

Lizenzausgabe
als Ravensburger Taschenbuch
Band 2142,
erschienen 1999
Erstmals in den Ravensburger
Taschenbüchern erschienen 1984
(als RTB 945)

Die Lizenzausgabe wurde gegenüber der
Originalausgabe leicht gekürzt.

Die Originalausgabe erschien 1981
im Herold Verlag, Stuttgart
© Herold Verlag Brück GmbH & Co.
KG, Stuttgart 1981

Illustrationen:
George Cattermole: Seite 108,123;
Gustave Doré: Seite 15, 21, 25, 49, 52,
60, 77, 91, 101, 161, 172, 186, 193, 201,
231, 247, 273, 299, 307, 357, 367, 371;
Moritz von Schwind: Seite 31

Umschlagillustration:
Thomas Thiemeyer

RTB-Reihenkonzeption:
Heinrich Paravicini, Jens Schmidt

5 4 3 2 1   03 02 01 00 99

ISBN 3-473-52142-6

ABENTEUER

INHALT

Unheimliche Wesen geistern ...

Montague Rhodes James
Eine Pfadfinder-Geschichte ›··› 9

Johann Wolfgang von Goethe
Erlkönig ›··› 30

Heinrich Seidel
Das arme alte Gespenst ›··› 32

Efeu
Grauenvolle Verwandlung ›··› 44

Eduard Mörike
Die Geister vom Mummelsee ›··› 47

Nachts sollte man ...

Johann Wolfgang von Goethe
Der Totentanz ›··› 51

Friedrich Laun
Der Totenkopf ›··› 54

Gespenster bewohnen anscheinend am liebsten ...

Walter Scott
Das Zimmer mit den Wandbehängen ›··› 79

Margaret Oliphant
Die offene Tür >→← 98

Oscar Wilde
Der Geist von Canterville >→← 156

Nichts ist sicher ...

Frederic Brown
Die Giesenstecks >→← 203

Arthur Conan Doyle
Die Mumie >→← 217

Efeu
Das Beil >→← 264

Jeremias Gotthelf
Die schwarze Spinne >→← 267

E.T.A. Hoffmann
**Die wundersame Geschichte
von den zerbrochenen Eiern** >→← 353

Edgar Allan Poe
Im Felsengebirge >→← 361

Über die Autoren >→← 379

Unheimliche Wesen
geistern im Moor,
auf Heide und Straße,
in Brunnen, Seen
und Meeren

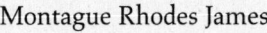

Montague Rhodes James

Eine **Pfadfinder**-Geschichte

*(„Wailing Well", geschrieben für die Eton-College-
Pfadfinder-Gruppe und erstmals vorgelesen an deren Lagerfeuer in der Worbarrow-Bay. August 1927)*

Im Jahre 19.. waren zwei Pfadfinder Zöglinge einer weithin
berühmten Anstalt. Arthur Wilcox und Stanley Judkins waren gleich alt, im nämlichen Haus untergebracht, gehörten
der gleichen Pfadfinder-Abteilung an und waren natürlich
auch Mitglieder ein und derselben Pfadfinder-Gruppe. Außerdem sahen sie einander zum Verwechseln ähnlich, was bei
den Lehrern, die mit ihnen zu tun hatten, manchen Ärger
und vielerlei Konfusion hervorrief. Doch erstreckte solche
Ähnlichkeit sich bloß auf das äußere Erscheinungsbild, denn
ach, wie verschieden waren die beiden, wenn wir den inneren
Menschen betrachten!

Es war dieser Arthur Wilcox, zu dem, als er die Direkti-
onsräume betrat, der Direktor lächelnd aufsah und sagte:
„Na, Wilcox, wenn du noch etwas länger bei uns bleibst, werden wir bald zu wenig Preise zu vergeben haben! Ich überrei-
che dir hiermit diesen hübschen Band vom **Leben und Wirken
des Bischofs Ken** als Zeichen der Anerkennung für deinen
guten Fortgang und möchte nicht versäumen, dir und deinen
exzellenten Eltern von Herzen zu deiner Leistung zu gratu-
lieren!"

Und ebenso war es Arthur Wilcox, welcher dem Provost
auffiel, als dieser die Spielplätze inspizierte. Stehen bleibend

9

wandte er sich an den Vize-Provost und sagte: „Der Bursche hat aber eine bemerkenswerte Stirn!"

„Da haben Sie Recht", versetzte der Angeredete. „Das ist entweder ein Begabter oder aber ein Wasserkopf."

In seiner Eigenschaft als Pfadfinder errang Wilcox jedes Abzeichen, sobald er sich nur ernsthaft darum bewarb. Er nannte das Koch-Abzeichen ebenso sein Eigen wie dasjenige fürs Kartieren, das Rettungsschwimmer-Abzeichen nicht minder wie jenes, das fürs Aufheben von allerlei Abfällen verliehen wird. Auch das Abzeichen für geräuschloses Türenschließen in den Unterrichtsräumen besaß er schon und viele andere mehr. Auf das Rettungsschwimmer-Abzeichen indes muss ich noch näher zurückkommen, sobald wir uns mit Stanley Judkins zu beschäftigen haben.

So überrascht es uns nicht zu hören, dass Mr Hope Jones seinen Lobeshymnen hinsichtlich unsres Arthur Wilcox stets eine neue Strophe hinzuzufügen wusste und dass dem Klassenvorstand Tränen in die Augen traten, als er dem Genannten die Medaille für gute Führung in ihrer hübschen, rotsamtenen Kassette überreichen durfte: jene Medaille, für deren Verleihung an Arthur Wilcox die gesamte dritte Klasse einmütig gestimmt hatte!

Doch nein, ich muss mich korrigieren: Es gab eine Gegenstimme, und zwar die von Judkins, der für seine Handlungsweise überdies recht triftige Gründe anzuführen gewusst hätte. Wie es scheint, war er mit seinem Ebenbild Arthur Wilcox im selben Zimmer untergebracht. Und abermals überrascht es uns nicht, Arthur Wilcox innerhalb weniger Jahre an erster Stelle sowohl der internen als auch der externen Zöglinge seiner Schule zu sehen, und noch weniger wundert uns, dass die Belastung, welche die Pflichten solcher Doppelposition mit sich bringt, noch vermehrt um die üblichen Schulaufgaben, sich so gravierend auszuwirken begann, dass der Hausarzt es als unerlässlich ansah, sechs Monate vollständigen Ausspannens zu verordnen.

Nun wäre es ja eine fesselnde Aufgabe, den Stufen der Leiter zu folgen, auf der unser Primus zu seiner heutigen Schwindel erregenden Höhe aufgestiegen ist. Indes, die Zeit ist kurz, und so müssen wir uns wohl oder übel fürs Erste von Arthur Wilcox ab- und einer gänzlich anderen Laufbahn zuwenden: der Laufbahn von Stanley Judkins.

Auch er – nicht minder denn Arthur Wilcox – zog ja das Augenmerk seiner Vorgesetzten auf sich, wiewohl auf gänzlich andere Weise.

Es war Stanley Judkins, zu dem der Klassenvorstand mit grämlichem Lächeln sprach: „Also wieder einmal, Judkins! Nur weiter so, nur noch ein klein wenig weiter so, und du wirst es zu bedauern haben, jemals in diese Anstalt eingetreten zu sein. Nun denn, so nimm deine Bestrafung entgegen, und schätze dich glücklich, dass man diesmal noch so glimpflich mit dir verfahren ist!"

Und ebenso war es Stanley Judkins, welcher dem Provost unweigerlich auffallen musste, als dieser die Spielplätze inspizierte und von einem Kricketball recht schmerzhaft am Knöchel getroffen wurde, wonach er den Ausruf vernahm: „Seien Sie so gut und schießen Sie ihn zurück!" „Man sollte doch meinen", wandte sich, indem er stehen blieb, der solchermaßen Apostrophierte an den Vize-Provost, „der Bursche könnte sich seinen Kricketball ebenso gut selber holen!" Dabei rieb der Sprecher sich den getroffenen Knöchel. „Ganz richtig", versetzte der Angeredete. „Und wenn er in meine Nähe kommt, kann er sich noch ganz was anderes holen!"

In seiner Eigenschaft als Pfadfinder errang Stanley Judkins einzig diejenigen Abzeichen, die er den Mitgliedern anderer Gruppen zu entwenden vermochte. Beim Kochwettbewerb ward er sogar bei dem Versuch ertappt, der Gruppe von nebenan Knallfrösche in ihren Behelfsofen zu praktizieren, wogegen er beim Nähwettbewerb durchaus erfolgreich war, indem es ihm glückte, zwei Teilnehmer so fest aneinander zu nähen, dass deren Versuch, sich zu erheben, katastrophale Wirkungen nach sich zog.

Für die Verleihung des Sauberkeitsabzeichens kam er vollends nicht infrage, da er während des heuer recht heißen Sommersemesters auf keine Weise dazu gebracht werden konnte, während der Schulstunden den Finger aus dem Tintenfass zu nehmen: Er müsse sich abkühlen, setzte er allen diesbezüglichen Vorhaltungen entgegen. Und für ein einziges Papierstückchen, das er aufhob, ließ er mindestens ein halbes Dutzend Bananen- und Orangenschalen fallen. Die alten Weiblein, sobald sie seiner ansichtig wurden (täglich eine gute Tat!), baten ihn tränenumflorten Blicks, er möge ihnen doch um Christi willen ihre Wasserkübel nicht über die Straße tragen helfen. Sie wussten nur zu gut, mit welchen unabwendbaren Folgen solch hilfreiche Handlung verbunden war.

Und doch: Dies alles wog gering im Hinblick auf den Rettungsschwimmer-Wettbewerb! Hier war Stanley Judkin's, Verhalten im höchsten Grade tadelnswert und von den schwerstwiegenden Folgen begleitet!

Jedermann weiß ja, dass der Wettbewerb auf folgende Weise gehandhabt wurde: Man warf einen eigens dafür ausgewählten jüngeren Knaben, der allerdings schwer genug sein musste, in voller Ausrüstung, jedoch an Händen und Füßen gebunden, in das aufgestaute Wasser des Kuckucks-Wehrs, und zwar dort, wo es am tiefsten ist. Danach wurde die Zeit genommen von jedem Pfadfinder, der ihn der Reihe nach zu retten hatte. Und jedes Mal, sobald Stanley Judkins sich diesem Wettbewerb unterziehen sollte, wurde er im kritischen Moment von einem so schweren Krampf befallen, dass er umfiel und sich unter den fürchterlichsten Schmerzensschreien auf dem Erdboden wand. Natürlich lenkte dies die Aufmerksamkeit aller Anwesenden von dem auf dem Grunde des Wehrs liegenden Knaben ab, sodass, hätte es nicht einen Arthur Wilcox gegeben, die Totenliste wohl eine sehr lange gewesen wäre. Bei solcher Lage der Dinge sah der Klassenvorstand sich schließlich genötigt, eine feste Haltung einzunehmen und in allem Ernste zu erklären, dies könne nicht so weitergehen und die Lebensrettungskonkurrenz müsse ein Ende haben! Vergeblich führte Mr Beasley Robinson dem Unbelehrbaren vor Augen, dass in fünf Wettbewerben ja nur vier der kleineren Buben umgekommen waren. Der beunruhigte Klassenvorstand erklärte zwar, dass er der Letzte sein werde, der auch nur irgendwie in das löbliche Treiben der Pfadfinder eingreifen wollte, dass aber andererseits drei der ertrunkenen Jungen unentbehrliche Stützen seines Schulchors gewesen seien und dass sowohl er als auch Dr. Ley die daraus entstandenen Schwierigkeiten höher veranschlagen müssten als die unbestreitbaren Vorteile der Lebensrettungskonkurrenz. Außerdem nehme der Briefwechsel mit den Eltern jener Knaben nun schon lästige, ja sogar bedrückende Formen an: Die erwähnten Eltern gäben sich nämlich nicht länger mit den üblicherweise ausgesandten

Vordrucken zufrieden, sondern hätten nun schon in wiederholten Fällen persönlich in Eton vorgesprochen und einen großen Teil der ohnedies nur knapp bemessenen kostbaren Zeit des Direktors mit ihrem Gejammer vergeudet! Und damit gehörte der Lebensrettungs-Wettbewerb endgültig der Vergangenheit an. Mit einem Wort, Stanley Judkins war keine sonderliche Attraktion für das Pfadfinderwesen, und so ward mehr denn einmal in allem Ernste erörtert, ob es nicht besser wäre, ihn davon in Kenntnis zu setzen, dass man seiner Dienste in Zukunft durchaus entraten könne. Besonders Mr Lambart war es, der diese Ansicht in aller gebotenen Schärfe vertrat. Schließlich aber gewannen nachsichtigere Stimmen die Oberhand, und so kam man überein, dem Unwürdigen noch eine letzte Bewährungschance einzuräumen.

So finden wir denn unser Sorgenkind zu Anfang der Sommerferien 19.. im Pfadfinderlager von W (oder X) in der Grafschaft D (oder Y).

Es war ein wunderschöner Vormittag, und Stanley Judkins, zusammen mit ein, zwei Freunden – in der Tat: Er hatte noch Freunde –, rekelte sich auf der höchsten Erhebung des Bergrückens faul in der Sonne. Flach auf dem Bauche liegend, stützte er das Kinn in die Hände und starrte in die Ferne.

„Was ist das nur dort unten?", sagte er.

„Was meinst du?", fragte einer der anderen.

„Das verfilzte Gestrüpp mit den paar Bäumen dort unten, mitten im Feld."

„Ach so, das meinst du! Woher soll ich das wissen?"

„Und warum willst du das wissen?", fragte der andere.

„Weiß nicht. Aber es gefällt mir. Wie heißt der Fleck? Hat denn keiner von euch eine Karte?", fragte Stanley. „Und so was nennt sich Pfadfinder!"

„Aber da ist ja eine", ließ der stets hilfsbereite Wilfred Pipsqueak sich vernehmen. „Und da ist ja auch der Ort verzeichnet! Aber der liegt innerhalb des roten Kreises. Da können wir nicht hin."

„Wer fragt schon nach so einem blöden roten Kreis!", versetzte Stanley.

„Aber ein Name steht keiner auf deiner Scheißkarte."

„Na schön, wenn du's schon durchaus wissen willst, kannst du ja den Alten da fragen!" Der ‚Alte' war ein bejahrter Schafhirt, der herangekommen war und nun hinter den Knaben Aufstellung genommen hatte.

„Guten Morgen, die jungen Herren", krächzte er. „Schönes Wetter heute, nicht?"

„Oh ja, danke schön", versetzte Algernon de Montmorency mit der ihm eigenen Höflichkeit. „Können Sie uns bitte sagen, guter Mann, wie das Gehölz dort unten heißt und was es mit dem Ding darunter auf sich hat?"

„Und ob ich das kann!", antwortete der Schäfer. „Das ist der Weinende Brunnen. Ist aber nichts für die jungen Herren."

„Ein Brunnen ist das dort unten?", fragte Algernon. „Aber wer soll denn von so weit unten Wasser holen?"

Der Schafhirt kicherte. „Bewahre", sagte er, „solange ich hier lebe, hat sich weder ein Mensch noch ein Schaf zum Weinenden Brunnen gewagt."

„Na schön, dann wird heute ein Rekord gebrochen werden", sagte Stanley Judkins, „denn ich werde hinuntergehen und das Wasser für unsern Tee von dort holen."

„Bei Eurem Leben, junger Herr!", rief der Schafhirt erschrocken. „Versündigt Euch nicht! Haben denn Eure Führer Euch nicht verboten, dort hinunterzugehen? Das hätten sie aber tun müssen!"

„Haben sie auch", sagte Wilfred Pipsqueak.

„Kusch, du Arschloch!", versetzte Stanley Judkins. „Also was ist mit dem Brunnen: Ist das Wasser schlecht? Macht auch nichts – wir können's ja abkochen."

„Weiß nicht, ob das Wasser schlecht oder gut ist", sagte der Schafhirt. „Was ich weiß, ist nur, dass nicht einmal mein alter Hund sich in das Feld hineinwagen würde. Gar nicht zu reden von mir selber oder von sonst jemanden, der nur ein bisschen Grütze im Kopf hat."

„Also noch blöder wie der Hund", ließ Stanley Judkins sich ebenso ungehobelt wie sprachlich unkorrekt vernehmen. „Hat's denn schon wem geschadet, dorthin zu gehen?", fügte er hinzu.

„Drei Frauen und einem Mann", versetzte der Schafhirt bedeutsam. „Und jetzt hört mir gut zu, junge Herren! Ich kenn, mich hier in der Gegend aus, aber ihr nicht, und so kann ich euch nur so viel sagen: In den ganzen letzten zehn Jahren hat weder ein Schaf auf dem Feld dort unten geweidet, noch ist jemals das Gras gemäht worden – und es ist kein schlechter Boden. Seht ja selber, von wie viel Brombeeren, Disteln und sonstigem Luderzeug die Wiese versaut ist! Doch Ihr habt ja ein Fernglas bei Euch, junger Herr", wandte er sich an Wilfred Pipsqueak. „Ihr könnt Euch selber überzeugen."

„Ja", sagte Wilfred, „aber ich seh da auch Spuren in dem Feld. Also muss wohl manches Mal jemand dort gehen!"

„Spuren!", rief der Schafhirt. „Das will ich meinen! Und

zwar sind es vier: die Spuren von drei Frauen und von einem Mann."

„Was soll denn das nun wieder heißen – drei Weiber und ein Mann?", fragte Stanley, indem er sich erstmals herumwälzte und den Schafhirten anblickte (die ganze Zeit hatte er ihm das Hinterteil gewiesen: ein übel erzogener Junge!).

„Heißen? Was ich gesagt hab: drei Frauen und ein Mann."

„Wer sind die?", fragte Algernon. „Und warum gehen sie dort um?"

„Kann sein, dass Euch jemand erzählen könnte, wer sie gewesen sind", versetzte der Schafhirt. „Aber es war noch vor meiner Zeit, dass sie ihr Ende gefunden haben. Und warum sie noch immer dort umgehen, das ist mehr, als wir kleinen Menschen beantworten können. Soviel ich gehört hab, sollen die vier zu ihren Lebzeiten recht abscheuliche Menschen gewesen sein."

„Beim heiligen Sankt Georg! Was für ein Stumpfsinn!", murmelten Algernon und Wilfred vor sich hin. Stanley jedoch war die pure höhnische Verachtung.

„Wie? Du wirst uns doch nicht aufbinden wollen, dass es Wiedergänger sind? So was von Blödsinn! Musst schon ganz schön vertrottelt sein, um das zu glauben, Alter! Möchte wissen, wer dergleichen je gesehen hat!"

„Ich selber habe sie gesehen, mit Verlaub, junger Herr!", sagte der Schafhirt. „Und zwar von ganz nah, von dieser Anhöhe aus. Und mein alter Hund, wenn der reden könnte, möchte er Euch sagen, dass auch er sie gesehen hat, zugleich mit mir! War um die viere herum, am Nachmittag, ganz so wie jetzt. Jawohl, ich habe sie gesehen, alle vier! Erst haben sie aus den Sträuchern geäugt, dann sind sie aufgestanden und haben sich auf den ausgetretenen Spuren ganz langsam zu den Bäumen vorgearbeitet, dorthin, wo auch der Brunnen ist."

„Und wie haben sie ausgesehen? So sagen Sie doch schon!", drängten Algernon und Wilfred begierig.

„Nichts als Lumpen und Knochen, junge Herren. Alle vier nichts als schlotternde Lumpen und weiß gebleichte Knochen! Ich habe schon gemeint, ich höre es klappern, wie sie dort unten vorangestelzt sind. Ganz langsam sind sie gegangen und haben die Köpfe in einem fort nach allen Seiten gedreht."

„Und wie waren ihre Gesichter? Haben Sie auch die gesehen?"

„‚Gesichter' kann man eigentlich nicht sagen, junge Herren", versetzte der Schafhirt. „Wenn man's genau nimmt, so habe ich nichts als Zähne gesehen."

„Himmel!", sagte Wilfred. „Und was haben die vier gemacht auf ihrem Weg zu den Bäumen?"

„Wirklich, das weiß ich nicht, junger Herr", versetzte der Schafhirt. „Nicht um alles in der Welt wäre ich noch länger hier geblieben! Und wenn, so hätte ich mich doch um meinen alten Hund kümmern müssen: Der war nämlich auf und davon! Es war das erste Mal in seinem ganzen Leben, dass er mir fortgelaufen ist! Aber jetzt war er weg, und wie ich ihn endlich eingeholt habe, hat er mich gar nicht kennen, ja hat er mir an die Gurgel fahren wollen! Doch ich habe ihm gut zugeredet, und nach einer Weile hat er meine Stimme wieder erkannt und ist auf mich zugekrochen wie ein Kind, das um Vergebung bitten will. Nie wieder möchte ich ihn in so einem Zustand sehen, so wenig wie irgendeinen anderen Hund!"

19

Der Hund, der inzwischen herzugekommen war und sich auf seine possierliche Weise anzubiedern suchte, blickte bei diesen Worten zu seinem Herrn auf, als pflichtete er dem Gesagten aus ganzem Herzen bei.

Ein paar Atemzüge lang sannen die Buben über das Gehörte nach. Dann fragte Wilfred: „Und warum heißt es ‚Weinender‘ Brunnen?"

„Wenn Ihr jemals an einem dämmrigen Winterabend hier gewesen wärt, junger Herr, dann würdet Ihr das gar nicht mehr fragen wollen!" Mehr verriet der Schafhirte nicht.

„Alles schön und gut, aber ich glaube kein Wort davon", sagte Stanley Judkins. „Und bei der erstbesten Gelegenheit gehe ich dort hinunter! Verdammt will ich sein, wenn ich's nicht mache!"

„So mögt Ihr denn gar nicht auf meinen Rat hören?", fragte der Schafhirt. „Und auch nicht auf die Warnungen Eurer Führer? Hört einmal, junger Herr: Ihr seid keinem vernünftigen Wort zugänglich, möchte ich fast sagen. Was hab ich denn davon, wenn ich Euch einen Bären aufbinde? Mir bringt's nichts ein, ob da wer hinuntergeht oder nicht. Aber ich möchte einen Burschen in der Blüte seiner Jugend nicht gern so mir nichts, dir nichts ins Gras beißen sehen!"

„Ich glaube, dir bringt's eine ganze Menge ein, wenn wir nicht hinuntergehen", entgegnete Stanley grob. „Hast wohl deinen Whisky dort eingekühlt oder sonst etwas und willst andere Leute davon fern halten, was? Scheiße, sage ich nur. Und jetzt nichts wie ab und zurück ins Lager, Jungs!"

Alle drei erhoben sich, und die beiden anderen sagten dem Schafhirten noch „Gute Nacht" und „Danke schön", aber Stanley sagte gar nichts. Der Schafhirt zuckte die Achseln, blieb stehen, wo er war, und sah den dreien traurig nach.

Auf dem Heimweg zum Lager gab's ein großes Hin und Her
über das Gehörte und die beiden anderen versicherten dem
eigensinnigen Stanley ein übers andere Mal, wie unvernünf-
tig es von ihm wäre, dem Weinenden Brunnen tatsächlich
einen Besuch abzustatten.

An jenem Abend fragte Mr Beasley Robinson unter anderem
danach, ob in sämtliche Landkarten auch gewiss der rote
Kreis eingezeichnet worden sei.

„Seht euch vor", so sagte er, „dass mir keiner von euch jenes Gelände betritt!"

Einige Stimmen, darunter auch die aufsässige von Stanley
Judkins, riefen: „Und warum nicht, Sir?"

„Darum nicht", versetzte Mr Beasley Robinson kurz an-
gebunden. „Und wenn euch das nicht genügt, so kann ich
euch trotzdem nicht helfen." Er wandte sich ab, unterredete
sich leise mit Mr Lambart und setzte dann hinzu: „Ich will
euch nur noch das eine sagen: Man hat uns ausdrücklich gebeten, die Pfadfinder vom Betreten jenes Feldes abzuhalten.
Es ist sehr nett von den Leuten, dass sie uns überhaupt hier

kampieren lassen, und so versteht sich's wohl von selbst, dass wir ihrer kleinen Bitte Folge leisten!"

Alle sagten „Jawohl, Sir!" mit Ausnahme von Stanley Judkins, den man murren hörte: „Jawohl – oder was beißt mich!"

Anderentags, bald nach dem Mittagessen, war im Lager der folgende Wortwechsel zu hören: „Wilcox! Sind alle da in deinem Zelt?"

„Nein, Sir! Judkins fehlt!"

„Dieser Bursche ist doch das Widerwärtigste auf Gottes Erdboden! Und wo, glaubst du, dass er sich herumtreiben könnte?"

„Keine Ahnung, Sir."

„Weiß es sonst jemand?"

„Sir, es sollte mich nicht wundern, wenn er zum Weinenden Brunnen gegangen ist!"

„Wer sagt das? Pipsqueak? Was ist das, der Weinende Brunnen?"

„Sir, das ist die Stelle in dem Feld bei … Sir, es ist jene Baumgruppe auf dem brachliegenden Feld."

„Doch nicht innerhalb des roten Kreises? Herr im Himmel, wie kommst du darauf?"

„Na ja, er war gestern ganz scharf darauf, den Brunnen zu untersuchen, denn wir haben mit einem Schafhirten gesprochen, und der hat uns eine Menge erzählt und uns gewarnt, nur ja nicht hinunterzugehen. Aber Judkins hat ihm kein Wort geglaubt und gesagt, jetzt gehe er erst recht."

22

„So ein Trottel!", rief Mr Hope Jones. „Hat er etwas mitgenommen?"

„Ja, ich glaube ein Seil und einen leeren Kanister. Wir haben ihm ohnehin gesagt, es sei Blödsinn, dorthin zu gehen."

„So ein kleines Scheusal! Was, zum Teufel, glaubt er denn eigentlich? Einfach über die Vorräte herzugehen! Los, ihr drei! Wir müssen ihm so rasch als möglich nach! Dass sich so einer nicht einmal an die einfachsten Weisungen halten kann! Was hat euch der Mann denn erzählt? Nein, nicht jetzt! Das besprechen wir im Gehen!"

Und damit zogen die vier los, wobei Algernon und Wilfred in hastigen Worten alles berichteten, was sie wussten, während die beiden anderen mit wachsender Bestürzung zuhörten. Schließlich hatte man den oberen Rand des Höhenzuges erreicht, von wo aus man jenes Feld überschauen konnte, über das der Schafhirt am Vortag gesprochen hatte.

Die Aussicht war schlichtweg ideal: Man konnte den Brunnen inmitten der Gruppe knorriger Kiefern ganz deutlich wahrnehmen und nicht minder ausgeprägt zeigten sich dort unten die vier schmalen Fußpfade in ihrem gewundenen Verlauf zwischen allerlei Dornen und sonstigem Wildwuchs.

Der Tag war strahlend schön, und eine flirrende Hitze lagerte über der Landschaft. Das Meer glich einer Fläche aus purem Metall und nicht der leiseste Lufthauch war zu spüren. So gelangten unsere vier Verfolger recht erschöpft und ausgepumpt auf der höchsten Erhebung an, wo sie sich in das sonnenheiße Gras fallen ließen.

„Bis jetzt ist noch nichts zu sehen von ihm", sagte Mr Hope Jones. „Trotzdem, wir müssen ein wenig verschnaufen! Ihr seid ja alle ganz fertig – und von mir selber will ich gar nicht erst anfangen. Haltet aber scharf Ausschau", fuhr er gleich darauf fort. „Eben ist's mir gewesen, als hätte sich in den Büschen etwas bewegt!"

„Ja", sagte Wilcox, „mir ist es auch so vorgekommen. Da! Doch nein, das kann er nicht sein! Das sind doch ein paar andere, die dort unten die Köpfe übers Gebüsch strecken, oder nicht?"

„Ich glaube, du hast Recht, bin aber nicht ganz sicher."

Ein paar Atemzüge lang herrschte gespannte Stille. Dann sagte Wilcox: „Nein, nein, das ist er schon! Da, jetzt kommt er drüben, von der anderen Seite, über die Hecke. Seht ihr's denn nicht? Irgendwas Glänzendes hat er in der Hand. Das muss der Kanister sein, von dem ihr gesprochen habt!"

„Ja, es ist Judkins, und jetzt steuert er geradewegs auf die Bäume zu", bestätigte Wilfred.

Doch im nächsten Moment stieß Algernon, der die ganze Zeit scharf hinuntergespäht hatte, einen Schrei aus.

„Was ist denn das auf dem Fußpfad dort unten?! Auf allen vieren, mein Gott, es ist eines von den grässlichen Weibern! Nein, ich kann's nicht mitansehen! Das darf ja nicht wahr sein!" Damit wälzte er sich herum, krallte die Finger in den Rasengrund und versuchte, auch den Kopf darin zu vergraben.

„Schluss jetzt! Reiß dich gefälligst zusammen!", herrschte Mr Hope Jones ihn an, doch ohne Erfolg. „Jetzt hört mal zu, Jungs", sagte er dann. „Ich muss da hinunter. Wilfred, du bleibst hier und kümmerst dich um den Jammerlappen da! Und du, Wilcox, rennst so schnell wie möglich zum Lager zurück und holst Hilfe!"

Beide stürzten davon. Wilfred, der sich plötzlich mit Algernon allein sah, tat sein Bestes, den Verstörten zu beruhigen, obschon er sich in Wahrheit um nichts besser fühlte. Ab und zu spähte er hinunter auf das Feld, wo Mr Hope Jones in eiligem Tempo voranschritt. Doch zu Wilfreds Bestürzung

24

blieb er stehen, blickte auf, sah in die Runde – schlug unvermittelt einen Haken und suchte auf raschestem Wege das
Weite. Was nur mochte der Anlass dafür sein? Wilfred suchte
das Feld ab und entdeckte eine grausige Gestalt: ein schwarzes, zerlumptes Etwas, aus dem es immer wieder weißlich
hervorschimmerte. Es war der auf langem dürrem Hals sit-
zende Schädel, halb verdeckt durch einen formlosen schwärz-
lichen Sonnenhut. Das gespenstische Geschöpf streckte seine
knochigen Arme dem Verfolger entgegen, als wolle es ihn
zurückscheuchen. Und zwischen den beiden Gestalten schien
die Luft zu vibrieren und wabernd aufzuwallen, wie Wilfred
es noch nie zuvor erlebt hatte! Aber während er noch auf dies
Schauspiel starrte, war's ihm, als begänn's nun auch in seinem Hirn sich wabernd zu verwirren, sodass er voll Grausen
daran dachte, wie es wohl einem Menschen zumute sein

mochte, der sich noch weiter vorgewagt hatte in solch unheilvollen Einflussbereich!

Hastig wandte er den Blick ab, um nach Stanley Judkins zu spähen, der auf seinem Weg zu der Baumgruppe tüchtig vorangekommen war, ganz in der Art eines Pfadfinders, der darauf bedacht ist, den Fuß nicht auf schnellendes Astwerk zu setzen oder an Dornranken hängen zu bleiben. Und obschon Stanley die Gefahr nicht sehen konnte, schien er doch einen Hinterhalt zu argwöhnen, sonst wäre er ja nicht so sichtlich bemüht gewesen, sich möglichst lautlos voranzuarbeiten! All das konnte Wilfred sehen – und nicht nur das: Der Herzschlag stockte ihm, als er urplötzlich eine zweite Gestalt entdeckte, die unter den Bäumen lauerte – und gleich darauf eine weitere, dritte dieser grässlichen schwarzen Erscheinungen, welche sich langsam von der Seite her ihren Weg durch das Feld bahnte, wobei sie unausgesetzt nach rechts und nach links spähte, ganz wie der Schafhirte es geschildert hatte! Und was das Schlimmste war, jetzt sah er auch noch eine vierte – und diesmal war's unzweifelhaft ein Mann – sich nur wenige Schritte hinter dem unseligen Stanley mitten aus dem Buschwerk erheben und mit ungelenken Bewegungen an des Knaben Fersen heften! Das unglückliche Opfer war jetzt von allen Seiten eingekreist!

Wilfred war am Ende seiner Weisheit. Er stürzte sich auf Algernon und rüttelte ihn.

„Auf mit dir!", rief er. „Und schrei! Schrei was du kannst! Ach, wenn wir nur eine Signalpfeife hätten!"

Algernon riss sich zusammen. „Da liegt ja eine", sagte er. „Die von Wilcox … er muss sie verloren haben."

So schrie der eine aus Leibeskräften, während der zweite einen trällernden Pfiff um den anderen hinuntersandte. Und der Schall trug weit in der lautlosen Luft! Stanley vernahm ihn; er hielt inne; er wandte sich um! Und dann gellte ein Schrei von der Wiese herauf, der bei weitem durchdringender, bei weitem entsetzlicher war als irgendein Laut, den die Jungen auf ihrer Anhöhe hätten hervorbringen können: Es war zu spät! Der geduckte Verfolger sprang Stanley von hinten an und umschlang seinen Körper! Das Weiberskelett aber, das mit winkenden Knochenarmen inmitten der Wiese stand, begann nun aufs Neue zu winken, doch diesmal war's das reine Frohlocken! Das dritte hingegen, das unter den Bäumen gelauert hatte, schusselte plötzlich hervor und streckte gleichfalls die Knochenarme, als wolle es etwas auf sich Zukommendes abfangen. Und die vierte, seitlich sich nähernde Gestalt, welche den größten Weg zurückzulegen hatte, beschleunigte ihre Schritte, näherte sich unter fortwährendem Nicken und schien ein einziges klapperdürres Behagen zu sein. Alles das erfassten die beiden Knaben in einer Sekunde tödlichster Stille. Der Anblick des grausigen Kampfes zwischen dem männlichen Knochengerippe und seinem Opfer verschlug ihnen den Atem. Stanley schlug mit dem Kanister auf seinen Gegner ein. Er hatte ja keine andere Waffe. Die Krempe des zerfetzten schwarzen Hutes löste sich vom Kopf des Widersachers und entblößte eine weißliche Schädeldecke, deren dunklere Flecken wohl aus etlichen Haarsträhnen bestehen mochten. Jetzt aber hatte eines der Weiber die Kämpfenden erreicht und riss an dem Seil, das Stanley sich um den Hals gehängt hatte. Zu zweit hatten sie den Knaben binnen kürzester Zeit überwältigt, das grässliche Kreischen verstummte und alle drei verschwanden im Schatten der Kieferngruppe.

Dennoch, im Moment hatte es den Anschein, als wäre

noch Hilfe möglich: Der davonhastende Mr Hope Jones hielt plötzlich inne, wandte sich um, rieb sich die Augen – und rannte plötzlich wieder auf das Feld zu. Ja, mehr noch: Als die beiden Jungen hinter sich blickten, gewahrten sie nicht nur, wie ein Schwarm Buben aus dem Lager soeben über der nächsten Erhebung auftauchte, sondern sahen auch den Schafhirten über den Abhang heraufkeuchen. Sie winkten und schrien ihm zu, liefen ihm auch eine Strecke Weges entgegen, kehrten aber wieder um. Daraufhin beschleunigte der Hirt seine Schritte.

Abermals blickten die Jungen hinunter aufs Feld. Nichts zeigte sich. Oder doch? Was hatte jener Dunstschleier zwischen den Bäumen zu bedeuten? Außerdem war Mr Hope Jones soeben dabei, die Hecke zu überwinden, und kämpfte sich danach durch das Buschwerk voran.

Jetzt hatte der Hirte die Jungen erreicht und trat schwer atmend neben sie.

Die beiden stürzten auf ihn zu, klammerten sich an seine Arme: „Sie haben ihn erwischt – dort, unter den Bäumen!" Mehr brachten sie nicht hervor, doch diese paar Worte wiederholten sie in einem fort.

„Wie! Soll das heißen, dass er nach allem, was ich gestern gesagt habe, trotzdem hinunter ist? Der arme Junge! Der arme, arme Junge!" Der Alte schien noch mehr sagen zu wollen, doch das sich erhebende Stimmengewirr verhinderte dies: Die Verstärkung aus dem Lager war mittlerweile herangekommen. Ein paar hastige Worte und schon rannte die Bubenschar den Abhang hinunter!

28   Sie hatten das Feld noch kaum betreten, als ihnen auch schon Mr Hope Jones entgegenkam. Über die Schulter geworfen trug er das, was vor kurzem noch Stanley Judkins ge-

heißen. Er hatte die Leiche von dem Ast geschnitten, an dem er sie, noch immer langsam hin und her baumelnd, vorgefunden hatte. Aber kein Tropfen Blut mehr war in dem Körper gewesen.

Schon am nächsten Tag zog Mr Hope Jones unter Mitnahme einer Axt los, wobei er Stein und Bein schwor, er werde nicht ruhen noch rasten, ehe er nicht jeden Baum dort unten umgehauen, jeden Busch auf dem Feld niedergebrannt hätte. Er kam mit einer bösen Schnittwunde im Bein und mit zersplittertem Axtstiel zurück. Es war ihm nicht möglich gewesen, auch nur einen Funken Feuer zu legen oder einem der Stämme die geringste Schramme zuzufügen.

Seit damals ist mir zu Ohren gekommen, der Weinende Brunnen werde jetzt von fünf Wesen bewohnt: von drei Weibern, einem Mann – und von einem Knaben.

Der Schock, den Algernon de Montmorency und Wilfred Pipsqueak erlitten hatten, erwies sich als nachhaltig. Beide verließen noch am selben Tag das Lager. Aber auch auf die Zurückbleibenden warf jene Begebenheit ganz zweifellos einen – wenn auch vielleicht nur flüchtigen – Schatten.

Tja, meine Herren, das war nun die Geschichte von der Laufbahn des Stanley Judkins – und wohl auch ein wenig von derjenigen des Arthur Wilcox. Sie ist, so glaube ich, bisher noch nie erzählt worden. Sollte sie eine Moral haben, nun gut, so mag diese Moral wohl für jedermann recht leicht zu erkennen sein. Hat sie aber keine – nun, dann weiß auch ich nicht recht, wie man dem abhelfen könnte.

29

(Aus dem Englischen von Friedrich Polakovics)

Johann Wolfgang von Goethe

Erlkönig

Wer reitet so spät durch Nacht und Wind?
Es ist der Vater mit seinem Kind;
Er hat den Knaben wohl im Arm,
Er fasst ihn sicher, er hält ihn warm.

„Mein Sohn, was birgst du so bang dein Gesicht?"
„Siehst, Vater, du den Erlkönig nicht?
Den Erlenkönig mit Kron und Schweif?" –
„Mein Sohn, es ist ein Nebelstreif." –

„Du liebes Kind, komm, geh mit mir!
Gar schöne Spiele spiel ich mit dir;
Manch bunte Blumen sind an dem Strand,
Meine Mutter hat manch gülden Gewand."

„Mein Vater, mein Vater, und hörest du nicht,
Was Erlenkönig mir leise verspricht?" –
„Sei ruhig, bleibe ruhig, mein Kind:
In dürren Blättern säuselt der Wind." –

„Willst, feiner Knabe, du mit mir gehn?
Meine Töchter sollen dich warten schön;
Meine Töchter führen den nächtlichen Reihn
Und wiegen und tanzen und singen dich ein."

„Mein Vater, mein Vater, und siehst du nicht dort
Erlkönigs Töchter am düsteren Ort?" –
„Mein Sohn, mein Sohn, ich seh es genau:
Es scheinen die alten Weiden so grau."

„Ich liebe dich, mich reizt deine schöne Gestalt;
Und bist du nicht willig, so brauch ich Gewalt."
„Mein Vater, mein Vater, jetzt fasst er mich an!
Erlkönig hat mir ein Leids getan!" –

Dem Vater grausets, er reitet geschwind,
Er hält in den Armen das ächzende Kind,
Erreicht den Hof mit Mühe und Not:
In seinen Armen das Kind war tot.

Heinrich Seidel

Das arme alte Gespenst

Am Rand des Kiefernwaldes lag ein wüstes, sandiges Feld. Es war ganz sich selber überlassen. Es wuchs darauf, was wollte, und das war recht wenig, denn es gehörte viel guter Wille dazu, auf diesem Feld zu gedeihen. Einige kegelförmige Wacholderbüsche hatten es mit zäher Energie fertig gebracht und zeigten sich von ferne gesehen als einzelne dunkle Gestalten darüber zerstreut, scheinbar in trauriges Nachdenken versunken über ihren trübseligen Beruf. Eine tapfere und listige Sorte von Sandgras, das unter der Oberfläche in sicherer Tiefe strahlenförmig lange schnurgerade Schossen treibt und aus diesen in abgemessenen Entfernungen seine spitzigen Blätter emporsendet, hatte einzelne Strecken übersponnen, an geschützteren Orten hatte rötliches Heidekraut sich zu kleinen Flächen zusammengedrängt, und auf einem niedrigen Sandhügel stand eine knorrige, verkrüppelte Kiefer, bald mit bloßgelegten Wurzeln, bald auch wieder fußtief im Sand vergraben, je nach des regierenden Windes allmächtiger Herrscherlaune.

Dieser kleine Sandhügel, der an sonnenhellen Tagen als ein blendender Punkt in der ebenen Landschaft weithin sichtbar war, hatte sich noch nicht für seine endgültige Form entschieden, und unter Beihilfe gütiger Luftströmungen sich in immer neuen Gestalten der erstaunten Umgebung zu zeigen, war sein unablässiges Bestreben.

Der Fleck war einsam und lag an der letzten Grenze der Stadtfelder. Niemand suchte dort etwas, weil dort nichts zu finden war.

Eine kurze Zeit lang war es anders gewesen, bald nach der Abholzung des kümmerlichen Waldes, der vor Jahren dort gestanden hatte. Es ward bekannt gemacht, dass die Bürger der Stadt an dieser Stelle gegen eine ganz geringe Gegenleistung Kartoffelland erhalten könnten, und es fanden sich zwei Nachbarn, deren Herzen dies Anerbieten mit vagen Hoffnungen und hochfliegenden Spekulationen erfüllte und die in wunderbarer Verblendung von diesem „Urboden" eine üppige Ernte erwarteten. Weise Männer zuckten die Achseln, gewichtige Ackerbürger gaben abmahnende Ratschläge aus dem reichen Schatz ihrer Erfahrung, allein der Dämon der Habgier hatte die Herzen der beiden Männer verhärtet, sodass ihr Sinn verblendet war.

Eines Tages ließ einer derselben, ein Schuster, sämtliche landwirtschaftlichen Schätze, welche seine fleißige Kuh den Winter über produziert hatte, aufladen und hinausfahren. Er schwang selber die dreizinkige Gabel und schaute mit Befriedigung auf den reichen Segen, der ihm verheißend entgegendampfte.

Am anderen Tag fand bei dem Nachbar Schneider ein ähnliches Ereignis statt. Aber ach, es war nur eine Karikatur dessen, was wir am Tag zuvor gesehen haben. Der arme Schneider hatte es nur zu einem Exemplar jenes Tieres bringen können, dessen männliche Mitglieder von alters her zum Schneiderstand in einer von gewissenlosen Spöttern vielfach ausgenutzten Beziehung stehen, und wer die geringen Leis-

33

tungen dieses Vierfüßers für den vorliegenden Zweck aus eigener Anschauung kennt, der wird es begreiflich finden, dass der dünne Schneider und seine kümmerliche Ehehälfte es vermochten, im Laufe des Tages auf zwei Handkarren die ganze wohl zusammengesparte Sammlung auf den Acker zu befördern. Seufzend betrachtete das Ehepaar dort den in üppigen Hügeln sich darstellenden Reichtum des Nachbarn. Ach, ungleich verteilt sind die Güter dieser Welt!

Nach einigen Tagen ging der Schneider wieder hinaus, um sein Land umzugraben. Wohlausgebreitet, einer Samtdecke vergleichbar, lag jetzt das nachbarliche Gut auf dem Felde. Der Schneider seufzte wieder und begann seine Arbeit. Aber der kräftige Duft, der vom Nebenland zu ihm herüberwehte, ließ ihm keine Ruhe und befruchtete seine Fantasie. Er sah im Geiste beide Felder nebeneinander liegen, das eine grün und üppig bewaldet, dass man den Grund nicht sah, das andere mit niedrigen, gelbgrünen Büschen besetzt, sodass man sie vergleichen konnte mit den beiden Tieren, welche so fleißig für ihr Gedeihen gearbeitet hatten. Der Gedanke ließ ihm keine Ruhe, und zu dem Dämon der Habsucht gesellte sich der des Neides. Und aus beider Vermählung ward die Untat geboren, welche dem armen Schneider so verhängnisvoll werden sollte. Er war der ehrlichste Schneider von der Welt gewesen, und seine Hölle war leer geblieben bis auf diesen Tag. Selbst als er dem reichen durchreisenden Herrn den Rock gemacht hatte von dem feinsten Tuch der Welt, dergleichen er nie zuvor und nie nachdem gesehen hatte, behielt er nichts zurück, als, mit Erlaubnis des Fremden, ein kleines Fleckchen, das ihm für diesen meteorglänzenden Höhepunkt

34

seiner Laufbahn als Beweisstück diente. Es lag zu Hause, in sieben Papiere eingewickelt, wohl verwahrt in einer Schachtel. Aber der Mensch soll sich hüten, bösen Leidenschaften die Einkehr in sein Herz zu gestatten.

Er hatte aufgehört zu graben und sah sich vorsichtig um, dann stieg er auf einen Stein und reckte sich und schaute in die Ferne, dass er mit seiner dünnen Gestalt wie ein einsames Ausrufungszeichen in der Landschaft stand. Aber es war ringsherum niemand zu sehen, nur ein in Nahrungssorgen vertiefter Storch stelzte in einem fernen Wiesengrunde umher. Der Schneider brachte einen Busch zwischen sich und diesen Storch und schaute wieder auf den Nebenacker. Wie das köstlich und verheißungsvoll dalag! Dann sah er sich noch einmal vorsichtig um und schlich auf das schusterliche Feld. Nach kurzer Prüfung schob er seinen Spaten behutsam unter eines jener flachen Gebilde, welche, wie allgemein bekannt, nur der Kuh in dieser Vollendung gelingen, und schleuderte es auf seinen Acker. Eine geschickte Verteilung des umherliegenden Materials ließ die entstandene Lücke verschwinden, und bald war die letzte Spur der Tat unter dem Sand verborgen. Mit einem Mal geschah ein Klappern auf der Wiese, der Storch hüpfte mit ausgestreckten Beinen eine Weile über das Gras, hob sich dann empor und flog auf die Stadt zu. Der Schneider schrak zusammen und zitterte, ihm war, als habe der kluge Vogel alles gesehen und eile ihn anzuklagen. Doch der Schreck legte sich, und da nun der erste Schritt getan war, so folgten ihm noch manche andere, wobei der vorsichtige Schatzdieb allemal bestrebt war, die Spuren seiner Tat sorglich zu verbergen.

Sie blieb auch unentdeckt. Am anderen Tag schickte der Schuster seine Gesellen und sein Mädchen hinaus, und diese gruben wohlgemut den Acker um, ohne im Geringsten an dergleichen zu denken. Dem armen Schneider fiel ein Stein vom Herzen, als in der nächsten Zeit alles still blieb. Die Ruhe seines Gemüts aber war und blieb verschwunden. Es war, als ob ein dämonisches Etwas ihn immer zu dem Kartoffelfelde hinzöge, wo die Jungfräulichkeit seiner ehrlichen Gesinnung neben so geringfügigen und niedrigen Gegenständen begraben lag.

Des Abends, wenn es dunkel ward, sah man ihn den Feldweg entlangschleichen und in den Himmel nach Wolken spähen. Von Zeit zu Zeit bohrte er mit dem Fuß im mahlenden Sand, bis er auf die Feuchtigkeit kam, die sich vor den Sonnenstrahlen und dem ausdörrenden Winde in die Tiefe zurückzog. Je klarer der Himmel leuchtete, je bewölkter waren seine Züge, bis endlich der ersehnte Regen kam, mehrere Tage anhielt und einen freundlichen Schein über sein abgewelktes Gesicht verbreitete.

Die Kartoffeln mussten von einer leichtgläubigen und vertrauensseligen Sorte sein, denn sie ließen sich durch diesen Regen verleiten zu keimen, nach einiger Zeit streckten sie die ersten grünen Blätter aus dem Sande hervor und schienen gesonnen, auch von den schwierigsten Umständen sich nicht zurückschrecken zu lassen. Ein warmer Frühling und günstige Regengüsse beförderten ihr Wachstum, und nun begann eine neue Qual für den armen Schneider. Das böse Gewissen leitete seine Blicke mit dämonischer Macht immer auf einzelne seiner Pflanzen, welche unter den anderen durch ein volleres Grün und üppigeres Wachstum sich auszeichneten. Seine Schuld wuchs aus dem Boden, und jedes dieser Gewächse war eine grünende Anklage.

36

Das Kartoffelkraut mochte etwa die Höhe von drei Zoll erreicht haben, und der Schneider dachte schon daran, ob es wohl Zeit sei zu häufeln, da trat eine große Dürre ein. Der Himmel glänzte wie poliert hernieder, und eine unerbittliche Sonne brannte Tag für Tag auf das unbeschützte Feld. Zuweilen rotteten sich nach Mittag einige unternehmende Wolken zusammen und versuchten einen kleinen Angriff. Allein am Abend gaben sie schamrot den Versuch auf, und die Sonne ging siegreich unter. Einmal gelang es ihnen, sich zu einem Kumulus zu vereinigen, aber sie schienen wenig Vertrauen in sich zu setzen und hatten es sehr eilig. Im hastigen Vorüberschweben bekam das Sandfeld auch seinen Tribut, einige schwere Tropfen fielen auf das ausgedörrte Land, und jeder erzeugte eine kleine Staubwolke um sich her. Nach fünf Minuten hatte die gierige Sonne alles wieder aufgesogen. Bald war das ganze Land fußtief in ein feines Pulver verwandelt, das Kartoffelkraut nahm eine gelbgrüne Farbe an und legte sich. Jetzt musste ein schwerer, nachhaltiger Regen kommen, oder alles war verloren.

Das Quecksilber des Barometers, das wochenlang mit einer kleinen Kuppe geziert zu immer heitereren Höhen aufgestiegen war, fing plötzlich an zu sinken. Dann eines Mittags zog ein gewaltiges Gewitter herauf, blieb jedoch in der Ferne stehen und sandte nur einen mächtigen Sturm herüber. Allenthalben in der Weite sah man in dunklen Streifen den Regen aus dem Gewölk herniedergehen, nur hier war weiter nichts als das flatternde Ächzen der Bäume, und die Wege, welche in die Stadt führten, standen wie lange, wogende Staubmauern in der Landschaft.

Am Nachmittag konnte der Schneider es nicht länger aushalten und machte sich auf nach seinem Acker. Ein breiter gelblicher Streif zeigte sich ihm an der Stelle, wo er sonst hinter dem Feld den dunklen Wald zu sehen die Berechtigung hatte. Eine schlimme Ahnung beflügelte seine Schritte, und als er nahe genug war, zeigte es sich, dass sie ihn nicht betrog.

Das Schrecklichste, das einem Menschen, der auf Sandfelder seine Hoffnung setzt, geschehen kann, war eingetroffen. Sein Acker befand sich auf Reisen. Mit dem fröhlichen Leichtsinn und der geringen Anhänglichkeit an die Heimat, welche diesem Boden eigen ist, nutzte er die günstige Gelegenheit, andere Gegenden und fremde Länder zu sehen, aufs Bereitwilligste.

Der arme Schneider stieg auf den Sandberg und schaute stumm in das grausige Treiben. Es war heute einer der Glanztage des kleinen Hügels; er konnte dann im Stolz auf seine Proteusnatur stets sagen: „Wer ist unter den Sterblichen, der mich kennt, wie ich jetzt bin, und wer unter ihnen dürfte es wagen zu behaupten, dass er mich kennen wird, wie ich morgen sein werde?" Er hatte seine Abnahme- und Zunahmetage, heute war das Letztere der Fall, und der Schneider saß bereits im wahren Sinne des Wortes auf den Trümmern seiner Hoffnung. Und der Wind heulte und wütete in dem fliegenden Feld, hier häufte er Sandwehen auf, die jede Spur von Grün verschlangen, dort entblößte er erbarmungslos die armen welken Pflanzen bis auf die Wurzel, und über dem Ganzen schwebte, stets wallend und wechselnd, die dichte, hohe gelbgraue Wolke.

Am Abend, als es schon zu spät war, kam das Gewitter herauf, ein gewaltiger Platzregen entlud sich und jagte unter Donner und Blitz den armen durchnässten Schneider wieder nach Hause. Von diesem Schlag erholte er sich nicht mehr. Hatte er sich nun bei dieser Gelegenheit erkältet oder hatte

Gemütsbewegung seine Gesundheit zerrüttet, er verfiel bald darauf in eine heftige Krankheit, und nach ein paar Tagen war er begraben. Aber selbst im Grabe hatte sein armer Geist keine Ruhe. Er umflatterte und umschwebte noch immer die Stätte seiner Sorge und seiner Schuld, und indem er die feinsten ätherischen Dünste aus der Luft an sich zog, verdichtete er sich allmählich zum Gespenst.

Es möchte an der Zeit sein, die vielfachen und bedauerlichen Irrtümer, welche über die Natur der Gespenster verbreitet sind, einmal näher zu beleuchten. Eine der rohesten Anschauungen lautet: Ein Gespenst ist eine Gestalt in einem weißen Bettlaken, welche nachts zwischen zwölf und ein Uhr Unfug treibt. Ich vermute, dass diese Fabel von einem Liebhaber erfunden wurde, den sein Nebenbuhler des Nachts in dieser Vermummung durchgeprügelt hat. Schon der allgemeine Glaube, dass ein Gespenst sich an gewisse eng umschriebene Nachtstunden bindet, zeugt von einer betrübenden Unkenntnis der wirklichen Verhältnisse. Ich glaube des Dankes unserer verstorbenen Mitbürger, welche das Schicksal genötigt hat, sich diesem wenig befriedigenden Beruf zu widmen, gewiss zu sein, wenn ich die Ergebnisse meines eingehenden Studiums über die Natur und die Eigenschaften der Gespenster zur allgemeinen Kenntnis bringe. Vielleicht geschieht dies am besten, wenn ich ganz einfach in meiner Geschichte fortfahre und die weiteren Schicksale, welche den armen alten Schneider in seiner neuen Laufbahn trafen, ans Licht der Öffentlichkeit ziehe.

39

Sein Geist war also zu dem Anfang alles wirklichen Gespenstertums gelangt, er hatte wieder eine sichtbare Hülle angenommen. Diese Hülle war ein feiner ätherischer Dunst, der die Umrisse seines verstorbenen Körpers trug, und zwar mit der Kleidung, welche er im Hause zu tragen gewohnt war, die aus Schlappschuhen, einem Paar Unterhosen, einer Flanelljacke und einer baumwollenen Zipfelmütze bestand. Man darf es glauben, es war ein recht armes, altes, kümmerliches Gespenst. Gar oft saß es an stillen, heißen Sommertagen auf dem kleinen Sandhügel auf den Wurzeln der alten knorrigen Kiefer und spähte nach seinem Schatten, der nicht vorhanden war. Ja, selbst seinen eigenen Dunstkörper konnte es zu solcher Zeit nicht erblicken, und es gehört zu den niederdrückendsten Gefühlen der Welt, dass man die ganze Umgebung ringsumher zu sehen vermag, nur die eigene Hand nicht, auch wenn man sie sich dicht vor die Augen hält. Nur in der Nacht bei Mondschein gegen einen dunklen Hintergrund gesehen, ward es sich und anderen sichtbar, auch leuchten die Gespenster mit einem matten phosphorigen Schimmer, der sich zur Nachtzeit offenbart. Aus diesen bis jetzt nicht bekannten Eigenschaften ist es wahrscheinlich zu erklären, dass sich so viele irrige Meinungen über die Erscheinungszeit der Gespenster gebildet haben.

Die größte Plage für den armen Schneider war die Langeweile, die entsetzliche, bodenlose, ewige Langeweile, welche sich seiner bemächtigte. Ohne Schlaf, ohne Abwechslung, ewig Tag und Nacht ruhelos auf dem kleinen Sandfeld umhergetrieben, dehnten sich ihm die Stunden zu endloser Länge. Dazu ward er von gespenstischen Empfindungen seiner früheren menschlichen Neigungen geplagt. Er empfand zu den bestimmten Zeiten einen gespenstischen Hunger und

Durst, eine gespenstische Müdigkeit, ohne das Vermögen zu haben, diese Triebe zu befriedigen.

Am Tage saß er, wie gesagt, gern auf dem kleinen Hügel und spähte dann in die Landschaft hinaus und zu der Stadt hinüber, die fern hinter dem Wiesengrunde zwischen Bäumen versteckt lag, oder er wanderte ruhelos an der längst verwehten Scheide, welche die beiden verhängnisvollen Äcker einst trennte, auf und ab. Die kleinen blauen Schmetterlinge, welche über dem Heidekraut ihr Wesen trieben, flogen ungehindert durch ihn hindurch, und eines Tages, als er gerade so stand, dass ein dürrer Zweig in seinen Leib hineinragte, kam ein kleiner Vogel geflogen, setzte sich auf diesen Zweig und sang. Das Tier saß genau in seinem Magen, ohne auch nur das Geringste davon zu bemerken.

Eine andere Pein für den armen Schneider war, dass niemals des Nachts ein Mensch in diese Gegend kam, welchem gegenüber er in seinem Beruf hätte arbeiten können. Wenn er auch nur ein armes, altes und sehr kümmerliches Gespenst war, so hatte er doch den Ehrgeiz seines neuen Standes, und es hätte ihm wohl getan, was er im Leben nie erreicht hatte, nämlich einen Menschen fürchten zu machen, nach seinem Tode noch gelingen zu sehen. Aber die Gegend war wüst und einsam. Es hatte am Tage niemand dort zu tun und noch weniger des Nachts. So kamen zu allem noch der nagende Kummer eines verfehlten Berufes und das niederschlagende Bewusstsein, für den besten Willen in der Welt ohne Anerkennung zu bleiben.

Aber die Zeit mag noch so langsamen Schneckenganges gehen, sie geht doch wenigstens. Aus Wochen wurden Monate, aus Monaten Jahre, und immer noch schwebte das arme, alte Gespenst einsam, verlassen, ohne Anerkennung an dem alten Ort.

Doch endlich in einer wundervollen, mondhellen Sommernacht sollte der lang gehegte Wunsch in Erfüllung gehen. Der gespenstische Schneider saß gerade wieder auf seinem Hügel, da hörte sein feines Ohr im Wald ein Geräusch, und kurze Zeit darauf sah er eine menschliche Gestalt, vom Mond hell beleuchtet, auf das Sandfeld heraustreten. Die Gestalt schaute sich um und schritt dann auf den Hügel zu. Es schien ein Student zu sein, wie sich beim Näherkommen zeigte. Das Gespenst zitterte an allen Gliedern vor Aufregung, es machte sich so lang es konnte, versuchte sich ein wenig aufzublasen und bemühte sich, schrecklich zu sein. Infolgedessen sah es über alle Begriffe komisch aus.

Das fand auch der lustige Student, denn er lachte, als er es erblickte, und rief: „Guten Abend, altes Gespenst, könnt Ihr mir nicht sagen, wo der Weg zur Stadt geht, ich habe mich verirrt!"

Das Schreckliche, was der arme Schneider im Geheimen befürchtet hatte, das Jämmerlichste, welches seinem Stand begegnen konnte, war eingetroffen, der erste Mensch, welcher ihn sah, fürchtete sich nicht einmal vor ihm. Doch so leicht wollte er es nicht aufgeben, und noch einmal blies er sich auf, verzerrte seine Züge und begann feierlich auf den Studenten loszuschreiten. Doch dieser lachte wieder und sprach: „Ach, lasst das nur, alter Herr, es kleidet Euch nicht. Ihr habt Euren Beruf verfehlt. Warum habt Ihr kein anderes Metier ergriffen – als Gespenst werdet Ihr es nie zu etwas bringen!" Das war zu viel für den armen Schneider, er stieß einen wehmütigen Klagelaut aus, sank auf eine Baumwurzel nieder und verbarg das Gesicht in beiden Händen. Der Student war eine mitleidige Seele.

„Was habt Ihr denn, altes Phantom?", fragte er liebreich und setzte sich zu ihm. „Wenn ich Euch helfen kann, so tue ich es gern, ich habe zu Berlin die Schwarzkunst studiert und fürchte mich vor nichts." Der Student redete ihm so freundlich zu, dass der arme alte Schneider, das Gespenst, Rührung empfand und alles herunterbeichtete, was er auf der Seele hatte. Es war das erste Mal, dass er seine Schuld offenbarte. Und wie er sprach und sich selbst anklagte, ward seine Dunstgestalt immer blasser und blasser, und die letzten Worte erschallten nur noch wie aus leerer Luft. Das bloße Geständnis hatte ihn befreit. Dann hörte der Student es in einiger Entfernung aus den Lüften tönen: „Dank, Dank, du hast mich erlöst." Dann von Zeit zu Zeit, aus der Richtung, wo die Stadt lag, kam immer ferner und leiser ein Ruf: „Dank … Dank … Dank!" Zuletzt nur noch wie ein Hauch, dann war alles rundherum still.

Der Student saß lange nachdenklich auf dem Hügel und schaute der Richtung nach, wo er die Stimme zuletzt gehört hatte. Im Osten rötete sich der Himmel, und als die Sonne emporstieg und ringsum alles wieder im glänzenden Licht dalag, brach er einen Zweig von der alten Kiefer, steckte ihn an seine Mütze und wanderte auf die Stadt zu, welche im Schimmer der Morgensonne vor ihm lag.

Grauen_{volle} Verwandlung

Eduard Mörike

Die Geister am Mummelsee

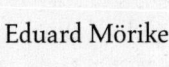

Vom Berge was kommt dort um Mitternacht spät
Mit Fackeln so prächtig herunter?
Ob das wohl zum Tanze, zum Feste noch geht?

Mir klingen die Lieder so munter.
Oh nein!
So sage, was mag es wohl sein?

Das, was du da siehest, ist Totengeleit,
Und was du da hörest, sind Klagen.
Dem König, dem Zauberer, gilt es zu Leid,
Sie bringen ihn wieder getragen.
Oh weh!
So sind es die Geister vom See!

Sie schweben herunter ins Mummelseetal –
Sie haben den See schon betreten –
Sie rühren und netzen den Fuß nicht einmal –
Sie schwirren in leisen Gebeten –
Oh schau,
Am Sarge die glänzende Frau!

Jetzt öffnet der See das grün spiegelnde Tor;
Gib Acht, nun tauchen sie nieder!

Es schwankt eine lebende Treppe hervor,
Und – drunten schon summen die Lieder.
Hörst du?
Sie singen ihn unten zur Ruh.

Die Wasser, wie lieblich sie brennen und glühn!
Sie spielen in grünendem Feuer;
Es geisten die Nebel am Ufer dahin,
Zum Meere verzieht sich der Weiher –
Nur still!
Ob dort sich nichts rühren will?

Es zuckt in der Mitten – oh Himmel! Ach hilf!
Nun kommen sie wieder, sie kommen!
Es orgelt im Rohr und es klirret im Schilf.

Nur hurtig, die Flucht nur genommen!
Davon!
Sie wittern, sie haschen mich schon!

Nachts sollte man einen großen Bogen machen um alte Friedhöfe

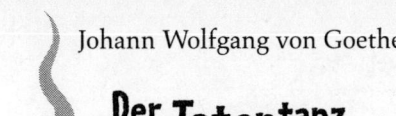

Johann Wolfgang von Goethe

Der Totentanz

Der Türmer, der schaut zumitten der Nacht
Hinab auf die Gräber in Lage;
Der Mond, der hat alles ins Helle gebracht,
Der Kirchhof, er liegt wie am Tage.
Da regt sich ein Grab und ein anderes dann:
Sie kommen hervor, ein Weib da, ein Mann,
In weißen und schleppenden Hemden.

Das reckt nun, es will sich ergötzen sogleich,
Die Knöchel zur Runde, zum Kranze,
So arm und so jung, und so alt und so reich;
Doch hindern die Schleppen am Tanze.
Und weil hier die Scham nun nicht weiter gebeut,
Sie schütteln sich alle: Da liegen zerstreut
Die Hemdelein über den Hügeln.

Nun hebt sich der Schenkel, nun wackelt das Bein,
Gebärden da gibt es vertrackte;
Dann klippert's und klappert's mitunter hinein,
Als schlüg man die Hölzlein zum Takte.
Das kommt nun dem Türmer so lächerlich vor;
Da raunt ihm der Schalk, der Versucher, ins Ohr:
„Geh, hole dir einen der Laken!"

Getan wie gedacht! Und er flüchtet sich schnell
Nun hinter geheiligte Türen.
Der Mond, und noch immer er scheinet so hell
Zum Tanz, den sie schauderlich führen.
Doch endlich verlieret sich dieser und der,
Schleicht eins nach dem anderen gekleidet einher,
Und husch ist es unter dem Rasen.

Nur einer, der trippelt und stolpert zuletzt
Und tappet und grapst an den Grüften;
Doch hat kein Geselle so schwer ihn verletzt;
Er wittert das Tuch in den Lüften.
Er rüttelt die Turmtür, sie schlägt ihn zurück,
Geziert und gesegnet, dem Türmer zum Glück;
Sie blinkt von metallenen Kreuzen.

Das Hemd muss er haben, da rastet er nicht,
Da gilt auch kein langes Besinnen,
Den gotischen Zierrat ergreift nun der Wicht
Und klettert von Zinne zu Zinnen.
Nun ist's um den armen, den Türmer, getan!
Er ruckt sich von Schnörkel zu Schnörkel hinan,
Langbeinigen Spinnen vergleichbar.

Der Türmer erbleichet, der Türmer erbebt,
Gern gäb er ihn wieder, den Laken.
Da häkelt – jetzt hat er am längsten gelebt –
Den Zipfel ein eiserner Zacken.
Schon trübet der Mond sich verschwindenden Scheins,
Die Glocke, sie donnert ein mächtiges Eins,
Und unten zerschellt das Gerippe.

Friedrich Laun

Der Totenkopf

Der klare Abend, welcher sich beruhigend einem schwülen Sommertage anschloss, hatte den neuen Gutsbesitzer, Oberst Kielholm, mit seiner kleinen Familie auf die steinerne Bank vor dem Herrenhaus gelockt. Um mit den einzelnen Untertanen allmählich bekannt zu werden, gefiel es ihm, manchen Vorübergehenden nach seinem Treiben und Tun zu befragen und mancher Beschwerde durch Rat oder auch wohltätige Unterstützung abzuhelfen.

Eine besondere Freude gewährte es der Familie, dass der schrägüber liegende Gasthof, der unter seinem vorigen Inhaber ein abstoßendes, schmutziges Ansehen gehabt hatte, mit jedem Tage sich stattlicher herausputzte. Es freute sie umso mehr, da der neue Gastwirt, der zuvor jahrelang ihrem Dienste eifrig vorgestanden, schon jetzt die guten Folgen seiner Verbesserungen lobte und in dem neuen Gewerbe sich überaus wohlgefiel, das ihn und seine junge Frau nebst den Zugehörigen künftig einmal reichlich zu nähren versprach.

Wo sonst, trotz der lebhaften Straße, kein Mensch so leicht gewagt hatte, eine Nacht zuzubringen, da kehrten jetzt tagtäglich Gäste ein. Immer standen Kutschen im Hofe und vor dem Hause, und die insgemein recht freundlichen Mienen der zur Abreise wieder Einsteigenden gaben dem Wirt, der mit abgezogener Mütze am Kutschenschlage zu stehen pflegte, ein unzweideutiges Zeugnis für die Güte und Billigkeit seiner Anstalt.

Ein eben verschwundenes, bewegliches Gemälde dieser Art lieh jetzt den Stoff zur Unterhaltung, als eine seltsame Equipage, die von der anderen Seite herankam, die Aufmerksamkeit des Obersten und der Seinigen an sich zog. Einem langen, mit Kasten und allerlei Gerät beladenen Leiterwagen waren zwei in Größe, Gestalt und Farbe durchaus verschiedene und voneinander lächerlich abstechende Pferde vorgespannt, welche dem Hungertode allmählich entgegenzugehen schienen. Ein zweiter, vermutlich durch Beraubung des benachbarten Waldes erst zum Teil zur Laube eingerichteter, unförmig langer und breiter Wagen hatte vier, nicht viel bessere Pferde aufzuweisen. Das wunderliche Völkchen, das auf diesem Wagen saß, frappierte die Gesellschaft am meisten. Mit Kindern und Erwachsenen, mit Männern und Weibern war er voll gestopft. Aber kein Augenpaar schien dem anderen freundlich zugeneigt. Aus den braunen Gesichtern sprachen teils Missbehagen, teils entschiedener Hass und Widerwille. Das war keine Familie, sondern ein aufgeraffter Tross, der, vermutlich nur durch Furcht und Bedürfnis der Nahrung, locker zusammengehalten wurde.

Der scharfe Blick des Obersten entdeckte dies schon in ziemlicher Entfernung. Er sah auch deutlich, wie sich aus dem Laubgewölbe im Hinterteil des Wagens ein besser als die Übrigen gekleideter Mann hervorbewegte, und auf ein ermahnendes Wort von ihm alle sich nach dem Hause zukehrten und mildere Gebärden annahmen, auch Haar und Kleider in bessere Ordnung zu streichen suchten.

Der vordere Wagen hielt schon am Gasthof, als der andere beim Herrenhause vorüberkam, und äußerst demütige

Grüße die Gewogenheit der Gutsherrschaft erbitten zu wollen schienen.

Kaum stand der zweite Wagen still, als auch schon alles herausgesprungen war. Jeder beeiferte sich, der Nähe des Nachbars baldigst zu entkommen. Das überaus flinke und künstliche Herabspringen selbst gab den sichersten Aufschluss über das Gewerbe der Leute. Unfehlbar waren es Artisten.

Der Oberst äußerte, dass sie ohngeachtet der ehrerbietigen Grüße ihre Künste wohl schwerlich hier preisgeben, sondern allem Vermuten nach ohne Verzug der Residenz zureisen würden, weil es sich kaum der Mühe verlohne, die reiche Losung, welche sie dort erwarte, des dürftigen Gewinnes halber, auf den sie hier rechnen könnten, auch nur einen Tag später einzunehmen.

„Wir haben diese Leute", sagte er, „von ihrer schlechtesten Seite gesehen, ohne die Hoffnung, sie auch von der guten kennen zu lernen."

Seine Gemahlin schien eben ihre Abneigung vor allen halsbrecherischen Künsten ausdrücken zu wollen, als der besser denn die Übrigen gekleidete Mann herüberkam und nach einer tiefen Verbeugung um Erlaubnis bat, sich einige Tage hier aufhalten zu dürfen. Der Gutsbesitzer konnte umso weniger etwas dagegen haben, da der höfliche Fremde zu gleicher Zeit einen ganz unverdächtigen Pass überreichte.

„Nur ersuche ich Sie", sagte der Oberst lächelnd, „Ihren Leuten recht einzuschärfen, dass alles Unerlaubte auch in meinen Dörfern verboten ist, damit verdrießlichen Händeln ausgewichen werde."

„Sorgen Sie sich nicht, gnädiger Herr. Eine sehr strenge Disziplin greift der Ambition meiner Truppe nachdrücklich unter die Arme. Sie ist gewissermaßen ihre eigene geheime Polizei. Alle müssen mir für einen und einer für alle stehen. Jeder hat die Pflicht, das Unrecht des anderen zu entdecken. Auch wird er dafür jederzeit obendrein belohnt. Wogegen die Verheimlichung immer zu einer empfindlichen Strafe führt."

Die Gemahlin des Obersten konnte ihren Abscheu vor so grausamen Verhältnissen kaum verhehlen. Der Fremde entdeckte ihn und sagte achselzuckend: „Ein jeder muss sich in seine Lage zu fügen suchen. Ich habe gefunden, dass ohne eine Behandlung dieser Art kein Auskommen mit solchen Leuten ist. Übrigens können Euer Gnaden umso sicherer auf meine Wachsamkeit am hiesigen Orte rechnen, da ich das Glück habe, hier geboren zu sein, und deshalb doppelte Verpflichtungen gegen den Ort und dessen gnädige Herrschaft in mir fühle."

„Von hier?", fragte die Oberstin verwundert.

„Nicht anderes, gnädige Frau. Mein Vater war der Schulmeister Schuster, der vor kurzem erst gestorben ist. Ich nenne mich Calzolaro, weil ich gefunden habe, dass mein Gewerbe unter italienischem Namen sich etwas dankbarer beweist als unter deutschem."

Das Interesse der Herrschaft an dem nicht ungebildet scheinenden Manne verdoppelte sich. Es war bekannt, dass der wegen der Volksmenge des Kirchspiels ziemlich reich verstorbene Schulmeister seinen einzigen Sohn auf den Pflichtteil reduziert und eine entfernte junge Verwandte zur Universalerbin eingesetzt hatte. Man bedauerte ihn daher nicht allein aus gewohnter Höflichkeit, sondern auch, weil sowohl durch die angenehme Gestalt des jungen Mannes als auch durch sein Benehmen das Mitleid der Gutsherrschaft wirklich rege geworden war.

„Mein Vater", sagte Calzolaro, „hat nicht väterlich an mir gehandelt. Daher glaube ich auch umso eher von dem Rechte Gebrauch machen zu dürfen, das mir gegen sein Testament zu Gebote steht. Es hat einige wesentliche Mängel, und ich bin im Begriff, diesen so genannten letzten Willen förmlich umzustoßen. Doch verzeihen Euer Gnaden, dass ich Sie mit diesen Dingen behellige, welche das Gespräch unwillkürlich herbeiführte. Nur noch eine untertänige Bitte erlauben Sie mir. Zum Dank für die gnädige Aufnahme wünsche ich, Sie etwas von den Künsten meiner Truppe sehen zu lassen."

Der Oberst zeigte sich beifällig und der Tag dazu wurde festgesetzt.

Noch an demselben Abend suchte Calzolaro den Pastor auf, um ihm sein Vorhaben gegen des Vaters Testament mitzuteilen. Der gute, fromme Mann entsetzte sich davor. Er suchte ihm die Gerechtigkeit des väterlichen Zornes zu beweisen.

„Denken Sie sich, junger Mann", sagte er, „einen Greis, der dieses in seinem Berufe geworden ist und sich eines Sohnes erfreut, in dessen Hände er diesen Beruf legen kann. Denken Sie sich einen Sohn von Talent, Kenntnis und Willen dazu. Was hat der Vater weiter zu tun, als dahin zu streben, dass dieser Sohn nach seinem Hinscheiden sein Amt erhalte. Auch hierin begünstigt das Glück Ihren Vater. Der Sohn wird zu seinem Nachfolger ernannt. Und nun, wie sich der Greis ganz geborgen und glücklich glaubt, wird dieser Sohn auf einmal durch lockere Gesellen dem zwar ziemlich unbeachteten, aber doch gewiss ehrwürdigen Kreise seiner Zukunft entrissen! Lieber Schuster, wenn Sie auch damals, als Sie Ihren würdigen Vater heimlich verließen, um zaum- und zügellos in der Welt herumzuschwärmen, seinen Kummer darüber aus Leichtsinn vergessen konnten, so dürfen Sie doch das jetzt nicht mehr; oder ich würde Sie ohne Rückhalt einen Bösewicht nennen. Und tat auch nachher Ihr Vater nicht alles, um Sie auf die gute Bahn zurückzurufen? Aber Sie verstopften Ihr Ohr vor dem väterlichen Worte."

„Weil die Verbindung, in der ich damals lebte, Rechte auf mich hatte, die ich nicht wie ein missfälliges Kleid von mir werfen konnte. Wäre ich mein eigener Herr gewesen, wie jetzt …"

„Keine Silbe weiter darüber. Nur so viel bitte ich Sie, Ihres Vaters Gebeinen nicht durch Umstoßung seines Willens die gebührende Ehrfurcht zu versagen."

Wirklich war der junge Mann durch diese Reden und das ehrwürdige Ansehen des Pfarrers schwankend in seinem Entschlusse geworden. Allein dieser stand schon am folgenden Tage wieder fest. Er hörte nämlich hier und da, mit welcher Erbitterung sein Vater von ihm noch kurz vor seinem Ende gesprochen hatte, und wurde so entrüstet, dass er nun nicht einmal von einem Vergleiche mit der Erbin etwas wissen wollte, den der Pfarrer in Vorschlag brachte. Selbst der Gutsherr suchte vergebens Vermittler zu werden und überließ, da er dies sah, die Sache ihrem Gange. Übrigens fand er Interesse an dem neuen Bekannten von so abenteuerlichem Gewerbe, wohnte mancher Übung der Artisten bei und ergötzte sich so sehr an der wohl gelungenen Vorstellung, welche Calzolaro zur Freude seiner Familie veranstaltet hatte, dass er ihn zu einer zweiten bewog, worauf er einigen Bekannten aus der Nachbarschaft Einladungskarten schickte.

Bei dieser Gelegenheit sagte Calzolaro: „Bis hierher haben Sie noch gar wenig von meiner eigenen Fertigkeit gesehen.

Aber glauben Euer Gnaden nicht, dass ich immer nur als Kritiker untätig neben den Leuten stehe. Ich habe meine Kunstsphäre so gut wie diese und behalte mir vor, Ihnen, ehe ich abreise, mit manchem magnetischen und elektrischen Stücke ein Stündchen, vielleicht nicht unangenehm, zu vertreiben."

Der Oberst erzählte hierauf, wie er erst vor kurzem einen Mann dieser Art in der Residenz gesehen, von dem ihm manches recht wohl gefallen habe. Am meisten sei er durch die so genannte Bauchsprache überrascht worden, worin derselbe ganz vorzüglich gewesen sei.

„Darin grade", antwortete Calzolaro, „glaube auch ich mich mit jedem messen zu können."

„Das freut mich", rief der Oberst. „Besonders müsste ein Gespräch, das jener Mann scheinbar mit einem Totenschädel hielt, einen großen Effekt hervorgebracht haben, wenn von Bauchrednerei zuvor gar nicht die Rede gewesen wäre."

„Wenn Euer Gnaden befehlen, so könnte man dies ja versuchen."

„Schön!", sagte der Oberst und fügte, nachdem Calzolaro gute Beweise von seiner Geschicklichkeit in der erwähnten Kunst gegeben hatte, hinzu: „Man müsste das Schauerliche der Sache noch durch manche Nebenmittel mehr hervorheben, z. B. durch schwarze Verkleidung des Gemachs, Auslöschen aller überflüssigen Lichter, die Wahl der Mitternachtsstunde usw. Es müsste eine Art von geistigem Dessert nach dem Abendtische, ein ganz unerwartetes Schauspiel werden, wobei den Zuschauern etwas Eis über den Körper liefe, damit sie bald darauf, bei Enträtselung der Sache, reichlichen Stoff zum Lachen über ihre eigene Furcht gewännen. Denn ohne einiges Grauen wird es wohl, wenn alles gelingt, für niemanden abgehen."

Calzolaro nahm Interesse an dem Projekt und versprach, gewiss nichts zu vernachlässigen, was dessen Gedeihen befördern könne.

Ein Zimmer wurde indessen geräumt und schwarz ausgeschlagen. Aber alles möglichst geheim. Nur die Oberstin, auf deren Verschwiegenheit man bauen konnte, war von dem Vorhaben unterrichtet. Ihr Gemahl hatte sogar einen kleinen Zwist bei dieser Gelegenheit mit ihr. Sie verlangte nämlich, dass zu dem seltsamen Schauspiel das Modell eines Totenkopfes von Gips angewendet werden solle, wonach der älteste Junker zeichnete. Allein der Oberst bestand darauf, dass ein wirklicher Schädel dazugehörte, weil sonst die Illusion der Zuschauer gar leicht gestört werden könne, und auch der Schädel, nachdem man ihn sprechen gehört hätte, zu vollkommener Überzeugung, dass es einer sei, den Gästen zum Anschauen herumgegeben werden solle.

„Und woher den Schädel nehmen?", fragte die Oberstin.

„Dafür wird der Totengräber schon Sorge tragen."

„Und welches Toten Ruhe soll durch diesen frivolen Scherz gestört werden?", fragte die Oberstin.

„Wie sentimental!", rief Kielholm, der die Sache weit leichter nahm. „Man hört es wohl, dass du kein Schlachtfeld mit angesehen hast, wo für die Ruhe der Toten nur so lange gesorgt ist, als der Landmann es will, auf dessen Acker sie eingescharrt liegen."

„Gott bewahre mich auch vor solchem Anblick!", sagte die Oberstin und entfernte sich, da sie wohl merkte, dass der Gemahl für ihre Einwendungen durchaus keine Empfänglichkeit besaß.

Auf sein Geheiß schaffte der Totengräber des Abends einen wohl erhaltenen Schädel herbei.

Am Morgen des für das eigene Schauspiel festgesetzten Tages sann Calzolaro eben im nahen Wäldchen über die Anrede an den Totenkopf und dessen Antworten und auch darüber nach, wie der Schädel am besten zu platzieren sei, um sogleich dem Verdacht entgegenzuarbeiten, als ob seine Antworten durch Kommunikation mit einer versteckten Person hervorgebracht würden.

Da kam der Pfarrer gefahren, der in der Nacht zu einem Sterbenden war geholt worden. Der fromme Mann, der in diesem zufälligen Zusammentreffen einen Fingerzeig des Himmels zu finden glaubte, ließ halten, um dem Abenteurer nochmals zu einem Vergleiche zu raten.

„Ich habe", sagte er, „von der Erbin Ihres Vaters erst gestern Abend einen Brief erhalten. Um alle öffentliche Störung der letzten Verfügungen des würdigen Mannes zu vermeiden, bietet sie Ihnen die Hälfte des ihr zugesprochenen Vermögens freiwillig an. Das werden Sie doch wohl dem ungewissen Ausfalle eines für Sie auf keine Weise ehrenvollen Prozesses vorziehen?"

Allein Calzolaro blieb dabei, dass die Gesetze zwischen ihm und dem Erblasser entscheiden sollten. Der rechte Gesichtspunkt war dem jungen Manne verrückt, aus dem er seines Vaters Widerwillen gegen ihn hätte beurteilen sollen. Der Pfarrer, der alle Bitten und Vorstellungen verschwendet sah, verließ ihn im Zorn, und Calzolaro ging langsam in den Gasthof zurück, um seinen Leuten ihr Pensum für den heutigen Tag aufzugeben und ihnen zugleich zu sagen, dass er zwar nicht in der Nähe sein, aber doch von weitem alles Vorzügliche wie alles Fehlerhafte beobachten werde. Auch das, dass er sich den Gästen nicht als Vorsteher dieser Gaukler zeigen wollte, war ein Kunstgriff auf die Nacht berechnet, wo

er als ein gänzlich Unbekannter das Rätselhafte der Szene zu
erhöhen dachte.

Das Voltigieren und Seiltanzen lief vorzüglich ab. Je seltener
die auf dem Lande lebenden Gäste etwas Bedeutendes in diesen Künsten zu sehen bekamen, desto mehr fanden sie sich
veranlasst, die Kräfte der Truppe zu bewundern und zu erheben.

Besonderen Beifall genossen die Kinder, die für ihr Alter
in der Tat nicht wenig leisteten. Das Mitleid mit einem be-
dauernswürdigen Schicksal ging dem Beifall zur Seite, und
die Damen beeiferten sich, durch kleine Gaben freundliche
Gesichter hervorzulocken.

Die Geschicklichkeit der Truppe war den ganzen Nachmittag der Gegenstand des Gesprächs, ja der Abendtisch hatte
noch viel davon zu hören, bis der Hausherr, welcher bis dahin
häufig ab- und zugegangen war, endlich ebenfalls festen Platz
nahm und also anfing: „Ich freue mich, meine genügsamen
Freunde mit dem kleinen Schauspiel, das ich ihnen zu geben
hatte, so zufrieden zu sehen. Ich freue mich umso mehr darüber, dass ich manches Natürliche mit Namen ‚unbegreif-
lich' belegen höre, da ich imstande bin, noch diesen Abend etwas in der Tat Unbegreifliches Ihrer Prüfung zu unterwerfen.
Es ist nämlich in diesem Augenblicke ein Mann auf meinem
Gut, der einen so seltsamen Verkehr mit der Geisterwelt hat,
dass er die Toten selbst zur Antwort auf seine Fragen zu nötigen versteht."

„Ei", sagte eine Dame lachend, „machen Sie uns nicht
Bange!"

„Jetzt spotten Sie", versetzte der Oberst, „aber ich wette

darauf, dass Ihre Laune bei der Szene ein wenig erschüttert werden soll."

„Ich gehe die Wette ein!", war die Antwort.

Die Übrigen traten der ungläubigen Dame bei und erklärten sich so laut und übermütig gegen die Wahrheit von dergleichen Schauerszenen, dass der Oberst für das Gelingen des Vorhabens wirklich besorgt zu werden anfing und gewiss die ganze Sache unterlassen hätte, wenn er nicht von seinen Gästen selbst beim Wort gefasst worden wäre.

Die Gäste gingen noch weiter. Sie drängten den Wirt, sie doch nicht so lange auf die versprochenen großen Dinge warten zu lassen. Aber der Oberst, der, um nur einigermaßen seine Rolle zu behaupten, den Spott, welcher sie dazu antrieb, ganz ignorierte, versicherte ernstlich, dass vor der Mitternachtsstunde das Experiment durchaus unmöglich sei.

Endlich schlug die Turmuhr zwölfmal, und der Hausherr winkte den Bedienten, dass sie einige Reihen Stühle vor die Tür eines Seitenzimmers setzten. Dann lud er die Gäste ein, auf diesen Stühlen Platz zu nehmen, und befahl, als das geschehen war, das Auslöschen sämtlicher Lichter.

Während dieses vor sich ging, sagte er: „Noch will ich meine Freunde vor allem Vorwitz gewarnt haben!"

Es war in der Tat, als ob das Ernste und Feierliche dieser Worte einen tiefen Eindruck auf die Versammlung machte, welcher schon den Schlag der Mitternachtsstunde und dann das Verlöschen eines Lichts nach dem anderen einen Teil ihres Unglaubens genommen zu haben schien.

Dazu erschollen aus dem Gemach, vor dem die Versammlung saß, der Geisterbeschwörung tiefe, wunderliche Töne, die von abgemessenen Hammerschlägen unterbrochen wurden, bis endlich beide Flügeltüren auseinander flogen und aus der Weihrauchwolke, welche das ganze Zimmer ausfüllte, nach und nach die mit einfachem Schwarz bekleideten Wände zum Vorschein kamen, nebst einer ebenfalls schwarz umhangenen Säule, von der ein Totenkopf die Gesellschaft schauerlich anblickte.

Schon jetzt schienen die Atemzüge der Anwesenden lauter und unsicherer zu werden als zuvor. Ja, die Unruhe vergrößerte sich, je mehr allmählich der Weihrauchnebel dem klaren Lichte weichen musste, das von einer an dem Plafond befestigten großen Alabasterlampe ausging. Auch blickten die meisten sehr besorgt um sich, als sie ein Geräusch hinter sich vernahmen, welches, beiläufig gesagt, von niemandem herrührte als ein paar Bediensteten, denen der Oberst erlaubt hatte, die Szene in einiger Entfernung mit anzusehen.

Nach einer minutenlangen Totenstille trat endlich Calzolaro von der Seite hervor. Ein langer Bart hatte sein noch ziemlich jugendliches Gesicht dermaßen verändert, dass er selbst, wenn ihn jemand von den Anwesenden schon früher gesehen gehabt hätte, schwerlich wieder erkannt worden wäre. Die morgenländische Kleidung, die er zu dem Akt gewählt hatte, kam dazu, sodass schon sein Auftreten allein eine große Wirkung hervorbrachte.

Um sogleich durch den Stolz auf seine höhere Kunst zu imponieren, hatte der Oberst ihm geheißen, ohne alle Verbeugung und höfliche Anrede an die Versammlung aufzutreten, auch überhaupt eine Sprache zu führen, welche von der gewöhnlichen Umgangssprache um ein Merkliches abwiche.

Calzolaro begann daher mit tiefer, erschütternder Stimme:

„Das Leben ist da, um sich in den schwarzen Schlund, den wir Tod nennen, hinabzutauchen, und dort einem ganz neuen, stillen Reiche einverleibt zu werden. Es aus diesem

Reiche wieder hervorzuziehen, darin besteht der Zweck aller höheren Kunst. Mögen Toren und Schwachköpfe von Unmöglichkeiten schwatzen, der Weise beklagt sie, die nicht wissen, was möglich oder unmöglich, was wahr oder falsch, was Licht oder Schatten ist, die die großen Geister nicht kennen und begreifen, welche aus den stummen Grüften und Gräbern, aus den zerfallenen Gebeinen der Abgeschiedenen eine so schauerliche als wahre Sprache vor das erstaunte Ohr der Lebenden bringen. An euch, die ihr hier versammelt seid, vorerst ein warnendes Wort. Hütet euch durch irgendeine vorwitzige Frage die Rache des Geistes zu reizen, der von meinem ersten Worte an über diesem Totenkopf unsichtbar schweben wird. Versuchet übrigens euer Grauen zu mäßigen und höret alles in Demut und Ruhe. Denn ich nehme die Gehorsamen in meinen mächtigen Schutz und lasse nur die Frevler von dem wohlverdienten Verderben ereilen."

Der Oberst bemerkte mit innigem Wohlgefallen, welchen Eindruck diese hohlen, mit der nötigen Pracht und Anmaßung ausgesprochenen Worte auf die vor kurzem noch so ungläubige Versammlung machten.

„Die Sache gelingt besser, als ich mir eingebildet hätte", flüsterte er seiner Gemahlin zu, die jedoch kein Wohlgefallen an der Szene bezeigte, ja sie einzig ihrem Gatten zuliebe mit abgewartet hatte.

Calzolaro fuhr indessen fort: „Betrachtet diesen Schädel. Armselig und hilflos, wie er jetzt vor euch liegt, gehörte er einst einem der stolzesten, unmäßigsten Tyrannen. Meine geheime Kunst öffnete die Riegel, welche das marmorne Grabgewölbe einer Reihe von Fürsten verschloss. Und nun ist er da, dem Geweihten der Geister Rede zu stehen über sein ganzes, einst so furchtbares Herrscherleben. Erzittert nicht,

wie sehr er auch in Drohungen gegen mich und euch ausbrechen sollte. Denn nur vergebens wird seine Ohnmacht sich mit der verschwindenden Größe gegen meine Herrschaft über ihn zu sträuben suchen, wenn keine strafbare Voreil von eurer Seite den stillen Gang meiner ersten Fragen zu unterbrechen sucht."

Danach öffnete er eine der Versammlung unsichtbare Seitentür des Zimmers, langte eine Kohlenpfanne herein, streute Weihrauch darauf und ging dreimal damit um die Säule herum, unverständliche Laute nach allen vier Ecken aussprechend. Dabei zog er ein Schwert, mit dem er umgürtet war, aus der Scheide und hieb damit in den Weihrauch hinein, auch einige Male mit entsetzlich verzogenem Gesichte und als ob er den Schädel zerspalten wollte, nach diesem, den jedoch sein Schwert unberührt ließ. Darauf fasste er ihn mit der Spitze des Schwertes an, hielt ihn vor sich hin und trat damit den geängstigten Zuschauern näher.

„Wer bist du, du elender Staub, hier auf meiner Degenspitze?", fragte Calzolaro, und das noch mit festem Auge und gut abgemessener Stimme.

Aber kaum ist die Frage aus seinem Munde, so erbleicht er plötzlich, sein Arm erzittert, die Knie schwanken. Die starren, auf den Schädel gerichteten Augen vergehen ihm. Kaum dass er zuvor noch das Schwert und den Totenkopf auf die Säule zu legen vermag, sinkt er mit allen Merkmalen eines grenzenlosen Entsetzens zu Boden. Die außer Fassung geratenen Gäste sehen den Wirt, der Wirt sieht die Gäste an. Niemand weiß, ob dieser rätselhafte Vorfall mit zur Sache gehöre oder wie er sonst zu erläutern sein möchte.

Die Versammlung ist aufs Höchste gespannt. Man wartet noch lange, aber der Anschluss will sich nicht finden. Endlich regt sich Calzolaro wieder und fragt, ob sein verstorbener Vater wieder hinweg sei?

Hat man sich vorher verwundert, so erstaunt man nun. Der Oberst will wissen, was diese Sonderbarkeiten zu bedeuten hätten und ob er die Versammlung mit dem Totengespräche zum Besten gehabt habe?

Calzolaro äußerte hierauf, er wolle sich in alles ergeben und jede Bestrafung seines unseligen Frevels gern erleiden, nur bitte er inständig, dass der Schädel wieder an seine Ruhestätte gebracht werde.

Er hatte alle Haltung verloren und stand auch nicht eher vom Boden auf, bis die Oberstin seiner Bitte nachgegeben und Befehl erteilt hatte, den Totenkopf auf den Gottesacker zu schaffen, um ihn wieder beerdigen zu lassen.

Bei dem so ganz unerwarteten Ausgange der Sache wendete sich kein Auge von dem vor kurzem noch so hochfahrenden Redner, welcher gar nicht wieder zu Atem kommen konnte und von Zeit zu Zeit flehende Blicke herüberwarf, dass man sich nur so lange gedulden möchte, bis seine Kräfte wieder zum Vortrag gesammelt sein würden.

Der Oberst erzählte inzwischen den Anwesenden, welch ein Scherz auf eine bis jetzt noch unerklärliche Weise verfehlt worden war. Endlich fing Calzolaro sehr kleinmütig an:

„Das Gaukelspiel, das ich vorhatte, hat gar furchtbar für mich geendigt. Zum Glück scheint der höchst geehrtesten Versammlung der schreckliche Anblick erspart worden zu sein, der mich wohl um alles Bewusstsein bringen musste. Denken Sie sich, dass kaum, da ich den Schädel mit dem Schwerte aufgehoben und angeredet habe, er mir auch ganz in der Gestalt meines verstorbenen Vaters erschien. Ob es mein Ohr war, das seine Worte selbst hörte, weiß ich nicht, noch wie sonst mir der Sinn der Anrede: ‚Erzittre, Vatermörder, wenn du nicht umkehrst und den Weg erwählst, den du schändlicherweise verlassen hast‘, beigebracht wurde."

Die grausende Erinnerung beengte den Atem des Abenteurers dergestalt, dass er nicht weiterzusprechen vermochte. Der Oberst erklärte indessen der Versammlung in der Kürze, was dieser in der Rede verborgen geblieben sein musste. Darauf sagte er zu dem reuigen Gaukler: „Da Ihnen Ihre Fantasie nun einmal den befremdenden Streich gespielt hat, so ersuche ich Sie, ihr um künftigen ähnlichen Vorfällen auszuweichen, wenigstens insoweit zu gehorchen, um mit der Erbin Ihres verstorbenen Vaters den angebotenen Vergleich einzugehen."

„Nein, gnädiger Herr", erwiderte er, „keinen Vergleich! Dadurch würde meine Schuldigkeit nur halb erfüllt. Alles soll ihr gehören und der Prozess niedergeschlagen werden." Zugleich versicherte er, dass er seine seitherige Lebensweise aufgeben und den Wunsch seines Vaters ganz erfüllen wolle.

Der Oberst äußerte hierauf, dass dies ein sehr guter Gedanke sei, der ihn mit dem Strich durch die Rechnung, den er ihm diesen Abend gemacht habe, ganz aussöhne.

Die Versammlung ermüdete nicht mit mancherlei, zuweilen recht seltsamen Fragen an den Geisterseher. Unter anderem verlangte man zu wissen, ob der Kopf, der ihm erschienen sei, leichenähnlich oder gesund ausgesehen habe.

„Vermutlich das Erste", war seine Antwort. „Die grausende Wirkung des Ganzen hatte mich so zermalmt, dass ich das Einzelne wohl darüber vergessen musste. Denken Sie sich nur einen Sohn, der auf dem Schwerte in seiner Hand den Kopf seines eigenen Vaters erblickt! Der bloße Gedanke könnte ja schon allein zum Wahnsinn führen."

„Hätte ich doch nicht geglaubt", sagte der Oberst, nachdem er den Geisterseher lange angeschaut hatte, „dass das Gewissen eines Mannes, der wie Sie die Welt durchstreift hat, seiner Einbildungskraft noch so viel zu schaffen machen würde."

„Also gnädiger Herr, Sie zweifeln an der Wirklichkeit der Erscheinung? Ich meinerseits bin bereit, darauf den fürchterlichsten Eid abzulegen."

„Ihre Behauptung widerlegt sich von selbst. Wir alle hier haben ja ebenfalls Augen für das Wirkliche, und niemand sah etwas anderes, als einen gewöhnlichen Totenkopf."

„Das kann ich freilich nicht erklären. Aber noch mehr, ich bin sogar überzeugt – woher ist auch mir ein Rätsel –, doch überzeugt, wie von meinem eigenen Leben, dass dieser Schädel wirklich der Schädel meines Vaters selbst gewesen sein. Auch hierauf erbiete ich mich zu dem schauerlichsten Eide."

„Ihnen den Meineid zu ersparen, soll sogleich vom Totengräber Auskunft eingeholt werden." Der Oberst ging hinaus, um dies anzuordnen. Als er nach einer Weile wieder hereinkam, sagte er: „Wunderbar genug ist der Totengräber hier im Hause, aber nicht im Zustand Antwort zu geben. Um das Schauspiel, welches ich meinen Gästen zugedacht hatte, ebenfalls mit anzusehen, hat er sich unseren Leuten beigesellt, welche zu demselben Zwecke die Türe, durch welche die Rauchpfanne hereingegeben wurde, leise geöffnet haben. Zugleich mit unserem Geisterseher ist auch der Totengräber umgesunken und bis diesen Augenblick noch nicht wieder zum Bewusstsein gelangt, obschon alle hierher gehörigen Mittel versucht worden sind."

Einer der anwesenden Herren behauptete jetzt, dass ein starker Likör, den er, der ebenfalls zu Ohnmachten geneigt sei, bei sich zu führen pflege, die hartnäckigsten Zufälle dieser Art jederzeit zuverlässig vertreibe.

Die ganze Versammlung begleitete ihn zu dem Kranken. Aber auch dieses Mittel schlug nicht an.

„Unfehlbar ist der Mann ein Kind des Todes", sagte der Herr.

71

Die Turmuhr, welche eben die erste Stunde nach Mitternacht ansagte, mahnte zum Aufbruch. Doch die Regung, die unmittelbar darauf in dem Ohnmächtigen von selbst sich zeigte, hielt die Gäste beisammen.

„Gott sei Dank", rief der Erwachende, „dass er nun wieder zur Ruhe ist!"

„Wer, Alter?", fragte der Oberst.

„Der selige Schulmeister!"

„Hat denn der Schädel wirklich diesem gehört?"

„Ach, wenn Sie's nicht ungnädig nehmen wollen, ja. Alte Leute und Vorwitz; man sollte es kaum glauben. Aber ich habe doch welchen gehabt. Nun ist es so gekommen."

Aus diesen rätselhaften Worten war wenig zu nehmen. Daher fragte der Oberst, wie er auf die Idee geraten sei, just des Schulmeisters Schädel herauszuholen?

„Eben aus gottlosem Vorwitz. Da spricht man immer, dass wenn Kinder die Schädel ihrer verstorbenen Eltern nach Mitternacht anreden, diese Schädel wieder zu leben anfangen. Das wollte ich denn versuchen, mache aber in meinem Leben den Versuch nicht noch einmal. Zum Glück ist der Schädel nun wieder zur Ruhe."

Man fragte ihn, woher er das wisse, und er antwortete, dass er alles in seinem Totenschlafe gesehen habe. Schlag eins sei seine Frau damit zu Stande gewesen. Dabei beschrieb er die Art des Verfahrens nebst allen Umständen.

Die Versammlung war von dem mancherlei Unerklärlichen wieder so munter geworden, dass sie nun auch die Rückkehr des Bedienten abwarten wollte, den der Oberst deshalb sogleich an die Frau des Totengräbers abschickte. Wirklich verhielt sich alles, wie dieser gesagt hatte. Schlag ein Uhr war der Schädel neu beerdigt gewesen.

Die sonderbaren Vorfälle hatten sämtlichen Anwesenden eine weit schauerlichere Nacht herbeigeführt, als der Oberst ihnen zugedacht hatte. Seine eigene Einbildungskraft war so aufgereizt, dass ihm jeder leichte Windstoß, jedes knisternde Brett als die Vorboten eines unwillkommenen Zusammentreffens mit der Geisterwelt erschienen.

Mit dem ersten Morgenlichte verließ er daher sein schlafloses Bette, um am Fenster zu sehen, was für ein Leben schon vom Gasthof her sich hören ließ. Es waren die Gaukler, welche schon fix und fertig auf den Wagen saßen, um abzufahren. Calzolaro fehlte noch. Aber bald erschien er ebenfalls an den Wagen. Man nahm wirklich Abschied von ihm. Besonders schienen die Kinder diese Trennung sehr ungern zu sehen.

Die Wagen gingen ab, und der Oberst winkte dem Zurückbleibenden.

„Fast muss ich fürchten", redete er ihn beim Eintreten an, „dass Sie die Truppe schon heute gänzlich aufgegeben haben?"

„Und sollte ich dies nicht, gnädiger Herr?"

„Es ist meines Erachtens ein fast so übereilter Schritt als der, welcher Sie in diese Verhältnisse verflocht. Sie hätten doch darauf denken müssen, das kleine Kapital, das in der Sache steckt, mit guter Gelegenheit herauszuziehen."

„Sie vergessen, Herr Oberst, was mir begegnet ist, und dass ich keinen ruhigen Augenblick mehr haben würde. Der Anblick von voriger Nacht erstarrt mir noch immer das Blut in den Adern, wenn ich ihn in mein Gedächtnis zurückrufe. Alles muss sogleich zur Versöhnung des schwer beleidigten Schattens geschehen. Übrigens habe ich mich noch ganz leidlich aus den Verhältnissen gezogen, die wahrlich auch nichts Annehmliches hatten. Denken Sie sich nur das Unglück, einem Trupp zusammengelaufener Menschen vorzustehen, die

73

um einen Bissen schlechten Brotes das Leben jeden Augenblick aufs Spiel zu setzen gezwungen sind. Alles dabei nichts als leerer Schein, alles muss zusammengegeizt werden, um dem Ganzen seine kümmerliche Existenz zur Notdurft zu fristen. Die Skelette von Pferden mögen als traurige Beweise dienen. Der Lustigmacher bei der Truppe, ein Mensch ohne alles Gefühl, hat längst nach Übernahme derselben getrachtet. Er ist, ich weiß es sicher, schon damit umgegangen, mich auf irgendeine Weise aus der Welt zu schaffen, um zu seinem Zwecke zu gelangen. Daher kann man es wohl nicht Übereilung nennen, wenn ich ihm auch für ein geringes Geld meine Rechte möglichst bald abgetreten habe. Niemand dauert mich als die armen Kinder. Gern hätte ich sie ihm abgekauft, um sie der unseligen Laufbahn zu entziehen, aber um keinen Preis waren sie ihm feil. Mein Trost ist noch, dass die schlechte Behandlung, die ihrer bei ihm unfehlbar wartet, sie vermutlich zur Flucht antreiben und so einer besseren Bestimmung zuführen wird."

„Und Sie, was denken Sie anzufangen?"

„Was ich gesagt habe. Irgendein kleiner unbekannter Winkel Deutschlands soll dem Berufe gewidmet werden, den mein Vater mir zugedacht hatte."

Der Oberst bat ihn, noch einige Tage zu warten, weil er vielleicht etwas für seine Zukunft tun könne. Inzwischen kam auch die Erbin seines Vaters, um sich mit ihm zu besprechen. Als er ihr seinen Entschluss eröffnete, ersuchte sie ihn, die Hälfte der Erbschaft wenigstens als freies Geschenk von ihr nicht zurückzuweisen. Das milde, gutmütige Wesen der hübschen Person gefiel ihm dergestalt, dass er sich bald gar um ihre Hand bewarb. Er erhielt die Zusage darauf, und der Oberst sorgte nun umso lieber für den Mann, der sich sein

Wohlgefallen erworben hatte. Auf einem fernen Gute, das seiner Gemahlin gehörte, befriedigte er Calzolaros Verlangen, seines Vaters Beruf fortzusetzen. Ehe er dahin abging, suchte er seinen deutschen Namen wieder hervor. Auch besorgte der vor kurzem noch über seinen Starrsinn erzürnte Pastor im Beisein der Gutsherrschaft die Trauung des Paares, dem ein artiges Fest auf dem Schlosse bereitet wurde.

Am Abend, als die Sonne kaum untergegangen war und die Neuvermählten etwas entfernt von den Übrigen im Laubgange sich einem tiefen Nachsinnen zu überlassen schienen, da sahen sie einander plötzlich an, und es war ihnen, als ob jemand ihre Hände ergriff und ineinander legte. Wenigstens versichern sie, der Trieb, sich die Hand zu reichen, sei so rasch und unwillkürlich in beiden zugleich entstanden, dass sie selbst ein Befremden darüber angewandelt habe.

Einen Augenblick später hätten sie auch beide die Worte gehört „Gott segne euch!" und zwar ganz deutlich von der Stimme des verstorbenen Vaters ausgesprochen.

Kurze Zeit darauf äußerte der neue Ehemann gegen den Obersten, dass ihn ohne diese tröstlichen Worte das schreckliche Bild aus jener frevelhaften Nacht gewiss zeitlebens verfolgt haben würde.

Gespenster
bewohnen anscheinend
am liebsten Schlösser,
Burgen und Ruinen

Walter Scott

Das Zimmer mit den Wandbehängen

Gegen Ende des Amerikanischen Krieges, als die Offiziere der Armee von Lord Cornwallis, die sich bei Yorktown und anderenorts ergeben hatten, wieder in ihre Heimatländer zurückkehrten, um von ihren Abenteuern zu berichten und sich von ihnen zu erholen, war unter ihnen ein General namens Browne. Er hatte sich hohe Verdienste erworben und entstammte einer außerordentlich geachteten und sehr begüterten Familie.

Irgendeine Angelegenheit hatte General Browne durch die westlichen Grafschaften geführt. Eines Morgens fand er sich in der Umgebung einer kleinen Stadt, die ungewöhnlich schön und ihrem Charakter nach ganz und gar englisch war.

Etwa eine Meile südlich der Stadt lag auf einer kleinen Anhöhe inmitten ehrwürdiger Eichen und umgeben von dichten Hecken ein Schloss mit vielen Türmen. Sehr groß war es nicht, doch es schien noch alle Bequemlichkeiten früherer Zeiten zu bieten. Diesen Schluss zog jedenfalls General Browne, als er sah, dass sich der Rauch fröhlich aus den alten, verschnörkelten Schornsteinkästen ringelte.

Die Parkmauer folgte der Landstraße zwei- oder dreihundert Yards. Wo sich ein Durchblick ergab, schien der Park wohl gepflegt zu sein. Dort war die Fassade des alten Schlosses in ihrer ganzen Ausdehnung zu sehen, schließlich ein seltsamer Hauptturm zu bewundern, während das übrige Gebäude von zweckdienlicher Schlichtheit war. Alles in allem ließ sich vermuten, dass das Schloss eher der Verteidigung als der Repräsentation gedient hatte.

Der General freute sich an diesen Durchblicken und an den Wäldern und Tälern, von denen diese alte Festung umgeben war. Er war entschlossen, zu erfragen, ob sie einer näheren Betrachtung wert sei und ob sie vielleicht Familienbilder oder sonstige Gegenstände beherbergte, die des Interesses eines Fremden lohnten. Er verließ also die Parknähe, fuhr durch eine saubere, wohl gepflasterte Straße und hielt schließlich vor der Tür eines gut besuchten Gasthauses an.

Ehe er frische Pferde bestellte, um seine Reise fortzusetzen, erkundigte sich General Browne nach dem Besitzer des Schlosses, das seine bewundernde Aufmerksamkeit gefunden hatte, und war überrascht und erfreut zu hören, dass es einem Edelmann gehörte, den wir Lord Woodville nennen wollen. Welch ein glücklicher Zufall! Viele von Brownes frühen Erinnerungen aus Schule und College waren mit dem jungen Woodville verbunden. Vor einigen Monaten war dessen Vater gestorben, von dem er die Peerswürde geerbt hatte. Da die Trauerzeit nun zu Ende war, hatte er den väterlichen Besitz übernommen, mit Freunden einen fröhlichen Herbst verbracht und in den wildreichen Wäldern gejagt.

Das waren angenehme Nachrichten für unseren Reisenden. Frank Woodville war in Eton Richard Brownes Fuchs gewesen und in Christ Church sein bester Freund. Sie hatten Pflichten und Vergnügen miteinander geteilt, und dem ehrlichen Soldaten wurde es warm ums Herz bei dem Gedanken, dass dem Freund ein so schöner Besitz gehörte.

Nichts war also natürlicher, als dass der General seine Reise unterbrach; sie war sowieso nicht allzu eilig, und so

konnte er seinem alten Freund unter so angenehmen Umständen einen Besuch abstatten.

Die frischen Pferde dienten also nur dazu, des Generals Reisewagen den kurzen Weg nach Woodville Castle zu bringen. Ein Pförtner ließ sie an einem neuen Pförtnerhaus ein, das im selben Stil wie das Schloss selbst errichtet war. Der Mann läutete eine Glocke, um die Ankunft des Besuchers zu melden.

Als General Browne dem Wagen entstieg, kam der junge Herr zum Tor der Halle und musterte einen Augenblick lang den Fremden. Durch den Krieg, die Wunden und Müdigkeit hatte sich das Gesicht seines Freundes sehr verändert, aber die Unsicherheit schwand, als der Besucher gesprochen hatte. Die nun folgende Begrüßung war so herzlich, wie sie nur zwischen solchen vorkommt, die gemeinsam eine sorglose Kindheit und Jugend verbracht haben.

„Wenn ich einen Wunsch hätte tun können, mein lieber Browne", sagte Lord Woodville, „dann wäre es der gewesen, zu allererst dich hier zu haben. Glaub nur ja nicht, dass du in den Jahren deiner Abwesenheit nicht beobachtet worden wärest. Ich habe deine Spur verfolgt durch Gefahren, Triumphe, aber auch durch Unglück und bin beglückt zu sehen, dass, egal, ob Sieg oder Niederlage, der Name meines alten Freundes immer durch Beifall geehrt wurde."

Der General gab eine passende Antwort und gratulierte seinem Freund zu seinen neuen Würden und zu dem Besitz eines so schönen Schlosses in so wundervoller Umgebung.

„Du hast aber noch nichts davon gesehen", antwortete Lord Woodville, „und ich hoffe, du wirst uns nicht verlassen wollen, ehe du dich hier besser auskennst. Das alte Haus ist allerdings nicht mit allen Annehmlichkeiten versehen, welche die Ausdehnung der äußeren Mauern zu versprechen scheinen. Aber wir können dir einen behaglichen, altmodischen Raum geben. Ich nehme an, dass die Feldzüge dich gelehrt haben, mit viel ärmlicheren Quartieren vorlieb zu nehmen."

Der General zuckte lachend die Achseln. „Ich nehme an, dass das schlechteste Zimmer in deinem Schloss bedeutend besser ist als die alte Tabaktonne, in der ich das Glück hatte, mein Nachtlager aufschlagen zu können, als ich mit dem leichten Korps im Busch war, wie die Leute von Virginia sagen. Wie Diogenes lag ich da drinnen und war glücklich, weil ich vor den Elementen Schutz gefunden hatte. Ich machte sogar den vergeblichen Versuch, sie zu meinem nächsten Quartier rollen zu lassen, doch mein damaliger Kommandeur wollte keinen solchen Luxus erlauben, und so musste ich mich mit Tränen in den Augen von meiner geliebten Tonne trennen."

„Nun, da du ja keine Angst um dein Quartier zu haben brauchst", sagte Lord Woodville, „wirst du wenigstens eine Woche bei mir verbringen. Wir haben genug Pistolen und Gewehre, Hunde, Angelzeug und alles, was du brauchst, um zu Wasser und zu Land jeden erdenklichen Sport zu betreiben. Du kannst dir ein Vergnügen aussuchen, und wir werden dir zur Verfügung stellen, was dazugehört."

Gern nahm der General das liebenswürdige Angebot seines Gastgebers an. Nach einem Morgen männlicher Übungen traf sich die ganze Gesellschaft bei Tisch, und für Lord Woodville war es ein ganz besonderes Vergnügen, die Verdienste und hohen Talente seines wieder gefundenen Freundes zu rühmen und ihn seinen Gästen zu empfehlen, die größtenteils Leute von Rang waren. Er forderte den General auf, von dem zu sprechen, was er erlebt hatte. Da jedes Wort den tapferen Offizier bestätigte und den vernünftigen Mann verriet, der auch in den Augenblicken größter Gefahr einen kühlen Kopf behielt, behandelten die Gäste den Soldaten mit großem Respekt.

Der Tag im Schloss Woodville endete wie üblich in solchen Herrenhäusern. Die Gastfreundschaft hielt sich in den Grenzen guter Ordnung. Die Musik, in welcher der junge Herr Meister war, folgte der kreisenden Flasche; Karten und Billard standen für die bereit, die solche Vergnügungen bevorzugten. Aber die Aktivitäten des Morgens forderten frühes Aufstehen, und deshalb zogen sich die Gäste gegen elf Uhr in ihre Schlafzimmer zurück.

Der junge Herr begleitete seinen Freund, den General

Browne, persönlich zu dem für ihn bestimmten Raum, der ganz und gar seiner Beschreibung entsprach. Er war altmodisch, aber behaglich eingerichtet. Das massive Bett stammte aus dem ausgehenden siebzehnten Jahrhundert, und die Vorhänge aus verblichener Seide waren reich mit matt gewordenem Gold verziert. Wenn der anspruchslose Soldat an seine karge Luxusbehausung, die Tonne, dachte, dann erschienen ihm die Laken, die Kissen und Decken besonders köstlich.

Die verblichenen, einstmals kostbaren Wandbehänge des Raumes ließen das Schlafzimmer noch kleiner und vor allem noch düsterer erscheinen, als es war. Die Vorhänge bewegten sich ein wenig im sanften Herbstwind, der durch das halb offene Fenster mit den gitterförmig angeordneten Scheiben wehte.

Die beiden Wandkerzen wetteiferten mit dem knisternden Kaminfeuer in dem Bemühen, Wärme, Helligkeit und Behaglichkeit zu vermitteln.

„Das ist ein ganz altmodisches Schlafkämmerchen, General", sagte der junge Herr, „aber ich hoffe, du findest nichts darin, was dich nach deiner alten Tabakstonne sehnen lässt."

„Nun, was meine Wohnungen angeht – ich bin nicht sehr wählerisch", antwortete der General. „Aber könnte ich mir's aussuchen, würde ich doch diesen Raum ganz gewiss den fröhlicheren und moderneren Zimmern deines Herrenhauses vorziehen. Glaub mir, wenn ich seine Behaglichkeit, das ehrwürdige Alter und seine Kostbarkeit mit dem Gedanken verbinde, dass dies ja alles dein Besitz ist, dann fühle ich mich hier ganz bestimmt wesentlich wohler als im elegantesten Hotel Londons."

„Ich hoffe, mein lieber General, dass du es hier so behaglich hast, wie ich es dir wünsche", sagte der junge Edelmann, wünschte seinem Gast noch einmal eine angenehme Nachtruhe, schüttelte ihm die Hand und zog sich zurück.

Der General beglückwünschte sich zu dieser angenehmen Rückkehr in ein friedliches Leben, als er sich noch einmal umsah. Während er sich auskleidete, erinnerte er sich der Härten und Gefahren der vergangenen Zeit, und so bereitete er sich mit besonderem Genuss auf die Nachtruhe vor.

Die Gäste versammelten sich schon zu früher Morgenstunde zum Frühstück, doch General Browne erschien nicht. Die Abwesenheit des Generals erstaunte Lord Woodville, und nach einer Weile schickte er einen Diener aus, der sich nach ihm erkundigen sollte.

Der Mann brachte die Nachricht mit, dass General Browne schon seit dem allerfrühesten Morgen draußen herumlief, obwohl das Wetter neblig und unfreundlich war.

„Das ist Soldatengewohnheit", bemerkte der junge Edelmann seinen Freunden gegenüber. „Viele von ihnen machen sich Nachtwachen so sehr zur Gewohnheit, dass sie nach den frühen Morgenstunden, zu denen ihre Pflicht sie gewöhnlich ruft, nicht mehr schlafen können." Aber ihm selbst erschien diese Erklärung, die er seinen Gästen gab, nicht befriedigend. Schweigend, besorgt und in sich gekehrt wartete er auf die Rückkehr des Generals.

Dieser kam etwa eine Stunde, nachdem die Frühstücksglocke geläutet hatte, und sah müde und fiebrig aus. Zu jener Zeit war eine sorgfältig geordnete und gepuderte Frisur eine unerlässliche Notwendigkeit und vielleicht die wichtigste Tagesbeschäftigung eines Mannes. Aber das Haar des Generals war wirr, ungelockt und ungepudert und feucht vom Morgennebel. Seine Kleider schienen achtlos übergestreift worden zu sein, eine Nachlässigkeit, die einem Soldaten schlecht anstand, die aber auch nicht zu ihm passte. Seine Wangen, nur unzulänglich rasiert, schienen eingefallen zu sein, sein Blick wirkte gehetzt.

„Du hast uns also heute früh schon einen langen Marsch voraus, mein lieber General", sagte Lord Woodville. „Oder hat dir etwa dein Bett nicht so zugesagt, wie ich hoffte und du erwarten konntest? Wie hast du vergangene Nacht geruht?"

„Oh, ganz ausgezeichnet und in meinem ganzen Leben niemals besser", versicherte ihm General Browne eilig, doch seinem Freund entging eine gewisse Verlegenheit nicht. Der General trank hastig eine Tasse Tee, nahm nichts weiter zu sich und schien in tiefe Nachdenklichkeit zu verfallen.

„Du wirst also heute schießen wollen, General", sagte sein Freund und Gastgeber, doch er musste diese halbe Frage zweimal wiederholen, ehe er eine abrupte Antwort bekam. „Nein, Mylord. Ich bedaure außerordentlich, dass ich keinen weiteren Tag hier verbringen kann. Meine Postpferde sind schon bestellt und werden in Kürze hier sein."

Alle Anwesenden zeigten sich davon sehr überrascht. „Postpferde, mein lieber Freund!" rief Lord Woodville. „Wofür brauchst du Postpferde, wenn du mir doch versprochen hast, eine ruhige Woche hier bei mir zu verbringen?"

„Ich glaube", antwortete der General sichtlich verlegen, „dass ich in der ersten Freude des Wiedersehens etwas darüber sagte, ein paar Tage hier bleiben zu wollen, doch es hat sich herausgestellt, dass dies schlechterdings unmöglich ist."

86 „Das ist aber außerordentlich", erwiderte der junge Edelmann. „Gestern schienst du es nicht besonders eilig zu haben, und heute kannst du noch nicht zurückgerufen worden

sein, denn die Post ist noch nicht aus der Stadt angekommen."

General Browne murmelte etwas von unaufschiebbaren Geschäften und bestand so entschieden auf der Notwendigkeit einer sofortigen Abreise, dass sein Gastgeber auf jeden weiteren Einspruch verzichtete.

„Gestatte mir aber wenigstens, mein lieber Browne, dir die Aussicht von der Terrasse zu zeigen, denn gleich wird sich der Nebel verziehen", schlug der junge Edelmann vor.

Er öffnete ein Schiebefenster und trat, während er sprach, auf die Terrasse hinab. Der General folgte ihm mechanisch, schien jedoch wenig auf das zu achten, was sein Gastgeber sagte, und auch kaum zu hören, wie ihm Lord Woodville die schöne Aussicht über das blühende Land erklärte. Jedenfalls war es dem Lord aber gelungen, seinen Gast von den übrigen Leuten abzusondern, und nun wandte er sich mit großem Ernst an ihn.

„Richard Browne, mein alter und sehr lieber Freund, wir sind nun allein", sagte er. „Ich möchte annehmen, du antwortest mir jetzt wie ein ehrlicher Soldat und ein guter Freund. Wie hast du in Wirklichkeit die vergangene Nacht verbracht?"

„Schrecklich, einfach schrecklich", antwortete der General düster. „So elend, dass ich das Risiko einer zweiten Nacht nicht eingehen möchte – nicht um all das Land, das zu diesem Schloss gehört oder das ich von diesem Punkt aus überschauen kann."

„Das ist ganz außerordentlich", murmelte der junge Lord mehr zu sich selbst. „Dann muss also an dem, was man sich über diesen Raum erzählt, doch etwas Wahres sein." Er wandte sich wieder an den General. „Um Himmels willen, mein lieber Freund, sei offen mit mir und berichte mir alle Unannehmlichkeiten, die dir unter meinem Dach zugestoßen sind, obwohl du nach meinem Willen und meiner Absicht nur Angenehmes hier hättest erleben sollen."

Den General schien das außerordentlich zu betrüben, und er überlegte erst eine Weile, ehe er antwortete. „Mein lieber Lord", sagte er, „was mir vergangene Nacht zugestoßen ist, erscheint mir so seltsam und unerfreulich, dass ich es fast nicht berichten kann, und ich würde es auch nicht tun, hättest du nicht die ausdrückliche Bitte an mich gerichtet. Ich glaube, dass meine Aufrichtigkeit vielleicht zu einer Erklärung der Umstände führt, die ebenso schmerzlich wie geheimnisvoll sind. Die Mitteilung, die ich zu machen habe, mag mich in den Augen anderer als einen schwachsinnigen, abergläubischen Narren darstellen, der sich von seinen eigenen Halluzinationen verführen und ängstigen ließ. Aber du kanntest mich in meiner Kindheit und Jugend und wirst nicht argwöhnen, ich hätte in meinen Mannesjahren jene Schwächen angenommen, von denen meine frühen Jahre frei waren."

„Sei versichert, ich zweifle nicht an der Wahrheit deiner Mitteilung, so seltsam sie vielleicht auch sein mag", erwiderte Lord Woodville. „Ich kenne deinen aufrechten, festen Charakter viel zu genau, als dass ich dir eine Lüge oder einen Betrug zutrauen könnte. Deine Ehre und die Freundschaft zu mir werden dich auch vor Übertreibungen dessen bewahren, was du als Zeuge miterlebt hast."

„Nun gut", sagte der General, „ich will also meine Geschichte so kurz erzählen, wie ich es vermag, und ich vertraue auf deine Unparteilichkeit. Trotzdem habe ich das sichere Gefühl, dass ich mich lieber einer feindlichen Batterie stellen würde, als mich noch einmal an die Ereignisse der vergangenen Nacht zu erinnern."

Er machte wieder eine Pause, wurde jedoch gewahr, dass Lord Woodville aufmerksam und schweigend auf den Bericht wartete, und so begann er, wenn auch noch immer zögernd und widerstrebend, das Abenteuer der letzten Nacht im Zimmer mit den Wandbehängen zu erzählen.

„Ich zog mich aus und ging zu Bett, nachdem du mich am gestrigen Abend verlassen hattest; das Holz im Kamin, der meinem Bett nahezu gegenüberlag, knisterte und brannte in hellen Flammen. Die unerwartete Freude, dich wieder zu sehen, rief unzählige alte Erinnerungen wach und ließ mich lange nicht einschlafen. Ich möchte jedoch bemerken, dass diese Erinnerungen ausschließlich angenehmer Art waren. Nach den Mühen und Gefahren meines Berufes erschienen mir die Freuden eines friedlichen Lebens viel strahlender, und es lag mir sehr am Herzen, die herzlichen und freundschaftlichen Bande, welche von den rauen Anforderungen des Krieges zerrissen worden waren, wieder anzuknüpfen.

Solche angenehmen Überlegungen beschäftigten meinen Geist und wiegten mich allmählich in den Schlummer. Plötzlich erwachte ich von einem Geräusch, das mich an das Rascheln eines seidenen Gewandes und an das Tappen hoher Absätze erinnerte, so als gehe eine Frau durch den Raum. Ehe ich den Vorhang wegschieben konnte, um zu sehen, was los war, ging die Gestalt einer kleinen Frau zwischen Bett und Kamin an mir vorüber. Sie wandte mir den Rücken zu, und aus der Haltung von Schultern und Rücken konnte ich schließen, dass es eine alte Frau war. Auch war ihr Gewand altmodisch und hing ganz locker am Körper herab.

Selbstverständlich kam mir dieses Eindringen recht merkwürdig vor, doch nicht einen einzigen Augenblick kam mir der Gedanke, diese Gestalt sei etwas anderes als die einer sterblichen Frau der Gesellschaft, der es vielleicht Spaß machte, sich wie ihre Großmutter zu kleiden. Vielleicht, dachte ich, war die Frau meinetwegen aus diesem Zimmer ausquartiert worden, da du ja erwähnt hattest, das Schloss biete nicht so viel Raum wie es den Anschein habe; sie werde die Umquartierung vergessen haben und sei nun gegen zwölf Uhr in ihr altes Zimmer zurückgekehrt. Um mich bemerkbar zu machen, bewegte ich mich ein wenig im Bett und hustete, um der eingedrungenen Frau ihren Irrtum zu Bewusstsein zu bringen.

Langsam drehte sie sich zu mir um.

Aber gütiger Himmel! Welches Gesicht bekam ich da zu sehen! Nun konnte ich nicht mehr an dem zweifeln, was sie war! Das Gesicht war das einer Leiche und trug die Spuren der grässlichsten Laster, denen sie während ihres Lebens verfallen gewesen sein musste. Der Körper eines widerwärtigen Verbrechers schien aus dem Grab zurückgekehrt zu sein, die Seele aber aus dem Feuer der Hölle.

Im Nu saß ich aufrecht im Bett, stützte mich auf meine Hände und starrte dieses entsetzliche Wesen an. Die alte Hexe tat einen schnellen Schritt auf das Bett zu, in dem ich lag, und hockte sich genauso darauf, wie ich selbst in meinem Schrecken dasaß. Dabei schob sie ihre teuflische Fratze immer näher an mein Gesicht, und dazu grinste sie voll so diabolischer Bosheit, dass sie nichts anderes sein konnte als ein höllischer Feind in Menschengestalt."

General Browne musste eine Pause einlegen, in der er sich den kalten Schweiß von der Stirn wischte.

„Mein Freund", fuhr er schließlich fort, „ich bin kein
Feigling. Ich habe alle Gefahren für Leib und Leben erfahren,
die mein Beruf mit sich bringt. Aber unter den grässlichen
Augen und in Griffweite dieses bösen Geistes verließ mich
alle Kraft, und aller Mannesmut schmolz aus mir wie Wachs

im Feuerofen, und mir stellten sich vor Grauen die Haare auf. Das Blut schien mir in den Adern zu gefrieren, und ich sank in einem Anfall von Schwäche zurück, wie es einem Dorfmädchen oder einem zehnjährigen Kind geschieht, das ein Opfer unbeschreiblichen Schreckens wird. Wie lange ich so dalag, kann ich nicht einmal vermuten.

Aber die Schlossuhr weckte mich auf, als sie eins schlug, und ich hörte sie so laut, als schlage sie in meinem Schlafzimmer. Erst nach einer Weile wagte ich die Augen wieder zu öffnen, denn ich hatte grauenhafte Angst, dieses scheußliche Gesicht erneut sehen zu müssen. Als ich jedoch meinen ganzen Mut zusammengenommen hatte und die Augen öffnete, war sie nicht mehr zu sehen. Mein erster Gedanke war der, nach der Klingel zu greifen und die Dienstboten aufzuwecken, um in einen Wagenschuppen oder auf den Heuboden zu ziehen, weil ich mich ein zweites Mal einem so furchtbaren Anblick nicht aussetzen wollte und konnte. Aber ich will die Wahrheit bekennen. Ich änderte meinen Entschluss nicht deshalb, weil ich mich schämte, dieses Entsetzen einzugestehen, sondern deshalb, weil der Glockenstrang neben dem Kamin hing und ich Angst hatte, ich könne auf dem Weg dorthin wieder dieser grässlichen Hexe begegnen, die sicher noch in einer Ecke des Zimmers lauerte.

Die fiebrigen Schauer, die mich für den Rest der Nacht quälten, mag ich nicht beschreiben, ebenso wenig den Schrecken, der mich immer wieder aus einem beginnenden Schlummer riss. Tausend scheußliche Dinge schienen mich zu jagen; aber zwischen der Vision, die ich beschrieben habe, und denen, die ihr folgten, war ein großer Unterschied. Ich wusste, dass letztere die Ausgeburten meiner eigenen Fantasie und überreizter Nerven waren.

Endlich kam die Morgendämmerung, und ich stand körperlich erschöpft und noch mehr geistig gedemütigt von meinem Bett auf. Ich schämte mich als Mann und Soldat vor mir selbst, umso mehr als ich keinen größeren Wunsch empfand als den, diesem gespenstischen Raum zu entrinnen. Dieser Wunsch fegte alle anderen Überlegungen hinweg. In größter Eile und ohne jede gewohnte Sorgfalt warf ich mich also in meine Kleider und verließ das Schloss, um meinem überreizten Nervensystem, das durch die grauenhafte Begegnung mit einem Wesen aus einer anderen Welt, wie ich glauben muss, völlig zerrüttet war, in der frischen Luft einige Erholung zu gönnen.

Du, mein Freund, kennst jetzt die Ursache meiner Fassungslosigkeit und meines plötzlichen Wunsches, dein gastliches Haus zu verlassen. Ich hoffe, wir werden uns anderenorts noch häufig begegnen, aber Gott bewahre mich davor, noch eine Nacht unter diesem Dach verbringen zu müssen!"

Die Geschichte des Generals war seltsam, doch er erzählte sie mit viel Überzeugungskraft. Lord Woodville deutete nicht einmal an, dass er diese Erscheinung vielleicht doch nur geträumt haben könne. Er schien von dem, was er gehört hatte, zutiefst beeindruckt zu sein und es für Wahrheit zu halten. Deshalb erklärte er auch mit dem größten Bedauern, wie unendlich Leid es ihm tue, dass sein langjähriger Freund ausgerechnet in seinem Haus so schrecklich gelitten habe.

„Mein lieber Browne, was mich am meisten betrübt", fuhr er fort, „ist der Umstand, dass diese unerfreulichen Ereignisse auf ein Experiment zurückzuführen sind. Du musst wissen, dass zu Zeiten meines Vaters und Großvaters der Raum, den ich dir vergangene Nacht zugewiesen hatte, abgeschlossen war, weil aus ihm unnatürliche Geräusche und Visionen gemeldet worden waren. Als ich vor ein paar Wochen von diesem Schloss Besitz ergriff, glaubte ich, dass die Gästezimmer nicht ausreichten, um all meine Freunde unterzubringen, und da dachte ich, den ungebetenen Bewohnern einer unsichtbaren Welt müsse ich einen so behaglichen Raum doch entziehen können. Deshalb veranlasste ich, dass das Zimmer mit den Wandbehängen, wie wir es nennen, geöffnet wurde. Ohne die Atmosphäre des Alten zu zerstören, ließ ich es nur mit solchen Möbeln ausstatten, die zur ganzen Art des Zimmers passten. Die Hausbediensteten ließen es sich jedoch nicht ausreden, dass es in diesem Raum spuke, und diese Gerüchte hielten sich hartnäckig auch in der Nachbarschaft und bei meinen Freunden. Ich fürchtete also, dass der erste Bewohner dieses Schlafzimmers aus einem Vorurteil heraus die Einbeziehung dieses Raumes unmöglich machen würde. Ich muss bekennen, mein lieber Browne, dass mir deine gestrige Ankunft als passende Gelegenheit erschien, die unerfreulichen Gerüchte zu widerlegen, die sich mit diesem Raum verbanden, denn dein Mut konnte nicht angezweifelt werden, und voreingenommen warst du in dieser Angelegenheit auch nicht. Eine bessere Wahl für mein Experiment konnte ich also nicht treffen."

„Wahrlich nicht", beeilte sich der General zu antworten. „Ich bin dir sogar zu außerordentlichem Dank verpflichtet, und der Konsequenzen dieses Experiments, wie du es nennst, werde ich mich noch sehr lange erinnern."

„Jetzt bist du aber ungerecht, mein lieber Freund", sagte Lord Woodville. „Du brauchst doch nur einen einzigen Augenblick nachzudenken, um dich selbst davon zu überzeugen, dass ich die peinigenden Möglichkeiten, denen du unglücklicherweise ausgesetzt warst, nicht vorhersehen konnte. Gestern früh war ich noch außerordentlich skeptisch wegen dieser übernatürlichen Erscheinungen. Ich glaube sogar, wenn ich dir von diesen Gerüchten um diesen Raum erzählt hätte, wären gerade sie es gewesen, die dich veranlasst hätten, um die Zuweisung dieses Raumes zu bitten. Es war mein Pech, vielleicht mein Irrtum, aber es kann nicht meine Schuld genannt werden, dass dir auf so grässliche und seltsame Art so sehr zugesetzt wurde."

„Sehr seltsam, in der Tat!" Dem General gelang es endlich wieder, zu seinem guten Humor zurückzufinden. „Und ich bestätige dir, dass ich kein Recht habe, über die Behandlung gekränkt zu sein, die du mir als einem Mann, dem man Mut und Stärke nachsagt, hast angedeihen lassen. Doch ich sehe, dass meine Postpferde angekommen sind, und ich darf dich, mein Freund, nicht von deinem Vergnügen und dem deiner Gäste abhalten."

„Nein, mein alter Freund", sagte Lord Woodville, „du solltest mir wenigstens noch eine halbe Stunde gönnen, wenn ich dich schon nicht überreden kann, wenigstens einen Tag länger zu bleiben, was ich recht gut verstehe. Aber du hast doch Bilder immer sehr geliebt, und ich habe hier eine Bildergalerie, in der die Porträts jener Vorfahren hängen, denen dieses Schloss früher gehörte. Einige dieser Porträts sind von Van Dyke und anderen namhaften Künstlern gemalt, und ich denke, du wirst ihre Schönheit zu schätzen wissen."

Diese Einladung akzeptierte General Browne, wenn auch zögernd. Es war nur allzu offensichtlich, dass er erst wieder frei zu atmen vermochte, wenn er Woodville Castle weit hinter sich gelassen hatte.

Der General folgte also Lord Woodville durch einige Räume in eine lange Galerie mit vielen Bildern. Der junge Edelmann erklärte sie seinem Gast, nannte ihm die Namen und schilderte die Persönlichkeiten, die auf den Bildern dargestellt waren. Hier war ein Kavalier, der den Besitz in einem Prozess mit dem Königshaus ruiniert hatte; jene feine Lady hatte ihn wieder zur Blüte gebracht, als sie sich mit einem reichen Puritaner zusammentat, dieser galante Mann hatte sich in Gefahr begeben, als er mit dem Hof von St. Germain korrespondierte, der sich im Exil befand, ein anderer hatte für William während der Revolution die Waffen ergriffen und dessen Nachbar hatte sein Gewicht abwechslungsweise in die Waagschale der Whigs und Tories geworfen.

Während Lord Woodville seinem Gast die Geschichten erzählte, die dieser ja doch nur halb verdaute, hatten sie etwa die Mitte der Galerie erreicht. Da blieb der General unvermittelt stehen. Seine Augen hingen am Porträt einer alten Dame in einer Kleidung, wie sie gegen Ende des siebzehnten Jahrhunderts Mode war.

„Das ist sie!", rief er. „Das ist sie, und sie ist es in jedem Zug, in jeder Kleinigkeit, wenn auch ihr Gesichtsausdruck noch viel dämonischer ist als der jener Hexe, die mich vergangene Nacht besucht hat!"

„Wenn dem so ist", antwortete der junge Edelmann, „dann kann nicht der geringste Zweifel mehr an der schrecklichen Wirklichkeit dieser Erscheinung herrschen. Das ist das Bildnis einer elenden Ahnin, deren Verbrechen einen grässlichen Katalog in der Geschichte meiner Familie füllen. Es wäre zu grauenhaft, all ihre Untaten aufzuzählen. Es genügt zu sagen, dass in jenem Raum Inzest und Morde begangen wurden. Ich werde dieses Zimmer wieder abschließen, wie es meine einsichtigeren Vorfahren für zweckmäßig gehalten haben. Solange ich es verhindern kann, soll niemand mehr einer Wiederholung dieser grauenhaften Erlebnisse ausgesetzt werden, die einen so mutigen Mann wie dich so sehr erschüttern konnten."

So trennten sich also die Freunde, die einander voll überschwänglicher Freude begrüßt hatten, in einer ganz anderen Stimmung. Lord Woodville befahl, das Zimmer mit den Wandbehängen auszuräumen und die Tür zuzumauern. Und General Browne versuchte, in einem weniger schönen Land und bei Freunden von weniger hohem Rang jene grauenhafte Nacht zu vergessen, die er in Woodville Castle zugebracht hatte.

(Aus dem Englischen von Hanna Bautze)

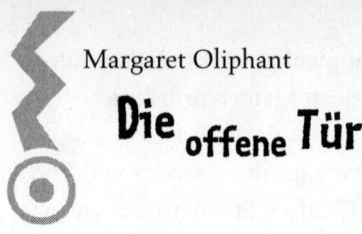

Margaret Oliphant

Die offene Tür

Bei meiner Rückkehr aus Indien im Jahre 18.. mietete ich Haus Brentwood, in dem meine Familie und ich für eine Weile wohnen wollten, bis ich ein ständiges Heim für uns gefunden hatte. Brentwood hatte viele Vorteile, die es besonders günstig für uns machten: Es lag in der Nähe von Edinburgh, und mein Sohn Roland, dessen Erziehung recht vernachlässigt worden war, konnte von hier aus täglich zur Schule. Er brauchte weder in ein Internat noch zu Hause unterrichtet zu werden. Ich hätte es vorgezogen, ihn auswärts in die Schule zu geben, meine Frau war mehr für den Hauslehrer, unser Hausarzt jedoch, ein sehr gescheiter Mann, wählte den Mittelweg. „Setzt ihn auf sein Pony und lasst ihn jeden Morgen ins Gymnasium reiten; das wird ihm gut tun", sagte Dr. Simson. „Bei schlechtem Wetter kann er ja den Zug nehmen." Seine Mutter akzeptierte diese Lösung leichter, als ich zu hoffen gewagt hatte. Unser blassgesichtiger Junge, der nie ein härteres Klima als das von Simla kennen gelernt hatte, lernte nun die kräftigen Brisen des Nordens in der rauen Mailuft kennen. Vor den Sommerferien im Juli erlebten wir zu unserer Zufriedenheit, dass er beinahe ebenso braun und gesund aussah wie seine Schulkameraden. Unser Junge war uns doppelt teuer, da er als einziger von mehreren Söhnen am Leben blieb. Wir meinten, dass er von zartem Körperbau und sehr sensibel sei. Auch die zwei Mädchen fanden in Brentwood alles, dessen sie bedurften. Sie waren nahe genug von Edinburgh, um Lehrer und Lektionen in jeder Menge zu haben, wie sie heute für die Erziehung junger Leute als unerlässlich angesehen werden.

Brentwood steht auf diesem schönen und fruchtbaren Abhang, einem der schönsten Schottlands, zwischen den Pentland Hills und dem Firth of Forth. Bei klarem Wetter sah man blau schimmernd die riesige Mündung auf der einen Seite, auf der anderen erhoben sich blaue Hügel, nicht so riesig wie die Berge Indiens, an deren Anblick wir gewöhnt waren, aber gerade hoch genug, um durch das Spiel der Wolken dem hügeligen Land einen Charme und eine Vielfalt zu verleihen, die man anderswo vermisst. Die Stadt Edinburgh mit ihren zwei kleinen Erhebungen – der Burg und Calton Hill –, ihren Kirchturmspitzen und anderen Türmen, die durch den Rauch nach oben stießen, lag zu unserer Rechten. Vom Rasen und von den Salonfenstern aus konnten wir die verschiedenen Landschaften überblicken.

Das Dorf Brentwood lag fast genau unter dem Haus, auf der anderen Seite der tiefen, kleinen Schlucht, durch die ein Flüsschen – das ein hübsches, wildes, kleines Gewässer hätte sein sollen – zwischen Felsen und Bäumen dahinfloss. Es war jedoch, wie so viele in unserem Bezirk, ein Opfer der Industrie geworden, in diesem Fall der Papierindustrie, die es schmutzig grau machte. Auf unserer Seite der Schlucht war der Boden wellig, von schönen Bäumen bestanden, durch die sich mehrere Pfade zum Fluss hinunterschlängelten und zur Dorfbrücke führten, die ihn überquerte. Das Dorf selbst lag in einer Kuhle, und seine Häuser kletterten auf der anderen Seite des Tales hinauf. Es gab in unmittelbarer Nähe unzählige Spazierwege für uns, das Tal war überall und zu allen

Zeiten wunderschön, gleichgültig, ob die Wälder im Frühjahr grün leuchteten oder bunt getönt den Herbst verkündeten.

Im Park, der unser Haus umgab, standen die Ruinen des früheren Herrenhauses von Brentwood, eines viel kleineren und weniger bedeutenden Gebäudes als der solide georgianische Bau, den wir bewohnten. Die Überreste waren jedoch sehr malerisch und verliehen dem Ganzen eine gewisse Bedeutung. Selbst wir, die vorübergehenden Mieter, waren irgendwie stolz darauf, als ob ihr Vorhandensein einen gewissen Einfluss auf uns hätte. In dem alten Gebäude standen noch die Überbleibsel eines Turmes, eine efeubewachsene Mauermasse; der Raum zwischen den anschließenden Wänden war halb mit Erde angefüllt. Es gab einen großen Saal, oder vielmehr dessen Fragmente, im ersten Stockwerk; die unteren Fensterhälften waren noch zu erkennen, darunter andere, unzerstörte Fensterhöhlungen, diese allerdings mit heruntergefallener Erde halb aufgefüllt, aus der wildes Brombeergesträuch und alles mögliche Unkraut herauswuchs. Dies war der älteste Teil.

Etwas weiter weg standen einige sehr einfache und unzusammenhängende Teile des Gebäudes, eines davon so zerstört, dass es geradezu schrecklich wirkte. Es war das Ende eines langen Giebels, ein Stück grauer Mauer, ganz von Flechten überzogen, mit einem völlig unverzierten Eingang. Wahrscheinlich die Bedienentür, eine Hinterpforte. Dahinter gab es jedoch keine Räume, in die man eintreten konnte – Speisekammer und Küche waren vom Erdboden verschwunden; einzig der Türrahmen stand offen und leer da. Eine Tür, die ins Nichts führte – einstmals vielleicht sorgsam verschlossen, verriegelt und bewacht. Diese Tür hat mich von Anfang an stark beeindruckt; man könnte also durchaus sagen, dass ich innerlich bereit war, ihr eine gewisse Bedeutung zu verleihen, die damals durch nichts gerechtfertigt schien.

Der erste Sommer in Schottland war eine sehr glückliche Erholungszeit für uns alle. In unseren Adern hatten wir immer noch die Wärme der indischen Sonne, und es kam uns so vor, als könnten wir nie genug Grün, Tau und Frische der nördlichen Landschaft in uns hineinschlürfen. Selbst der Nebel war uns angenehm, er befreite uns von allem Fieber, stärkte und erfrischte uns.

Im Herbst folgten wir der damaligen Mode und verreisten, obwohl wir eine Erholung überhaupt nicht benötigten. Als wir für den Winter zurückgekehrt waren und es uns gemütlich gemacht hatten, als die Tage kurz und dunkel wurden und der Frost seine grimmige Herrschaft angetreten hatte, begannen jene Vorfälle, die allein mir die Berechtigung geben, der Welt meine Privatangelegenheiten aufzudrängen. Diese Vorfälle waren so sonderbar, dass sie die unvermeidliche Erwähnung meiner Familie und meiner persönlichen Umstände entschuldigen.

Als die Ereignisse begannen, war ich in London. In London taucht ein alter Inder in all jene Interessengebiete zurück, mit denen sein ganzes Leben verbunden gewesen ist, und trifft überall auf alte Bekannte. Ich hatte mich unter einem guten halben Dutzend solcher Freunde aufgehalten und hatte daher nicht alle Briefe von zu Hause bekommen. Briefe nicht rechtzeitig zu lesen, ist immer ein Fehler. Ich nahm natürlich an, dass zu Hause alles in Ordnung wäre. Ich wusste ganz genau (so dachte ich), was sie mir zu sagen haben würden: „Das Wetter war so schön, dass Roland nicht ein einziges Mal mit dem Zug fahren musste, er genießt seine täglichen Ritte über alle Maßen."

„Lieber Papa, vergiss bitte ja nichts und bringe uns dies und das, und jenes und noch etwas", eine Liste, länger als mein Arm. Die lieben Mädchen, ihre noch liebere Mutter! Ich hätte ihre Aufträge nie im Leben vergessen oder ihre kleinen Briefe verloren. Ich war aber allzu vertrauensvoll, was meine Vorstellungen über unser Zuhause und den Frieden dort betraf. Als ich endlich in meinen Klub zurückkehrte, lagen dort drei oder vier Briefe für mich, auf einigen sah ich **EILT** und **DRINGEND**, Bezeichnungen, von denen altmodische und ängstliche Leute immer noch glauben, dass sie die Postbeamten beeinflussen und die Geschwindigkeit der Beförderung steigern. Ich war gerade dabei, einen dieser Briefe zu öffnen, als der Klubportier mir zwei Telegramme brachte, wovon eines, wie er sagte, am Abend vorher angekommen war. Selbstverständlich öffnete ich das zuletzt gekommene zuerst, und hier las ich: „Warum kommst du nicht und antwortest nicht? Um Himmels willen, komm, es geht ihm viel schlechter!"

Welch ein Blitzschlag für einen Mann, der nur einen einzigen, heiß geliebten Sohn hat! Das andere Telegramm öffnete ich mit so zittrigen Händen, dass ich trotz meiner Eile länger als sonst brauchte. Der Inhalt war ziemlich der gleiche: „Keine Besserung, Arzt fürchtet Gehirnhautentzündung. Ruft Tag und Nacht nach dir. Lass dich durch nichts aufhalten!" Das Erste, was ich tat, war die Fahrpläne anzusehen, um herauszufinden, ob ich auf irgendeine Weise vor dem Nachtzug wegkommen konnte, obwohl ich ganz gut wusste, dass es keine solche Möglichkeit gab! Dann las ich die Briefe, die leider allzu klar waren. Mir wurde berichtet, dass der Junge seit einiger Zeit blass gewesen sei und verschreckt ausgesehen habe. Seine Mutter hatte dies vor meiner Abreise bemerkt, jedoch nichts gesagt, um mich nicht zu beunruhigen. Dieses Aussehen hatte sich Tag für Tag verstärkt; bald bemerkte man, dass Roland in wildem Galopp durch den Park geprescht kam, sein Pony keuchend und mit Schaum vor dem Maul, Roland selbst weiß wie ein Laken, während der Schweiß seine Stirn hinunterrann. Lange Zeit hatte er allen Befragungen widerstanden, war aber schließlich so launenhaft geworden, zeigte solche Unlust, in die Schule zu gehen, äußerte den Wunsch, abends mit der Kutsche abgeholt zu werden, wollte nicht mehr hinaus ins Freie, fuhr bei jedem Laut nervös zusammen, sodass seine Mutter auf einer Erklärung bestand. Als der Junge – unser Roland, der nie gewusst hatte, was Angst war – ihr von Stimmen zu sprechen begann, die er im Park gehört hatte, und von Schatten, die ihm unter den Ruinen erschienen waren, legte ihn meine Frau sofort ins Bett und schickte nach Dr. Simson – was wohl das einzig Vernünftige war.

Ich fuhr an jenem Abend, wie man sich vorstellen kann, mit sorgenvollem Herzen ab. Wie ich die Stunden bis zur Abfahrt des Zuges hinter mich brachte, weiß ich nicht. Ich kam in Edinburgh im Dunkel eines frühen Wintermorgens an. Dem Mann, dem ich zukeuchte: „Wie steht es?", wagte ich kaum ins Gesicht zu sehen. Meine Frau hatte mir den Wagen geschickt, was mir, noch ehe der Mann sprach, als schlechtes Zeichen erschien. Seine Antwort war: „Unverändert."

Unverändert! Was mochte das bedeuten? Die Pferde schienen die Straße entlangzuschleichen. Als wir durch den Park preschten, meinte ich, jemanden zwischen den Bäumen seufzen zu hören, und schüttelte die geballte Faust in die Richtung. Warum hatte die dumme Torwächterin jemandem erlaubt, hereinzukommen und die Ruhe zu stören? Wäre ich nicht in solcher Eile gewesen heimzukommen, würde ich wohl den Wagen aufgehalten haben und ausgestiegen sein, um nachzusehen, welcher Vagabund sich da Einlass verschafft und ausgerechnet diesen Ort – während mein Junge krank war! – dazu auserwählt hatte, vor sich hin zu grunzen und zu stöhnen. Ich hatte jedoch wirklich keinen Grund mehr, mich über eine langsame Fahrt zu beklagen. Wie Blitze flogen die Pferde den Weg hinauf, bei der Tür hielten sie keuchend an, als wären sie um die Wette gelaufen.

Meine Frau erwartete mich mit blassem Gesicht, eine Kerze in der Hand, deren im Wind flackernder Schein sie noch blasser wirken ließ.

„Er schläft", flüsterte sie, als könne ihre Stimme ihn wecken. Als ich der Worte wieder mächtig war, antwortete ich ebenfalls flüsternd, als wäre das Klirren des Pferdegeschirrs und ihr Hufstampfen nicht gefährlicher für Rolands Ruhe. Einen Augenblick lang blieb ich auf der Treppe mit ihr stehen; jetzt, nachdem ich angekommen war, hatte ich beinahe Angst davor, hineinzugehen. Es kam mir vor, als sähe ich, ohne es bewusst zu beobachten, dass die Pferde sich nicht umdrehen wollten, obwohl ihre Ställe in der anderen Richtung lagen – oder dass die Männer es nicht wollten. Dies fiel mir jedoch erst später ein, in jenem Augenblick war ich zu nichts fähig, als Fragen zu stellen und dem Bericht über den Zustand des Jungen zuzuhören.

Ich sah ihn von der Tür seines Zimmers aus an, wir hatten Angst, näher zu treten, wollten diesen gesegneten Schlaf nicht stören. Es sah wie echter Schlaf aus, nicht die Lethargie, in die er nach dem Bericht meiner Frau manchmal gefallen war. Sie erzählte mir das alles im anstoßenden Zimmer, ab und zu stand sie auf und ging zur Verbindungstür; an ihrer Haltung war etwas, das mich sehr überraschte und verwirrte.

Offenbar hatte der Junge seit Winterbeginn, seit es früh dunkel wurde und die Nacht vor seiner Rückkehr von der Schule einbrach, Stimmen in den Ruinen gehört. Zuerst nur ein Stöhnen, sagte er, das sein Pony sehr erregte, so wie ihn dann nach und nach eine Stimme in Aufruhr versetzte. Meiner Frau liefen die Tränen über die Wangen, während sie mir beschrieb, wie er nachts aufschreckte und ausrief: „Ach, Mutter, lass mich ein! Ach, Mutter, lass mich ein!", in einem Ton, der ihr das Herz zerschnitt. Und dies, während sie die ganze Zeit bei ihm saß und sich danach sehnte, alles zu tun, was er nur wünschen möge! Aber obwohl sie versuchte, ihn zu besänftigen, ihm zurief: „Du bist ja zu Hause, mein Liebling, ich bin hier. Kennst du mich nicht? Deine Mutter ist hier", starrte er sie immer nur an und erhob nach einer Weile denselben Schrei. Zu anderen Zeiten war er ganz vernünftig, sagte sie, erkundigte sich begierig, wann ich käme, sagte jedoch, dass er, sobald ich da sei, mit mir gehen müsse, „ihn einzulassen".

„Der Doktor meint, sein Nervensystem sei angegriffen", sagte meine Frau. „Ach, Henry, haben wir ihn vielleicht zu sehr zum Arbeiten angehalten, ein so zartes Kind wie Roland? – Und was bedeutet denn seine Arbeit im Vergleich zu seiner Gesundheit?"

Nach einer Weile überredete man mich, auszuruhen, zu essen – alles Dinge, die ich seit Erhalt der Briefe nicht mehr hatte tun können. Allein die Tatsache, dass ich jetzt im Haus weilte, war natürlich von großem Wert, und als ich wusste, dass man mich sofort rufen würde, sobald er wach war und mich bei sich haben wollte, fühlte ich mich sogar jetzt im dunklen, kalten Morgendämmerlicht imstande, noch eine Stunde oder zwei zu schlafen. Übrigens war ich vor Angst und Sorge so übermüdet und er durch das Wissen um meine Ankunft so beruhigt und getröstet, dass man mich erst im beginnenden Abenddämmerlicht aufweckte.

Als ich zu ihm hineinging, war es gerade noch hell genug, um sein Gesicht erkennen zu können; welche Veränderung in vierzehn Tagen! Er war blasser und übermüdeter, kam mir vor, als selbst in jenen grässlichen Tagen in der heißen Ebene, ehe wir Indien verließen. Sein Haar schien lang und schlaff geworden zu sein. Seine Augen waren wie glühende Lichter in seinem weißen Gesicht. Mit zitternder, kalter Hand umklammerte er die meine und winkte allen anderen, sie sollten fortgehen.

„Geht weg – auch du, Mutter", sagte er, „geht weg." Das schnitt ihr zwar ins Herz, aber sie war nie eine von denen gewesen, die zuerst an sich dachten, und ließ uns daher allein. „Sind alle weg?", fragte er eifrig. „Sie haben mich nicht reden lassen. Der Doktor hat mich wie einen Narren behandelt. Du weißt doch, dass ich nicht dumm bin."

„Ja, mein Junge, ja, ich weiß es; aber du bist krank, und Ruhe ist so notwendig für dich. Du bist keineswegs dumm, Roland, sondern vernünftig und verständig. Wenn man krank ist, muss man sich mäßigen."

Er machte eine ungeduldige Gebärde mit seiner mageren Hand.

„Dann bin ich aber nicht krank, Vater!", rief er aus. „Ach, ich dachte, wenn du kämst, du würdest mich nicht aufhalten wollen – du würdest sehen, worum es geht! Was glaubt ihr denn, was mit mir los ist, was glaubt ihr alle? Simson ist schon in Ordnung, aber er ist nur ein Doktor. Ich bin nicht kränker als ihr. Ein Doktor denkt natürlich in dem Augenblick, wo er einen ansieht, man sei krank – dafür ist er ja hier –, und zwingt einen ins Bett."

„Und das ist auch im Augenblick der beste Platz für dich, mein lieber Junge."

107

„Ich hatte mir vorgenommen", rief der kleine Bursche, „dass ich es durchhalten würde, bis du heimkämst. Ich sagte mir, dass ich die Mutter und die Mädchen nicht schrecken wolle. Aber jetzt, Vater", rief er und sprang fast aus dem Bett, „es ist keine Krankheit – es ist ein Geheimnis!"

Seine Augen glänzten so wild, sein Gesicht war von so starken Gefühlen belebt, dass mir das Herz sank. Es musste ein Fieber sein, und Fieber war oft sehr gefährlich. Ich nahm ihn in die Arme und wollte ihn ins Bett zurückdrängen.

„Roland", sagte ich zu ihm und beschloss, auf seine Ideen einzugehen, das Einzige, womit ich dem armen Kind helfen konnte, „wenn du mir dein Geheimnis mitteilen willst, dann musst du ganz ruhig bleiben und dich nicht aufregen. Wenn du dich aufregst, darf ich dich nicht sprechen lassen."

„Ja, Vater", sagte der Junge. Er wurde sofort ruhig, als wäre er schon erwachsen.

Nachdem ich ihn in die Kissen zurückgelegt hatte, sah er mich mit jenem dankbar-lieblichen Blick an, mit dem kranke Kinder einem das Herz brechen, das Wasser schoss ihm vor Schwäche in die Augen.

„Ich war sicher, du würdest gleich nach deiner Ankunft wissen, was zu tun ist", sagte er.

„Aber natürlich, mein Junge. Und jetzt sei ganz ruhig und erzähl es mir wie ein Mann." Zu denken, dass ich meinem eigenen Kind Lügen erzählte! Denn all dies sagte ich ja nur, um ihn zu beruhigen, da ich dachte, mit dem Gehirn des armen Kleinen sei etwas nicht in Ordnung.

„Ja, Vater, es ist jemand im Park, jemand, dem übel mitgespielt worden ist."

„Still, mein Lieber; du weißt doch, du sollst dich nicht aufregen. Nun, wer ist dieser Jemand, und wer hat ihm übel mitgespielt? Wir werden dem rasch ein Ende bereiten."

„Ach", rief Roland, „das ist nicht so leicht, wie du denkst! Ich weiß ja nicht, wer es ist. Es ist nur ein Schrei. Oh, wenn du es hören könntest! Es verfolgt mich bis in den Schlaf. Ich höre den Schrei ganz klar; die anderen glauben alle, ich träume – oder vielleicht, dass ich verrückt bin", sagte der Junge mit einem fast nachsichtigen Lächeln.

Sein Blick verwirrte mich; er sah viel weniger nach Fieber aus, als ich gedacht hatte. „Bist du ganz sicher, dass du es nicht geträumt hast, Roland?", fragte ich.

„Geträumt? Das?" Wieder richtete er sich auf, schien herausspringen zu wollen – dann überlegte er es sich anders, legte sich ganz flach hin und lächelte mich wieder wie vorhin an. „Das Pony hat es auch gehört", sagte er. „Es sprang, als hätte es jemand angeschossen. Wenn ich nicht in die Zügel gegriffen hätte … ich hatte nämlich Angst, Vater …"

„Das ist doch keine Schande, mein Junge", sagte ich, fast ohne zu wissen, warum.

„Hätte ich mich nicht wie ein Blutegel an das Tier geklammert, würde es mich kopfüber abgeworfen haben; es blieb erst bei der Tür stehen. Hat das Pony es auch geträumt?", fragte er mit leisem Spott, aber doch irgendwie nachsichtig. Dann fügte er langsam hinzu: „Das erste Mal war es nur ein Schrei, und bis zu deiner Abreise änderte sich das nicht. Ich wollte es dir nicht sagen, es kam mir so feig vor, sich zu fürchten. Ich dachte, es sei vielleicht ein Hase oder Kaninchen in der Falle, einmal ging ich am Morgen hin und schaute nach, konnte aber nichts finden. Nachdem du weg warst, hörte ich es zum ersten Mal richtig, es sagt immer dasselbe." Er lehnte sich auf den Ellbogen, rückte ganz nahe und sah mir ins Gesicht. „Ach, Mutter, lass mich ein! Ach, Mutter, lass mich ein!" Während er sprach, verschleierte sich seine Miene, sein Mund begann zu zittern, die weichen Züge schmolzen und veränderten sich, danach löste sich alles in einer ungeheuren Tränenflut.

War es eine Halluzination? Ein Gehirnfieber? War es die wirre Fantasie eines geschwächten Körpers? Woher sollte ich das wissen? Ich fand es am klügsten, so zu tun, als hielte ich alles für wahr.

„Das klingt allerdings sehr ergreifend, Roland", sagte ich.

„Ach, wenn du es doch nur gehört hättest, Vater! Ich sagte mir: ‚Wenn Vater es hörte, würde er etwas tun'; aber Mama, weißt du, sie hört nur auf Simson, und der ist eben ein Arzt und denkt nie an etwas anderes, als einen ins Bett zu stecken."

„Wir können doch nicht Simson einen Vorwurf daraus machen, dass er Arzt ist."

„Nein, nein", sagte mein Junge duldsam, „oh nein, das ist ja seine Aufgabe. Dafür brauchen wir ihn ja, das weiß ich schon. Aber du, du bist anders. Du bist einfach Vater: Und du wirst etwas tun, jetzt gleich, Papa, gleich … noch heute Nacht."

„Bestimmt", sagte ich, „es ist wohl ein kleines, verloren gegangenes Kind."

Er sah mich plötzlich scharf an und studierte dann mein Gesicht, als wolle er herausfinden, ob meine Bedeutsamkeit als „Vater" wirklich nicht weiter reichte als bis dahin. Dann packte er mich bei der Schulter, klammerte sich mit seinen schmalen Händen daran: „Und wenn es", sagte er mit einem Zittern in seiner Stimme, „wenn es – gar nicht lebte?"

„Mein lieber Junge, wie solltest du es dann gehört haben?", fragte ich.

Er wandte sich von mir ab, dabei rief er verärgert aus: „Als ob du das nicht ganz genau wüsstest!"

„Willst du damit etwa sagen, es sei ein Geist?", fragte ich.

Roland entzog mir seine Hand. Sein Gesicht nahm einen sehr würdigen und ernsten Ausdruck an; nur ein leichtes Zittern um die Lippen blieb.

„Was immer es war, du sagtest immer, wir sollten so etwas nicht beim Namen nennen. Ach, Vater, es leidet schrecklich!"

„Aber mein lieber Junge", sagte ich am Ende meiner Weisheit angelangt, „wenn es ein verloren gegangenes Kind oder sonst irgendeine unglückselige Kreatur wäre, aber so, was soll ich denn tun, Roland?"

„Wenn ich du wäre, würde ich es wissen", sagte das Kind eifrig. „Das habe ich mir immer gesagt – ‚Vater wird es wissen'. Ach, Papa, dem jede Nacht begegnen zu müssen, wenn es so schrecklich leidet! Und nie helfen zu können. Es ist ganz allein dort draußen bei der Ruine, und niemand hilft ihm. Ich kann es nicht mehr ertragen, ich kann nicht!", rief mein mitleidiger Junge und brach dann in seiner Schwäche nach vielen Versuchen, es zurückzuhalten, in ein großes, kindliches Heulen und Schluchzen aus.

Ich kann mich nicht erinnern, in meinem ganzen Leben je ratloser gewesen zu sein; als ich später daran dachte, kam es mir sogar ein wenig komisch vor. Es ist schlimm genug, herauszufinden, dass das eigene Kind davon überzeugt ist, einen Geist gesehen oder gehört zu haben. Aber dass es vom Vater verlangt, er solle sofort hinausgehen und diesem Geist helfen, war wohl das merkwürdigste Erlebnis, das ich je gehabt hatte. Ich bin ein nüchtern denkender Mensch, nicht abergläubisch, jedenfalls nicht mehr als die meisten Leute. Natürlich glaube ich nicht an Geister, leugne jedoch genauso wenig wie andere Leute, dass es Dinge gibt, die zu begreifen einfach unmöglich ist. Bei dem Gedanken, dass Roland vielleicht ein Geisterseher war, durchlief es mich kalt; das deutet ja meist auf hysterische Veranlagung und schwache Gesundheit hin, also Züge, die alle Männer am meisten in ihren Kindern fürchten und hassen.

„Es wird jetzt dort sein – die ganze Nacht lang. Ach, denk doch nur, Papa, wenn das ich wäre! Ich kann einfach nicht schlafen, weil ich immer daran denken muss. Nicht!", rief er und schob meine Hand weg. „Nicht! Geh und hilf ihm, Mutter kann sich um mich kümmern."

„Aber was kann ich denn tun, Roland?"

Mein Junge öffnete seine Augen. Sie waren vor Schwäche und Fieber riesengroß. Er lächelte mich an, ein geheimnisvolles Lächeln, wie es wohl nur kranke Kinder kennen. „Ich war sicher, dass du es wissen würdest, sobald du kämst. Ich habe immer gesagt: ‚Vater wird es wissen.' Und Mutter", sagte er während sich seine Züge langsam glätteten, seine Glieder entspannten, er seinen Körper ganz gelöst ins Bett zurücksinken ließ, „Mutter kann sich um mich kümmern."

Ich rief sie und sah, wie er sich mit ganz kindlicher Hingabe ihr zuwandte, dann wandte ich mich um und ging hinaus, in diesem Augenblick wohl der ratloseste Mann in ganz Schottland. Allerdings hatte ich einen Trost, ich war bezüglich Rolands Krankheit sehr beruhigt. Vielleicht litt er an einer Halluzination, aber sein Kopf schien ganz klar, und er kam mir längst nicht so krank vor wie den anderen. Die Mädchen waren geradezu erstaunt, mit welcher Ruhe ich seinen Zustand hinnahm.

„Wie findest du ihn denn?", fragten sie in einem Atemzug, drängten sich an mich, verstellten mir den Weg.

„Nicht halb so schlimm, wie ich es erwartet hatte", sagte ich, „eigentlich gar nicht arg."

„Ach, Papa, du bist ein Guter", rief Agatha, küsste mich und weinte an meiner Schulter. Die kleine Julie, ebenso blass wie Roland, umfasste meine Arme mit den ihren und konnte gar nicht sprechen.

Ich wusste gar nichts über die Krankheit, jedenfalls nicht halb so viel wie Simson, trotzdem glaubten sie mir und hatten das Gefühl, alles käme jetzt in Ordnung. Wenn Kinder so zu uns aufblicken, macht es einen ganz bescheiden, nicht stolz. Ich war ihres Vertrauens nicht würdig; dann fiel mir wieder ein, dass ich ja bei Rolands Geist die Vaterstelle vertreten sollte, beinahe musste ich lachen darüber, ebenso gut hätte ich aber auch weinen können. Es war wohl der merkwürdigste Auftrag, der je einem Sterblichen erteilt worden ist …

Dann erinnerte ich mich plötzlich an das Aussehen der Männer, die den Wagen in der Morgendämmerung in den Stall zurückbringen sollten: es war ihnen unangenehm gewesen, den Pferden auch. Ich erinnerte mich, dass ich sogar in meiner Sorge um Roland bemerkt hatte, wie sie den Weg zum Stall entlanggerast waren. Es schien mir daher jetzt das Beste zu sein, selbst zu den Ställen zu gehen und Erkundigungen einzuziehen. Als ich hinausging, war es bereits dunkel geworden, und jeder, der das Land kennt, wird wissen, wie schwarz es in einer Novembernacht unter hohen Lorbeerbüschen und Eiben ist. Zwei- oder dreimal marschierte ich geradewegs ins Gebüsch hinein, da ich keinen Schritt weit sehen konnte; endlich erreichte ich den breiteren Fahrweg, an dem die Bäume etwas weniger dicht standen; ein schwacher, grauer Schimmer vom Himmel wurde hier sichtbar, darunter erschienen die riesigen Lindenbäume und Ulmen wie düstere Geister.

Als ich mich der Ecke näherte, in der die Ruine lag, wurde es jedoch wieder dunkel. Meine Augen und Ohren waren ganz gespannt, wie man sich wohl vorstellen kann; in der völligen Finsternis konnte ich jedoch nichts sehen und, soweit ich mich erinnern kann, auch nichts hören. Dennoch hatte ich plötzlich das Gefühl, es sei jemand dort. Wahrscheinlich war meine Fantasie durch Roland angeregt worden, und das geheimnisvolle Dunkel verstärkte wohl alle Einbildungen. Um mich zu ermannen, stampfte ich heftig auf und rief scharf: „Wer ist da?" Die Frage blieb ohne Antwort. Ich erwartete auch keine, aber der Eindruck einer unsichtbaren Gegenwart blieb. Ich war so töricht, dass ich nicht einmal wagte, mich umzublicken, sondern seitwärts weiterging, während ich die Düsternis hinter mir argwöhnisch beobachtete. Mit größter Erleichterung entdeckte ich Licht bei den Ställen, eine Oase in der Finsternis. Eilends schritt ich dem hellen, heiteren Fleck zu. Das Klappern der Eimer in der Hand des Pferdeknechts dünkte mich das freundlichste Geräusch, das ich je vernommen hatte. Der Kutscher war ihr Oberhaupt, ich ging gleich in sein Haus, um meine Nachforschungen anzustellen. Der Mann stammte aus dem Bezirk und hatte sich in Abwesenheit der Besitzer jahrelang um das Gut gekümmert. Es war unmöglich, dass er nicht alles wusste, was sich hier begab, und auch alle Überlieferungen der Gegend kannte. Ich sah, wie die Männer mich furchtsam betrachteten, als ich zu solcher Stunde unter ihnen auftauchte, und mir mit ihren Blicken bis zu Jarvis' Haus folgten, wo dieser allein mit seiner alten Frau lebte. Ihre Kinder waren alle schon verheiratet und in die Welt hinausgezogen.

Mrs Jarvis stellte mir gleich besorgte Fragen. Wie es dem jungen Herrn gehe. Aber ihr Mann wusste, das sah ich an seiner Miene, dass dies jetzt nicht meine Hauptsorge war.

„Geräusche? Oh ja, Geräusche, natürlich … der Wind in den Bäumen, das Wasser drunten im Tal. Aber Vagabunden, Herr Oberst, nein, die gibt es bei uns hier wenig. Und die Merran am Tor passt sehr gut auf." Jarvis trat unruhig von einem Bein aufs andere, während er so sprach. Er hielt sich im Schatten und sah mich nicht mehr an als unbedingt nötig. Offensichtlich beunruhigte ihn etwas, und er hatte Gründe dafür nicht zu sagen, was es war. Seine Frau saß daneben, ab und zu warf sie ihm einen raschen Blick zu, sagte aber nichts.

„Ich glaube, Sie halten mich zum Narren", sagte ich zu Jarvis.

„Ich den Herrn Oberst zum Narren? Niemals! Weshalb sollte ich? Wenn der Teufel selbst in dem alten Haus steckte, mir wäre es sowieso egal –"

„Ich sage dir, halt's Maul!", schrie die Frau ganz erregt. „Dunkle, lange Novembernächte, und wo wir alles wissen! Wie wagst du es, einen Namen, einen Namen auszusprechen, den niemand aussprechen sollte?" Sie warf ihren Strumpf zu Boden und stand auf – ebenfalls in größter Erregung. „Ich habe dir's ja gesagt, dass du's nicht bei dir behalten könntest. So was lässt sich nicht verstecken; der ganze Ort weiß es genauso gut wie du und ich. Sag's dem Herrn Oberst gleich gerade heraus – sonst sage ich's. Ich halte nichts von deinem Geheimnis; einem Geheimnis, das der ganze Ort kennt!" Voller Verachtung schnalzte sie mit den Fingern durch die Luft. Jarvis aber, rotgesichtig und groß, wie er war, schrumpfte innerlich neben dieser entschlossenen Frau zu einem Nichts zusammen.

Und dann bekam ich ohne viel Schwierigkeiten die ganze Geschichte heraus. Nach der Meinung des Ehepaars Jarvis und aller übrigen Talbewohner stand es fest, dass in der alten Ruine Geister ihr Unwesen trieben. Die beiden überboten einander in ihrem Eifer, alles darüber zu erzählen.

Wann man die Stimme zum ersten Mal gehört hatte, wusste niemand mehr genau. Jarvis meinte, sein Vater, der vor ihm Kutscher der Brentwoods gewesen war, habe nie etwas davon gehört. Das Ganze habe sich erst in den letzten zehn Jahren entwickelt, seit das alte Haus ganz zerstört war. Für eine so wohl belegte Geschichte war das eine recht kurze Frist; wollte man diesen Zeugen glauben – ich befragte nachher mehrere Leute, und sie stimmten alle in ihrer Aussage überein –, so kam die „Heimsuchung" nur in den Monaten

November und Dezember vor. Während dieser dunkelsten Monate des Jahres verging kaum eine Nacht, in der nicht die unerklärlichen Schreie erklangen. Alle sagten, dass nie irgendetwas gesehen wurde, jedenfalls nichts Feststellbares. Einige Leute, die entweder mutiger oder fantasievoller als die anderen waren, hatten die Dunkelheit sich bewegen gesehen, sagte Mrs Jarvis. Das Schreien begann bei Einbruch der Nacht und setzte sich in Abständen bis zum Tagesanbruch fort. Sehr oft waren es nur unartikulierte Schreie und Stöhnen, manchmal hörte man jedoch genau die Worte, die meinen armen Jungen so beeindruckt hatten: „Ach, Mutter, lass mich ein!"

Das Ehepaar wusste nichts von einer Untersuchung der Angelegenheit zu berichten. Das Gut Brentwood war in die Hände eines entfernten Zweiges der Familie geraten, die Leute lebten kaum je hier; von den vielen, die das Haus gemietet hatten, so wie ich, waren wenige mehr als einen Dezember dageblieben. Niemand hatte sich die Mühe gemacht, den Tatsachen näher nachzugehen.

„Nein, nein", sagte Jarvis und schüttelte den Kopf dabei. „Nein, Herr Oberst. Wer würde sich denn selbst dem Spott aller Nachbarn aussetzen, einer Geistergeschichte nachzugehen? Niemand glaubt an Geister. Der letzte Herr vor Ihnen sagte, es müsse der Wind in den Bäumen sein oder irgendein Geräusch, welches das Wasser beim Lauf über die Felsen verursacht. Er sagte, es ließe sich ganz leicht erklären: Trotzdem gab er das Haus auf. Und als Sie kamen, Herr Oberst, passten wir sehr auf, dass Sie es nie zu hören bekamen. Hätte ich das Geschäft für nichts und wieder nichts stören und den Wert des Grundstückes mindern sollen?"

„Finden Sie, das Leben meines Kindes sei gar nichts?",

fragte ich erregt. Meine Sorge um den Jungen machte es mir unmöglich, mich zurückzuhalten. „Anstatt mir alles zu erzählen, haben Sie es ihm gesagt – einem zarten Jungen, einem Kind, das noch nicht imstande ist, Beweismaterial zu sichten oder selbst die Dinge richtig einzuschätzen. Ein zartes, junges Gemüt …"

Zornig ging ich im Zimmer auf und ab, meine Laune war umso schlechter, als ich recht gut wusste, dass dieser Zorn vermutlich unberechtigt war. Mein Herz war voll Bitterkeit gegen diese schwerfälligen Hüter eines Familienbesitzes, die ohne weiteres das Leben anderer Leute Kinder und deren Wohlergehen aufs Spiel setzten, nur damit das Haus nicht leer stand. Wenn man mich gewarnt hätte, würde ich vielleicht Vorsichtsmaßnahmen getroffen oder das Haus verlassen haben, oder ich hätte Roland weggeschickt, hundert Dinge, die ich jetzt nicht tun konnte. Und jetzt lag der Junge mit einem Gehirnfieber da, sein Leben, für mich das Kostbarste auf Erden, hing an einem Faden, alles hing davon ab, ob es mir gelang, dieser blödsinnigen Geistergeschichte auf den Grund zu kommen!

„Herr Oberst", sagte Jarvis ernst, „meine Frau kann es Ihnen bestätigen – von mir hat der junge Herr niemals ein einziges Wort darüber gehört, auch nicht vom Pferdeknecht oder vom Gärtner, dafür verbürge ich mich. Erstens gehört er nicht zu den Jungen, die einen zur Gesprächigkeit verführen. Es gibt solche und andere sind wieder nicht so. Manche liegen einem in den Ohren, bis man ihnen alle Tratschgeschichten vom Ort erzählt hat und dergleichen mehr. Aber der junge Herr Roland, der steckt nur in seinen Büchern. Er ist sehr höflich und freundlich, ein netter Bursche, aber gesprächig ist er nicht. Und außerdem ist es doch in unserem Interesse,

Herr Oberst, dass Sie hier bleiben. Ich habe selbst zu allen gesagt: ‚Keine Silbe zu unserem jungen Herrn, auch nicht den jungen Damen gegenüber – keine Silbe.‘ Die Hausmädchen haben ja wenig Grund, nachts draußen zu sein, die wissen kaum etwas oder nichts darüber. Und manche finden es wunderbar, einen Geist zu haben, solange sie ihm nicht begegnen müssen. Wenn Ihnen die Geschichte gleich zu Anfang berichtet worden wäre, hätten Sie vielleicht ebenso gedacht.“

Damit hatte er Recht, aber jetzt half es mir wenig, meine Lage zu verbessern. Hätten wir gleich davon gehört, würde vielleicht die ganze Familie einen eigenen Geist als etwas Vorteilhaftes angesehen haben.

„Und hat man nie versucht, der Sache nachzugehen“, fragte ich, „herauszufinden, was es wirklich ist?“

„Ach, Herr Oberst“, sagte die Frau des Kutschers, „wer würde das untersuchen wollen, wie Sie es nennen, ein Ding, an das niemand glaubt? Wie mein Mann schon gesagt hat, alle Leute in der Umgebung würden einen verspotten.“

„Aber Sie glauben daran“, sagte ich und wandte mich ihr plötzlich zu. Meine Behauptung überraschte sie. Sie trat einen Schritt zurück, um mir aus dem Weg zu kommen.

„Du meine Güte, Herr Oberst, wie Sie einen erschrecken können! Ich? In dieser Welt gibt es merkwürdige Dinge.“

„Jarvis, kommen Sie mit mir“, sagte ich hastig. „Wir zwei werden wenigstens einen Versuch unternehmen. Sagen Sie den anderen nichts. Ich komme nach dem Abendessen wieder her, wir werden uns ernsthaft bemühen, herauszufinden, was es ist, wenn es überhaupt etwas ist; wenn ich etwas höre, was ich bezweifle, dann mögen Sie sicher sein, dass ich nicht ruhen werde, bis ich es herausgefunden habe. Erwarten Sie mich bitte um zehn Uhr.“

„Ich, Herr Oberst?", fragte Jarvis mit ersterbender Stimme. In meiner Erregung hatte ich ihn nicht angesehen; als ich es jetzt tat, bemerkte ich eine große Veränderung an dem rundlichen, rotgesichtigen Kutscher. „Ich, Herr Oberst?", wiederholte er, während er sich den Schweiß von der Stirn wischte. Seine Knie schlotterten, seine Stimme war kaum noch zu hören. Dann begann er sich die Hände zu reiben und lächelte mich unterwürfig an: „Ich tue Ihnen bestimmt alles gern zuliebe, Herr Oberst. Sie müssen bedenken, ich bin nicht daran gewöhnt, zu Fuß zu gehen. Mit einem Pferd zwischen den Beinen oder den Zügeln in meiner Hand bin ich wohl genauso gut wie andere Männer. Aber auf den Füßen, Herr Oberst? Nicht wegen dieser … Geister da, aber mich ermüdet ein einziger Spaziergang mehr als eine Fahrt über hundert Meilen. Dann sind Sie ein Herr und tun, was Ihnen gefällt; Sie sind auch jünger als ich; und es ist für Ihr eigenes Kind, Herr Oberst; und außerdem …"

„Er glaubt daran, Herr Oberst, Sie glauben nicht", sagte die Frau.

„Kommen Sie mit mir?", fragte ich und wandte mich ihr zu.

Sie sprang zurück, ihr Stuhl fiel von der plötzlichen Bewegung um.

„Ich?", schrie sie auf und verfiel in hysterisches Lachen. „Ich ginge ja ohne weiteres mit, aber was würden die Leute sagen, wenn sie hören, dass der Herr Oberst Mortimer mit einer dummen alten Frau in den Wald geht?"

Der Gedanke brachte auch mich zum Lachen, obwohl ich dazu gar nicht aufgelegt war.

„Schade, dass Sie so wenig Mut haben, Jarvis", sagte ich. „Dann muss ich mir wohl jemand anderen suchen."

Das hatte getroffen. Jarvis begann, Einwände zu machen, aber ich schnitt ihm das Wort ab. Mein Butler war mit mir als Soldat in Indien gewesen, er fürchtete bestimmt weder Mensch noch Teufel – Menschen wohl am allerwenigsten. Auch hatte ich jetzt das Gefühl, hier nur Zeit zu verlieren. Das Ehepaar war froh, mich endlich loszuwerden. Draußen standen ganz nahe an der Mauer zwei Pferdeknechte, mein plötzliches Heraustreten verwirrte sie ein wenig. Vielleicht hatten sie gehorcht – oder sich zumindest so nahe wie möglich an die Tür gestellt, um allenfalls etwas von unserem Gespräch aufzufangen. Mit einer Handbewegung dankte ich ihnen im Vorübergehen für ihren Gruß, es war ihnen anzusehen, dass auch sie froh waren, mich weggehen zu sehen.

Es mag Ihnen merkwürdig vorkommen, aber es wäre feig von mir, nicht zu erwähnen, dass auch mich eine völlig unerklärliche Scheu davor überkam, auf dem Heimweg an diesen Ruinen vorbeizugehen. Ich war über alle Maßen neugierig und musste mich doch mit aller Gewalt zwingen, überhaupt daran vorbeizugehen. Ich ging jedenfalls weiter, hätte ich jedoch meinem Gefühl nachgegeben, wäre ich umgekehrt und davongelaufen. Alles in mir schien sich dagegen zu wehren. Mein Herz klopfte, mein Puls begann, wie Hämmer gegen die Ohren und andere empfindliche Körperteile zu schlagen.

Wie ich schon sagte, war es sehr dunkel. Das alte Haus lauerte dort mit seinem Turm, die Dunkelheit um mich war nicht ganz so undurchdringlich wie die schwere Steinmasse des Gebäudes. Andererseits schien die ganze Nacht erfüllt zu sein von den großen dunklen Zedern, auf die wir so stolz waren. In meiner Verwirrung und wegen der Finsternis kam ich vom Weg ab und hielt mit einem Schrei inne, als ich gegen etwas Festes stieß. Was war es? Der Kontakt mit hartem

Stein und Kalk, das Stechen der Brombeerbüsche brachte mich wieder ein wenig zu mir selbst.

„Ach, es ist nur der alte Giebel", sagte ich laut und lachte ein wenig, um mich zu ermutigen. Das Gefühl der rauen Steine an meiner Haut beruhigte mich wieder. Als ich herumtastete, wurde ich meine dummen Fantasien los.

Der Vorfall brachte mich wieder ins Irdische zurück, es war, als habe mich eine kluge Hand gepackt und jeglichen dummen Aberglauben aus mir herausgeschüttelt. Wie dumm das alles doch war! War es nicht ganz egal, welchen Weg ich einschlug? Wieder lachte ich, diesmal noch freier – und dann kroch mir ein Schauer das Rückgrat entlang, ganz plötzlich gefror mir das Blut in den Adern, alle Kraft schien mich zu verlassen: Ganz dicht neben mir, zu meinen Füßen, seufzte etwas. Nein, es war kein Stöhnen, kein lautes Klagen, nichts so Greifbares, nur ein ganz leises, schwaches, unartikuliertes Seufzen. Ich sprang zurück, mein Herz hörte zu schlagen auf.

Ein Irrtum war unmöglich! Ich hatte es so deutlich gehört, wie ich mich selbst sprechen höre; ein langes, leises, müdes Seufzen, lang hingezogen, als befreie sich eine traurige Seele von einer schweren Last. Ich rief mit zitternder Stimme: „Wer ist da?"

Keine Antwort.

Wie ich heimkam, weiß ich selbst nicht genau. Meine Skepsis verschwand wie ein Nebel. Ich war jetzt ebenso überzeugt wie Roland, dass dort etwas war. Keinen Augenblick lang versuchte ich mir einzureden, dass ich möglicherweise einer Täuschung unterlag. Es gab Bewegungen und Geräusche, die ich genau unterscheiden konnte, das Krachen kleiner Zweige

im Frost, das Rollen von Kieselsteinen auf dem Weg. Manchmal klingt das sehr unheimlich, und man überlegt dabei, wer es wohl verursacht haben mag, solange es sich nicht wirklich um etwas Geheimnisvolles handelt; aber ich kann Ihnen versichern, dass einen all diese kleinen Geräusche überhaupt nicht beunruhigen, wenn es sich um etwas Natürliches handelt. Solche Geräusche begriff ich, den Seufzer jedoch nicht. Das war nichts Natürliches; er hatte eine Bedeutung. Es lag das Gefühl, die Seele einer unsichtbaren Kreatur darin.

Ich rannte beinahe nach Hause, nur darauf bedacht, alles zu tun, was notwendig war, um die Angelegenheit ausforschen zu können. Als ich das Haus betrat, war Bagley, wie meist, in der Halle. Am Nachmittag hielt er sich immer dort auf, es sah stets so aus, als wäre er sehr beschäftigt; soviel ich weiß, tat er jedoch nie etwas zu dieser Zeit. Die Tür stand offen. Ohne stehen zu bleiben, rannte ich atemlos hinein. Als ich sah, wie gelassen er mich betrachtete, während er mir entgegenkam, um mir aus dem Mantel zu helfen, beruhigte ich mich sofort. In Bagleys Gegenwart wurde alles Außergewöhnliche, alles Unverständliche zu einem Nichts. Ich warf mich sozusagen in seine Arme, ohne darauf zu achten, dass dieser Mann wohl kaum von der Art war, wie ich sie jetzt einfach bei ihm voraussetzte.

„Bagley", sagte ich, „ich möchte, dass Sie heute Nacht mit mir hinauskommen, um Ausschau zu halten nach …"

„Wilddieben, Herr Oberst!" Ich sah geradezu, wie die Freude darüber seinen ganzen Körper durchzuckte.

„Nein, Bagley, etwas viel Schlimmeres", rief ich aus.

„Ja, Herr Oberst! Zu welcher Stunde, Herr Oberst?", antwortete der Mann. Ich hatte ihm dabei noch immer nicht gesagt, worum es ging.

Um zehn Uhr abends machten wir uns auf den Weg. Im Haus war alles still. Meine Frau saß bei Roland, der ganz ruhig gewesen war, wie sie sagte. Seit meiner Ankunft schien es ihm überhaupt besser zu gehen. Natürlich konnte das Fieber nicht von einem Moment auf den anderen verschwinden und es hielt auch noch an.

Ich sagte Bagley, er solle über seine Abendjacke einen dicken Mantel ziehen, ich tat dasselbe. Wir zogen feste Stiefel an; der Boden war wie ein Schwamm, ja noch schlimmer. Während ich mit Bagley sprach, vergaß ich fast, was wir zu tun beabsichtigten. Es war dunkler als zuvor, Bagley hielt sich auf dem Weg sehr dicht an mich. Ich hatte eine kleine Laterne in der Hand, die uns ein wenig den Weg wies. Wir waren zu der Ecke gekommen, an der die Wege sich trennen. Auf der einen Seite war die Spielwiese – die Mädchen hatten sie für ihr Krocketspiel beschlagnahmt –, auf der anderen Seite lagen die Ruinen. Nach beiden Seiten hin war es völlig finster. Ehe wir zur Ruine gelangten, kamen wir jedoch noch durch eine kleine Lichtung, in der wir gerade noch die Bäume und den hellen Boden der Straße unterscheiden konnten. Ich hielt es für das Klügste, dort zu halten und Atem zu schöpfen.

„Bagley", sagte ich, „in diesen Ruinen gibt es etwas, das ich nicht verstehe. Dorthin möchte ich jetzt gehen. Halten Sie Ihre Augen offen und seien Sie geistesgegenwärtig. Seien Sie bereit, jeden Fremden, den Sie sehen, festzuhalten – ob Mann oder Frau –, aber verletzen Sie die Person nicht, Sie sollen nur ergreifen, was immer Sie auch sehen."

„Herr Oberst", sagte Bagley mit einem Zittern in seiner Stimme, „es heißt, dass hier etwas ist, das weder Mann noch Frau …"

Es war nicht Zeit genug für lange Worte.

„Folgen Sie mir oder nicht?", fragte ich. Bagley nahm schweigend Haltung an und salutierte. Da wusste ich, dass ich nichts zu befürchten hatte.

Soweit ich es in der Finsternis ausmachen konnte, gingen wir den gleichen Weg wie ich vorher allein, als ich den Seufzer gehört hatte. Die Dunkelheit war jedoch so undurchdringlich, dass alle Zeichen von Baum oder Pfad um uns verschwanden. In einem Augenblick fühlten wir unsere Füße über Kies gehen, im nächsten sanken sie lautlos in das glitschige Gras, mehr konnten wir nicht erkennen. Ich hatte meine Laterne zugemacht, denn ich wollte niemanden, wer immer es auch war, warnen. Ich hoffte, dass die Richtung, die ich einschlug, genau zu den Ruinen führte. Bagley schien hinter mir genau in meine Fußstapfen zu treten. Es kam mir vor, als suchten wir recht lange herum. Plötzlich ertönte von einem Baum im Tal der lang gezogene Schuhu-Ruf einer Eule. Bagley schrak zusammen, er war überhaupt sehr nervös. Mich ermutigte und erfreute dieses Geräusch, denn es war zu erklären.

„Eine Eule", flüsterte ich.

„J... ja, Herr Oberst", antwortete Bagley, seine Zähne klapperten. Wir blieben etwa fünf Minuten lang stehen, während der Vogelschrei weiter die Stille durchbrach, der Ton verebbte in Wellen, erstarb dann in der Finsternis. Dieser Schrei, der wirklich nicht zu den angenehmsten gehört, machte mich beinahe fröhlich. Es war ein Geräusch der Natur und beseitigte meine innere Spannung. Ich ging mit mehr Mut weiter, meine nervöse Erregung legte sich.

Dann ertönte plötzlich dicht neben uns, zu unseren Füßen, ein Schrei. In der ersten Überraschung und in meinem Schrecken sprang ich nach hinten, dabei stieß ich an dasselbe Mauerwerk und die Brombeerbüsche, die mich schon vorher verletzt hatten. Dieses neue Geräusch kam jedoch vom Boden herauf – eine leise, klagende, seufzende Stimme, leid- und schmerzerfüllt. Der Kontrast zwischen diesem Geräusch und dem Schrei der Eule war unbeschreiblich; das eine ein völlig normaler Teil der freien Natur, der niemandem wehtat – das andere ein Geräusch, das einem das Blut stocken machte, voll menschlichen Leids. Obwohl ich alles tat, um meinen Mut nicht zu verlieren, zitterten meine Hände und ich konnte die Schiebewand meiner Laterne kaum öffnen. Das Licht sprang wie etwas Lebendiges hervor, sofort wurde der Fleck vor uns sichtbar. Wir befanden uns sozusagen im Inneren der Ruine, obwohl außer der Giebelwand, die ich beschrieb, kaum noch etwas erhalten geblieben war. Die Wand war ganz nahe.

Durch den leeren Türrahmen ging es geradewegs in die Schwärze draußen. Das Licht zeigte ein Stück der Wand, der Efeu glänzte darauf, die Brombeerzweige wehten hin und her, und unten war die offene Tür – eine Tür ins Nichts.

Von dort kam die Stimme, die im selben Moment erstarb, als das Licht die merkwürdige Szene beleuchtete. Einen Augenblick lang blieb es still, dann kam die Stimme wieder. Sie ertönte so nahe und war so durchdringend, dass ich vor Nervosität das Licht fallen ließ. Während ich im Dunkeln danach suchte, ergriff Bagley, der wohl auf die Knie gefallen war, meine Hand. Ich war jedoch viel zu aufgeregt, um daran zu denken. In seinem Schrecken und seiner Verwirrung packte er mich fest und vergaß ganz seine übliche Haltung.

„Um Gottes willen, was ist das, Herr Oberst?", keuchte er.

„Ich weiß es nicht", antwortete ich, „genauso wenig wie Sie. Genau das müssen wir eben herausfinden. Auf, Mann, auf!" Ich zog ihn hoch. „Gehen Sie herum und schauen Sie auf der anderen Seite nach, oder bleiben Sie hier bei der Laterne?"

Bagley sah mich mit schreckerfülltem Gesicht an, er keuchte.

„Können wir nicht beisammenbleiben?", fragte er.

Seine Knie zitterten unter ihm. Ich stieß ihn gegen die Ecke der Wand, drückte ihm die Laterne in die Hand.

„Bleiben Sie stehen, bis ich zurückkomme, nehmen Sie sich doch zusammen, Mann! Und lassen Sie hier ja nichts vorbei", sagte ich noch. Die Stimme war jetzt in einem Abstand von zwei oder drei Fuß zu hören, darüber bestand kein Zweifel.

Ich begab mich auf die andere Seite der Mauer und ging ganz nahe daran weiter. Das Licht in Bagleys Hand zitterte,

trotz dieses Zitterns schien es jedoch durch den leeren Tür-
rahmen, ein länglicher Lichtstreifen, der alle zerfallenen
Ecken und die hängenden Blättermassen sichtbar machte.
Kauerte dort nicht etwas Dunkles in einem Haufen neben der
Mauer? Ich bewegte mich auf den Lichtschein unter dem
Türrahmen zu, warf mich dann mit den Händen auf das
dunkle Etwas. Es war jedoch nur ein Wacholderbusch, der
nahe der Mauer wuchs. Inzwischen hatte der Anblick meiner
Gestalt im Türrahmen Bagleys Nervosität aufs Höchste ge-
reizt: Er sprang auf mich zu, ergriff mich bei der Schulter.

„Ich hab ihn, Herr Oberst! Ich hab ihn!", rief er voll
Freude. Er dachte, es sei ein Mann, und das erleichterte ihn
offensichtlich sehr.

Im gleichen Augenblick erklang jedoch die Stimme zwischen uns, zu unseren Füßen – näher, als irgendein Wesen
überhaupt sein konnte. Er ließ von mir ab, taumelte gegen
die Mauer, sein Kinn fiel herab, als wäre er im Sterben. Ich
glaube, er bemerkte im gleichen Augenblick, dass er mich gepackt hatte.

Ich konnte mich auch kaum noch halten, riss ihm jedoch
das Licht aus der Hand und schwenkte es wild herum. Nichts
– nur der Wacholderbusch, den ich noch nie vorher gesehen
hatte, dicht wachsender, glänzender Efeu und die hin und her
wehenden Brombeerzweige. Es war jetzt ganz nahe an meinen Ohren, schrie und weinte, flehte, als ginge es um Leben
oder Tod. Entweder hörte ich tatsächlich dieselben Worte wie
Roland, oder seine Fantasie hatte sich in dieser Erregung
meiner bemächtigt. Die Stimme klang immer noch, wurde
deutlicher, wanderte jedoch weiter, einmal ertönte sie aus
dieser Ecke, dann aus jener, als bewege sich ihr Eigentümer
langsam hin und her.

„Mutter! Mutter!", dann ein erneutes Schluchzen. Als ich mich beruhigte, mich daran gewöhnte (wie sich der menschliche Geist wohl an alles gewöhnt), kam es mir vor, als gehe eine erschreckte, elende Kreatur vor einer verschlossenen Tür auf und ab. Manchmal, das muss jedoch durch meine Erregung verursacht worden sein, glaubte ich, ein Klopfen zu hören, dann einen neuerlichen Ausbruch: „Mutter! Ach, Mutter!"

All dies spielte sich in unmittelbarer Nähe von dem Fleck ab, an dem ich mit meiner Laterne stand – einmal vor, einmal hinter mir, eine ruhelose, unglückliche, schluchzende und flehende Kreatur vor der Tür, die niemand mehr öffnen oder schließen konnte.

„Hören Sie es, Bagley? Hören Sie, was der sagt?", rief ich und trat durch den Türrahmen. Bagley lehnte sich mit schreckensweiten Augen gegen die Wand, er schien halb tot vor Angst. Seine Lippen bewegten sich, als wolle er mir antworten, es war aber nichts zu hören; dann hob er seine Hand mit einer merkwürdig befehlenden Geste, als wolle er mich auffordern, still zu sein und zu horchen. Wie lange ich das tat, weiß ich nicht mehr. Die Sache erregte mich so sehr, dass ich es gar nicht beschreiben kann. Die Geräusche ließen mich in meiner Fantasie eine Szene sehen – ein ausgeschlossenes Wesen, das ruhelos hin und her wanderte. Manchmal wurde die Stimme undeutlich, kam von weiter unten, als habe das Wesen sich zu Boden geworfen, manchmal wanderte sie etwas weiter weg, wurde schärfer und klarer. „Ach, Mutter, lass mich ein! Mutter, Mutter, lass mich ein! Oh, lass mich doch ein!"

Jedes Wort war mir klar verständlich. Kein Wunder, dass der Junge vor Mitleid halb vergangen war. Ich versuchte, meine Gedanken auf Roland zu konzentrieren, auf seine Überzeugung, dass ich imstande wäre, etwas zu tun, aber mein Kopf war ganz wirr vor Erregung, selbst als ich den Schrecken zum Teil überwunden hatte. Endlich erstarben die Worte, nur noch Schluchzen und Stöhnen waren zu hören.

Ich rief laut: „Im Namen Gottes, wer seid Ihr?" Mein Herz schlug vor Angst, dass eine Antwort kommen mochte. Warum dies so war, kann ich nicht sagen, aber ich hatte das Gefühl, wenn jemand antwortete, würde das für mich mehr sein, als ich ertragen konnte. Es kam aber keine Antwort; das Stöhnen hielt an, und dann erhob sich die Stimme, etwas höher als vorher, sie klang wie von einem lebendigen Menschen, wieder waren es die gleichen Worte: „Ach, Mutter, lass mich ein! Mutter, lass mich doch ein!", mit einem Ausdruck, den zu hören einem das Herz zerbrach.

Als käme die Stimme von einem lebendigen Wesen! Was meinte ich damit? Ich glaube, je länger das Ganze dauerte, umso weniger Entsetzen empfand ich dabei. Ich gewann wieder Gewalt über mich selbst – versuchte, es mir alles zu erklären, indem ich mir sagte, dass all dies, was ich hörte, einmal geschehen sein musste, eine Erinnerung an eine wirkliche Szene war.

Warum diese Erklärung mich einigermaßen zufrieden stellte und beruhigte, kann ich nicht sagen, es war eben so. Ich hörte jetzt beinahe so zu, als wäre ich in einem Schauspiel. Dabei vergaß ich Bagley, der, wie ich heute glaube, vor Schrecken eine Weile ohnmächtig geworden war.

Aus meiner merkwürdigen Zuschauerrolle wurde ich sehr unsanft gerissen, etwas sauste an mir vorbei, das mein Herz wieder schlagen ließ – eine riesige, schwarze Figur stand plötzlich unter dem Türrahmen und schwenkte die Arme.

„Komm herein! Komm herein! So komm doch!", schrie das Wesen heiser und laut, mit tiefer Bassstimme. Dann fiel der arme Bagley besinnungslos über die Schwelle. Weniger skeptisch als ich hatte er das Flehen einfach nicht mehr länger ertragen können und geantwortet. So wie er vorhin mich für ein übernatürliches Wesen angesehen hatte, ging es mir jetzt mit ihm, und es dauerte eine Weile, ehe mir klar wurde, was geschehen war und was ich zu tun hatte. Ich erinnerte mich nur noch, dass ich die Stimme nicht mehr hörte, während ich mich mit Bagley befasste. Ich brauchte eine ganze Weile, um ihn wieder zur Besinnung zu bringen. Es war wohl eine merkwürdige Szene; die Laterne bestrahlte einen kleinen Fleck in der Dunkelheit, das weiße Gesicht des Mannes auf dem Boden, ich über ihn gebeugt, mit ihm beschäftigt. Hätte uns irgendjemand gesehen, er würde geglaubt haben, ich ermorde Bagley. Als es mir endlich gelungen war, ihm ein wenig Brandy einzuflößen, setzte er sich auf und sah sich erschrocken um.

„Was ist denn?", fragte er. Dann erkannte er mich und versuchte, wieder auf die Füße zu kommen, während er mit schwacher Stimme sagte: „Entschuldigen Sie bitte vielmals, Herr Oberst." Ich brachte ihn mühsam nach Hause, er lehnte sich schwer auf meinen Arm. Der große Kerl war schwach wie ein kleines Kind. Glücklicherweise erinnerte er sich zunächst nicht an das, was geschehen war. Als Bagley hinfiel, war die Stimme verstummt. Alles blieb ruhig.

„Sie haben die reinste Epidemie in Ihrem Haus, Herr Oberst", sagte der Arzt am nächsten Vormittag zu mir. „Was soll das heißen? Jetzt erzählt Ihr Butler auch von einer Stimme. So geht das aber nicht weiter! Soviel ich sehe, glauben Sie auch an den Unsinn!"

„Ja, allerdings. Ich wollte ohnehin mit Ihnen darüber sprechen. Sie behandeln Roland natürlich ganz richtig, aber der Junge fantasiert keineswegs, sein Geist ist genauso in Ordnung wie Ihrer oder meiner. Es stimmt wirklich."

„So gesund wie Sie oder ich? Ich habe nie geglaubt, dass sein Geist gestört sei. Er hat eine Gehirnentzündung, ein Fieber. Was Sie haben, weiß ich nicht. Ihr Blick kommt mir heute sehr merkwürdig vor."

„Sie können uns doch nicht alle ins Bett stecken", sagte ich. „Hören Sie lieber zu und lassen Sie sich sämtliche Symptome berichten."

Der Doktor zuckte die Achseln, hörte mir jedoch geduldig zu. Es war deutlich zu sehen, dass er mir kein Wort glaubte. Dennoch unterbrach er mich kein einziges Mal.

„Mein lieber Herr Oberst", sagte er dann, „Ihr Junge hat mir genau dasselbe berichtet. So etwas ist ansteckend! Wenn ein Mensch einer solchen Sache zum Opfer fällt, kann man immer damit rechnen, dass sich das auf zwei oder drei andere überträgt."

„Und wie wollen Sie das alles erklären? Natürlich lassen sich unsere Sinne sehr leicht täuschen. Wenn es eine Täuschung ist. Etwa irgendein Echo oder der Wind – ein eingebildetes Geräusch", erwiderte ich. „Wissen Sie was, kommen Sie heute Nacht mit mir hinaus und bilden Sie sich selbst ein Urteil", schlug ich ihm vor.

Er lachte laut auf und sagte: „Gar keine schlechte Idee, es wäre aber mein Ruin, wenn den Leuten bekannt würde, dass ich auf Geisterjagd gehe."

132 „Sehen Sie", sagte ich, „Sie spotten über uns und die angeblich nur eingebildeten Geräusche, und selber wagen Sie nicht nachzuforschen, worum es sich wirklich handelt, aus

Angst, verlacht zu werden. Das nennt man dann Wissenschaft!"

„Nicht Wissenschaft – Vernunft", sagte der Doktor. „Es ist doch ganz klar, dass es sich hier um eine Täuschung handeln muss. Es hieße, einen ungesunden Trieb noch zu stärken, wolle man das noch erforschen. Selbst wenn man mich überzeugen könnte, würde ich es noch immer nicht glauben."

„Gestern hätte ich dasselbe gesagt; ich will Sie auch gar nicht überzeugen oder Sie etwas glauben machen", sagte ich. „Wenn Sie mir nachweisen, dass es eine Einbildung ist, bin ich Ihnen nur zu Dank verpflichtet. Kommen Sie mit mir! Irgendjemand muss mit mir gehen."

„Sie gefallen mir", sagte der Doktor. „Erst machen Sie Ihren armen Diener fürs Leben verrückt, zumindest, was diese Angelegenheit betrifft, jetzt wollen Sie das Gleiche mit mir anstellen. Aber ich tue es trotzdem. Damit es nicht so auffällt, werde ich heute bei Ihnen übernachten. Können Sie mir ein Bett richten lassen? Ich komme dann nach meinen letzten Patientenbesuchen hierher."

Wir kamen überein, dass ich ihn beim äußeren Tor erwarten sollte und wir auf dem Weg zum Haus den Schauplatz der gestrigen Begebenheiten aufsuchen würden, damit es niemandem auffiele. Es war kaum zu hoffen, dass der Grund der plötzlichen Erkrankung Bagleys den übrigen Bedienten nicht irgendwie bekannt werden würde, daher war es besser, dass wir alles so unbemerkt wie möglich taten.

Der Tag kam mir sehr lang vor. Einen Teil davon musste ich bei Roland verbringen, für mich eine schreckliche Qual. Was konnte ich ihm denn sagen? Sein Zustand besserte sich weiter, aber er war immer noch sehr schwach. Die zitternde Erregung, mit der er sich mir zuwandte, als seine Mutter das Zimmer verlassen hatte, erschreckte mich.

„Vater?", sagte er ruhig.

„Ja, mein Junge; ich beschäftige mich damit, so gut ich kann – alles Menschenmögliche wird getan", sagte ich. Er sah mich nachdenklich an, seine großen blauen Augen strahlten hell aus dem weißen, abgezehrten Gesicht.

„Du musst mir vertrauen", sagte ich.

„Ja, Vater. Vater versteht es", sagte er zu sich selber, als wolle er innere Zweifel besänftigen.

Ich verließ ihn, sobald ich konnte. Er war mir das Teuerste auf Erden, dennoch, in der Erregung über dieses andere, schob ich den Gedanken daran beiseite und bemühte mich, möglichst nicht an Roland und seinen Zustand zu denken, und das war eigentlich das Merkwürdigste an dem Ganzen.

An diesem Abend erwartete ich Simson um elf Uhr beim äußeren Tor. Er war mit dem Zug gekommen, ich ließ ihn leise selber ein. Ich hatte meine Laterne bei mir, der Doktor trug eine Kerze. „Licht ist das Allerwichtigste", sagte er spottend. Die Nacht war ganz ruhig, kaum ein Laut zu hören, so dunkel wie vierundzwanzig Stunden zuvor war es jedoch nicht. Wir konnten dem Pfad ohne Mühe folgen. Als wir uns der Stelle näherten, hörten wir ein leises Stöhnen, ab und zu von einem bitteren Aufschrei unterbrochen.

„Vielleicht ist das die Stimme", sagte der Doktor. „Ich habe mir schon dergleichen gedacht. Irgendein armes Tier ist in einer eurer gemeinen Fallen gefangen. Sie finden es bestimmt in den Büschen."

Ich sagte nichts. Ich fühlte keine besondere Angst, eher eine triumphierende Befriedigung über das, was jetzt folgen musste. Ich führte ihn zu der Stelle, an der Bagley und ich uns am Vorabend befunden hatten. Alles war so still, wie es oft in Winternächten der Fall ist, so ruhig, dass wir Geräusche aus den Ställen hörten und das Schließen eines Fensters im Haus oben. Simson zündete seine Kerze an und stöberte in allen Ecken herum. Wir sahen wie zwei Räuber aus, die einem unglückseligen Reisenden auflauerten. Kein Laut störte unsere Stille.

Ehe wir uns der Ruine näherten, hatte das Stöhnen aufgehört. Ein paar Sterne schimmerten über uns am Himmel. Es sah aus, als seien sie über unser Vorgehen überrascht. Dr. Simson sagte nichts, er lachte nur leise vor sich hin.

„Genau, was ich mir dachte", sagte er dann. „Genauso ist es beim Tischerücken und allen anderen Geisterbeschwörungen; sowie ein Skeptiker auf den Plan tritt, hört alles auf. Wenn ich dabei bin, spielt sich nichts ab. Wie lange glauben Sie denn, dass wir hier bleiben müssen? Nicht, dass ich mich beklagen will; ich meine nur, falls Sie überzeugt sind, dass nichts los ist … Ich bin es bereits."

Ich muss allerdings gestehen, dass mich das Erlebnis diesmal über alle Maßen enttäuschte. Dem Doktor musste ich als leichtgläubiger Narr erscheinen. Von jetzt an würde ich die Zielscheibe seines Spottes sein, und das Erlebnis dieser Nacht würde seine Skepsis unerträglich steigern.

„Es sieht allerdings so aus", sagte ich, „als wolle sich heute nichts …"

„… materialisieren", sagte er lachend. „Das sagen alle Medien. Keine Materialisierung, weil ein Ungläubiger dabei ist."

In der nächtlichen Stille glaubte ich deutlich zu hören, wie gekünstelt sein Lachen klang. Es war inzwischen fast Mitternacht geworden. Sein Lachen schien ein Signal zu sein – noch ehe es ganz verklungen war, fing das Stöhnen, das wir vorher gehört hatten, wieder an. Es kam jetzt aus einiger Entfernung und bewegte sich langsam auf uns zu, immer näher, wie jemand, der einen Weg entlanggeht und vor sich hin stöhnt. Dass dieses Geräusch von einem in die Falle geratenen Hasen kam, war unmöglich. Ganz langsam näherte sich das Seufzen, als käme es von einer körperlich schwachen Person, immer wieder schien sie anzuhalten und eine Weile zu schweigen. Wir hörten das Geräusch über das Gras genau auf den leeren Türrahmen zukommen.

Beim ersten Klang schien Simson ein wenig überrascht, er sagte hastig: „Was hat ein Kind so spät nachts hier draußen zu suchen?" Genau wie ich wusste er jedoch, dass dies keine Kinderstimme war. Als sie sich näherte, wurde er ganz still, ging mit seiner brennenden Kerze zum Türrahmen und schaute von dort aus in Richtung des Stöhnens. Da die Kerze frei in der Luft brannte, schwankte die Flamme hin und her. Es war jedoch kaum ein Wind zu spüren. Ich ließ das ruhige weiße Licht meiner Laterne dieselbe Stelle bescheinen. Strahlende Helle inmitten undurchdringlicher Finsternis. Beim ersten Klang der Stimme hatte mich ein eisiger Schrecken durchfahren, ich muss jedoch gestehen, dass ich bei ihrem Näherkommen Befriedigung empfand. Der Spötter würde nicht mehr lange spotten. Das Licht traf auf sein Gesicht, größtes Erstaunen zeigte sich in seinen Zügen. Falls er sich fürchtete, so verbarg er das geschickt, sein Erstaunen konnte er jedoch nicht verhehlen.

Und dann spielte sich alles noch einmal ab wie in der letzten Nacht. Mir kam es natürlich einfach wie eine Wiederholung vor. Jeder Schrei, jeder Schluchzer schien der gleiche wie in der ersten Nacht zu sein. Ich hörte fast ohne jede Gemütserregung zu und dachte nur an die Wirkung auf Simson. Im Großen und Ganzen hielt er sich recht tapfer. Falls wir unseren Ohren trauen durften, spielte sich das Kommen und Gehen der Stimme genau vor dem leeren Türrahmen ab, der jetzt in vollem Lichtschein lag. Sogar die glänzenden Blätter der großen Stechpalmenbüsche in einiger Entfernung wurden noch beschienen. Kein Hase hätte den Rasen überqueren können, ohne von uns gesehen zu werden. Es war aber nichts zu entdecken.

Nach einer Weile ging Simson – wie mir schien, einigermaßen vorsichtig und gegen physischen Widerwillen ankämpfend – mit seiner brennenden Kerze auf den Rasen hinaus. Seine Gestalt zeichnete sich deutlich gegen die Stechpalmenzweige ab. In diesem Augenblick ging die Stimme, wie sie es auch letztes Mal getan hatte, nach unten, das dazugehörige Wesen schien sich bei der Tür zu Boden zu werfen. Simson sprang heftig zurück, als sei jemand gegen ihn gestoßen, dann wandte er sich um und hielt die Kerze nach unten, als untersuche er etwas.

„Sehen Sie jemanden?", flüsterte ich aufgeregt. Ich spürte, wie es mich angesichts seiner Bewegung vor nervöser Panik kalt überlief.

„Nichts als ein blödsinniger Wacholderbusch", sagte er.

Das war barer Unsinn, der Wacholderbusch stand ja auf der anderen Seite.

Nach diesen Worten ging er weiter im Kreis, leuchtete mit der Kerze überallhin, dann kehrte er zu mir zurück, zur Innenseite der Wand. Er spottete nicht mehr. Sein Gesicht war blass und verbissen.

„Wie lange geht denn das noch so weiter?", fragte er mich leise, wie einer, der Sprechende nicht unterbrechen will. Ich war viel zu aufgeregt, um feststellen zu können, ob Wortfolge und Stimmveränderungen denen vom Vorabend genau glichen. Während der letzten Worte Simsons schien sich die Stimme in der Luft zu verlieren und erstarb dann in einem stetigen, immer leiser werdenden Schluchzen. Wäre in diesem Augenblick irgendetwas zu sehen gewesen, so hätten wir die Person auf dem Boden in der Nähe der Tür finden müssen.

Wir gingen schweigend heim. Erst als das Haus auftauchte, sagte ich: „Was halten Sie davon?"

„Ich kann nichts darüber sagen", antwortete er rasch.

Obwohl er sonst nie viel trank, ließ er den Wein stehen, den ich ihm zugedacht hatte, und nahm sich einen Brandy vom Tablett, den er fast unverdünnt hinunterschüttete.

„Ich glaube natürlich kein Wort davon", sagte er, nachdem er seine Kerze wieder angezündet hatte. „Was ich aber davon halten soll, kann ich nicht sagen", setzte er noch hinzu, während er sich auf dem Weg zu seinem Zimmer von der Treppe aus zu mir umwandte.

Natürlich half mir das nicht bei der Lösung meines Problems. Ich sollte diesem weinenden, seufzenden Ding, das für mich bereits eine feste Persönlichkeit angenommen hatte, helfen! Was sollte ich sonst Roland sagen? Ich füchtete, dass mein Junge sterben würde, wenn ich nicht einen Weg fand, diesem Wesen zu helfen.

Am nächsten Morgen ging Simson vor dem Frühstück hinaus und kam mit unverkennbaren Spuren feuchten Grases an seinen Stiefeln zurück. Er sah beunruhigt und erschöpft aus, woraus ich errechnen konnte, wie er die Nacht verbracht hatte.

Nach dem Frühstück erholte er sich ein wenig und besuchte seine zwei Patienten im Haus. Auch Bagley war immer noch krank. Ich begleitete ihn auf dem Weg zum Zug, um zu hören, was er über Roland zu sagen hatte.

„Es geht immer besser mit ihm", sagte er. „Vorläufig sehe ich keine Komplikationen. Aber über eines müssen Sie sich klar sein, Mortimer, dem Buben kann man jetzt nichts zumuten. Über unser Erlebnis letzte Nacht dürfen Sie ihm gegenüber kein Wort verlieren."

Ich musste ihm daraufhin von meinem letzten Gespräch mit Roland berichten, von der unmöglichen Forderung, die er mir gestellt hatte. Dies schien den Arzt überaus zu beunruhigen, obwohl er zu lachen versuchte.

„Wir müssen eben Meineide schwören", sagte er, „und schwören, dass Sie diese Seele gerettet haben." Er war aber doch ein zu gütiger Mensch, um diesen Ratschlag selbst als befriedigend zu empfinden. „Es ist eine sehr ernste Sache für Sie, Mortimer. Ich würde gern darüber lachen, aber ich kann es nicht. Um Ihretwillen wünsche ich, einen Ausweg zu sehen. Übrigens …", warf er plötzlich dazwischen, „haben Sie nicht den Wacholderbusch auf der linken Seite gesehen?"

„Es stand einer auf der rechten Seite der Tür. Mir fiel schon letzte Nacht bei Ihren Worten auf, dass Sie sich geirrt hatten."

„Geirrt?", rief er mit einem merkwürdigen, leisen Lachen, gleichzeitig zog er den Kragen seines Mantels hoch, als empfinde er die Kälte plötzlich stärker. „Heute Morgen stand weder links noch rechts ein Wacholderbusch. Gehen Sie doch selbst hin und schauen Sie nach." Als er wenige Minuten später den Zug bestieg, wandte er sich noch einmal zu mir um und winkte mich heran. „Ich komme heute Abend wieder", sagte er.

Als ich mich aus dem Getriebe am Bahnhof löste, das in einem so seltsamen Kontrast zu meinen Gedanken über Geister stand, empfand ich keinerlei besondere Vorahnung über das, was uns bevorstand. Zuerst hatte ich hauptsächlich Befriedigung empfunden, Befriedigung darüber, dass seine Skepsis so völlig besiegt worden war. Der ernstere Teil der Angelegenheit bedrückte mich jetzt jedoch wieder.

Von der Bahn ging ich gleich zum Pfarrhaus; es lag auf einem kleinen Plateau auf der Brentwood gegenüberliegenden Seite des Flusses. Der Pfarrer war von jener Art, die heute in Schottland nicht mehr so häufig anzutreffen ist wie früher. Er kam aus guter Familie, war hervorragend gebildet, wie es schottischer Tradition entsprach. Seine größte Stärke lag jedoch in seiner reichen Erfahrung. Er war altmodisch, und über mühselige Probleme der Theologie mochte er nicht ganz so viel nachdenken wie viele junge Kollegen und sich auch nicht schwere Fragen über das „Glaubensbekenntnis" stellen – aber er verstand die menschliche Natur, was wahrscheinlich besser ist. Er hieß mich herzlich willkommen.

„Wie schön, Herr Oberst", sagte er, „ich freue mich umso mehr, Sie zu sehen, als mir scheint, dass dies auf eine Besserung im Befinden Ihres Jungen deutet. Geht es ihm gut? Gott sei gedankt! Der Herr segne und bewahre ihn. Viele arme Leute beten für ihn ... das kann niemandem schaden."

„Er wird alle Gebete brauchen, Dr. Moncrieff", sagte ich, „und auch Ihren Rat." Und dann erzählte ich ihm die Geschichte – ausführlicher als Simson. Der alte Priester hörte mir zu, oft brach er in leise, verwunderte Ausrufe aus, und als ich geendet hatte, standen Tränen in seinen Augen.

„Das ist ja fantastisch", sagte er. „Ich kann mich nicht erinnern, je dergleichen gehört zu haben. Er will also, dass Sie den armen verlorenen Geist trösten? Guter Junge! Das ist wirklich ganz ungewöhnlich, Herr Oberst. Und wie sehr er seinem Vater vertraut! Das würde ich gerne für eine Predigt verwenden!" Dann sah mich der alte Herr entsetzt an, er fügte hinzu: „Nein, nein. Ich meinte nicht eine Predigt. Aber ich muss es mir für den Kinderbericht aufschreiben." Ich sah deutlich, welche Gedanken ihn jetzt beschäftigten. Offenbar dachte er an eine Begräbnispredigt, oder er fürchtete, ich täte es. Sie können mir glauben, dass ich davon nicht gerade fröhlicher wurde.

Einen Rat hat er mir eigentlich nicht gegeben. Wie könnte man auch zu solch einer Angelegenheit einen Rat erteilen? Aber er sagte: „Ich glaube, ich werde auch mitkommen. Ich bin ein alter Mann und werde wohl nicht so schnell erschrecken wie andere, die von der unsichtbaren Welt noch weiter entfernt sind. Es steht mir wohl an, meiner eigenen Reise dorthin zu gedenken. Ich habe über dieses Thema keine vorgefasste Meinung. Ich komme mit. Vielleicht wird der Herr uns im rechten Augenblick erleuchten, sodass wir wissen, was zu tun ist."

Das beruhigte mich ein wenig – mehr jedenfalls, als Simsons Worte. Die Sache auszukundschaften, war keineswegs mein größter Wunsch. Mir lag etwas ganz anderes am Herzen – mein Junge. Und was die arme Seele an der Tür betraf, so habe ich ja bereits gesagt, dass ich ihre Existenz genauso wenig bezweifelte wie meine eigene. Als ich es zum ersten Mal hörte, versetzte es mir einen großen Schock, jetzt nicht mehr; die Menschen gewöhnen sich an alles. Das große Problem war jetzt, etwas für dieses Wesen zu tun; wie sollte ich dazu imstande sein, da es doch unsichtbar und nicht mehr sterblich war? „Vielleicht wird der Herr uns erleuchten." Welch altmodischer Ausdruck! Noch vor einer Woche hätte ich wahrscheinlich über Dr. Moncrieffs Glaubensseligkeit gelächelt. Jetzt aber lag für mich allein im Klang dieser Worte ein großer Trost.

Die Straße zum Bahnhof und zum Dorf führte durch die Talmitte – abseits der Ruinen; Sonnenschein und frische Luft, die Schönheit der Bäume und das Wasserrauschen wirkten äußerst beruhigend auf meinen Geist. Ich war jedoch derart erfüllt von meinen Angelegenheiten, dass ich am oberen Ende des Tales nach rechts abbiegen und geradewegs auf jenen Ort zugehen musste, den ich wohl als Schauplatz all meiner Gedanken bezeichnen könnte. Er lag jetzt in vollem Sonnenschein da, wie die übrige Welt um ihn. Der zerfallene Giebel blickte nach Osten, und die Sonne stand jetzt so, dass ihr Licht durch die Türumrahmung fiel, wie es unsere Laterne getan hatte; eine Lichtflut ergoss sich auf das feuchte Gras jenseits der Mauern. Unnötig und ins Nichts führend war dieses Tor; warum wohl irgendein Wesen beten und flehen musste, eingelassen zu werden – ins Nichts? Oder ausgesperrt wurde – von einem Nichts! Es war unmöglich, sich eingehend damit zu befassen, die Gedanken gingen einem dabei im Kreis.

Dann fielen mir Simsons Worte über den Wacholderbusch ein, und ich musste innerlich über die Ungenauigkeit lächeln, deren sich sogar ein wissenschaftlich gebildeter Mann schuldig machen konnte. Ich sah jetzt noch das Licht meiner Laterne die nass glänzenden Blätter zur Rechten bestrahlen – und er schwor darauf, dass der Busch links stand! Ich ging also nach draußen, um mich zu vergewissern, und sah dasselbe wie er: Weder links noch rechts stand ein Wacholderbusch! Das verwirrte mich, obwohl es nur ein kleines Detail war: Kein Wacholderbusch, nur Brombeerzweige wehten hin und her, Gras wuchs bis über die Wände hinauf. Aber was machte das aus? Immerhin erschreckte es mich sekundenlang.

Vor dem Eingang sah ich Fußabdrücke, die mochten von uns selbst stammen. Alles war hell, friedlich und ruhig. Ich durchsuchte die andere Ruine, die große vom alten Haus, so gründlich wie das letzte Mal. Hier und da umgeknicktes Gras, Fußabdrücke hätte ich diese Markierungen nicht nennen können. Aber auch dies ließ keinerlei Schlüsse in der einen oder anderen Richtung zu. Bereits am vorherigen Tag hatte ich die zerfallenen Räume genau angesehen. Sie waren zur Hälfte mit Erde und Mauerstücken gefüllt, verdorrtes Farnkraut und dürre Brombeerranken lagen darin. Es war kein Zufluchtsort für irgendjemanden.

Es irritierte mich, dass Jarvis sah, woher ich kam, als er mir entgegentrat, um meine Befehle zu empfangen. Ich weiß nicht, ob die Dienerschaft Wind von meinen nächtlichen Expeditionen bekommen hatte. In seiner Miene lag jedenfalls eine Andeutung, dass er Bescheid wusste. Irgendwie erinnerte mich sein Ausdruck an meine Empfindung, als es Simson trotz all seiner Skepsis plötzlich packte. Jarvis hatte wohl jetzt das befriedigende Gefühl, dass seine Wahrhaftigkeit für mich nicht mehr infrage stand. Nie zuvor habe ich mit einem meiner Diener so gebieterisch gesprochen. Ich schickte ihn kurzerhand weg, denn Einmischung jeder Art war mir in diesem Augenblick unerträglich.

Das Merkwürdigste war jedoch, dass ich es nicht über mich brachte, Roland gegenüberzutreten. Ich ging nicht in sein Zimmer, wie ich es sonst natürlich sofort getan hätte. Die Mädchen konnten das gar nicht verstehen. Sie merkten, dass sich irgendetwas Geheimnisvolles dahinter verbarg.

„Mutter hat sich hingelegt", sagte Agatha. „Er hatte eine ausgezeichnete Nacht."

„Aber er sehnt sich so nach dir, Papa!", rief die kleine Julie und umfasste mich wieder mit ihren Armen, wie sie das so gern tat. So musste ich endlich doch zu ihm hinein. Aber was konnte ich ihm sagen? Er solle ruhig sein, ich unternähme alles, was in meiner Macht stehe.

„Es wird doch alles in Ordnung kommen, nicht wahr?", fragte er.

„Gott gebe es! Ich hoffe es, Roland."

„Oh doch, es wird alles in Ordnung kommen."

Vielleicht verstand er, dass ich in all meiner Sorge nicht bei ihm bleiben konnte, wie ich es sonst getan hätte; die Mädchen jedoch waren über alle Maßen überrascht. Sie blickten mich verwundert an. „Wenn ich krank wäre, Papa, und du bliebest nur einen Augenblick lang bei mir, würde es mir das Herz brechen", sagte Agatha. Der Junge hatte jedoch offenbar Mitgefühl mit mir. Ich schloss mich in die Bibliothek ein, fand aber keine Ruhe dort, sondern wanderte auf und ab wie ein gefangenes Tier. Was konnte ich tun? Und falls ich nichts bewirken konnte, was würde aus meinem Jungen werden? All diese Fragen beschäftigten mich ununterbrochen.

Simson kam zum Abendessen heraus. Als im Haus alles still war und die meisten Diener zu Bett gegangen waren, gingen wir hinaus. Wir wollten Dr. Moncrieff entgegengehen, den wir am Ende des Tales treffen sollten. Simson neigte dazu, den alten Herrn nicht ernst zu nehmen.

„Wenn er irgendwelche Zauberei anfangen will, lasse ich das Ganze bleiben", sagte er. Ich gab keine Antwort. Ich hatte ihn ja nicht eingeladen. Er konnte kommen und gehen, wie er wollte. Er war sehr gesprächig, mehr, als mir an diesem Abend lieb war.

„Eines steht fest, es muss irgendein Mensch dahinter stecken", meinte Simson. „Das Geschwätz von Erscheinungen ist doch Unsinn, ich habe die Gesetze der Klangerzeugung nie sehr genau studiert, und über Bauchrednerei wissen wir noch lange nicht alles."

„Wenn es Ihnen nichts ausmacht", sagte ich, „wäre es mir lieber, Sie behielten das alles für sich. Es passt mir jetzt gar nicht in meine Stimmung."

Wir trafen Dr. Moncrieff um elf Uhr, die gleiche Stunde wie am Vorabend. Er war groß und füllig, von ehrwürdigem Aussehen und weißhaarig, alt, aber noch in ungebrochener Kraft; ein Marsch durch die kalte Nachtluft machte ihm weniger aus als manch einem Jungen. Er trug eine Laterne, wir hatten also die Möglichkeit, den unheimlichen Ort voll zu beleuchten, und wir waren alle entschlossene Männer. Während wir uns den Ruinen näherten, entwarfen wir einen Schlachtplan. Jeder wollte sich an eine andere Stelle begeben. Dr. Moncrieff innerhalb der Mauern – falls man das so nennen konnte, wo es nur noch eine einzige gab. Simson stellte sich seitlich der Ruine auf, um jedermann, der vom alten Haus her kam, aufhalten zu können. Es war seine fixe Idee, dass dies der Sache zugrunde liegen müsse. Ich begab mich auf die andere Seite. Natürlich konnte auf diese Weise niemand und nichts nahe kommen, ohne dass wir es sahen. Genauso war es in der vergangenen Nacht gewesen. Im Schein unserer drei Lichter, umrahmt von nächtlicher Dunkelheit, sahen die Ruinen geradezu illuminiert aus. Dr. Moncrieffs Laterne war sehr groß und ließ sich nicht verschließen (ein altmodisches Modell mit durchlöcherter und verzierter Oberseite). Sie warf einen stetigen Schein. Die Strahlen reichten weit in die Dunkelheit hinaus. Er stellte die Laterne ins Gras, dort, wo einst die Mitte des Zimmers gewesen sein musste. Dadurch, dass Simson und ich unsere Lichter zu beiden Seiten des Eingangs aufgestellt hatten, ergab sich diesmal dort ein anderer Lichteffekt. Ansonsten schien alles genauso wie in der vergangenen Nacht zu sein.

Auch was sich dann abspielte, war eine genaue Wiederholung, wie ich es schon beim zweiten Mal bemerkt hatte. Mir schien, als stieße mich der Besitzer der Stimme bei seinem Hin- und Hergehen zur Seite. Natürlich ist das Unsinn, denn im Lichtschein meiner Laterne und der Kerze Simsons war nicht ein einziger Schatten auf dem ganzen Rasen zu entdecken. Ich erregte mich jetzt gar nicht mehr darüber. Mein Herz war nur noch von Mitleid und Sorge erfüllt – Mitleid mit der armen, leidenden Kreatur, die so seufzte und flehte, und Sorge um mich und meinen Jungen. Oh Gott! Wenn ich keine Hilfe finden konnte – und welche Hilfe gab es hier? –, würde Roland sterben.

Wir warteten alle ganz ruhig, bis der erste Ausbruch das Wesen erschöpft hatte; aus Erfahrung wusste ich ja bereits, dass diese Pause eintreten würde. Dr. Moncrieff, dem dies neu war, stand völlig bewegungslos auf der anderen Seite der

Mauer, wie auch wir unsere Plätze beibehielten. Solange die Stimme ertönte, veränderte sich mein Herzschlag kaum. Ich war ja schon daran gewöhnt, und mein Pulsschlag erhöhte sich nicht wie beim ersten Mal. Als sich das Wesen jedoch schluchzend vor die Tür warf (anders kann man es nicht beschreiben), geschah etwas, das auch mir das Blut durch die Adern jagte und das Herz im Halse klopfen machte. Es war eine Stimme innerhalb der Mauer – die wohl bekannte Stimme des Priesters. Hätte der alte Priester den Geist irgendwie zu beschwören versucht, würde mich das nicht gewundert haben, aber die Worte, die er aussprach, hatte ich nicht erwartet. Stammelnd, als sei er zu bewegt, um normal sprechen zu können, sagte er: „Willie, Willie! Gott schütze uns! Bist du es?"

Seine einfachen Worte hatten eine Wirkung auf mich, die die Stimme der unsichtbaren Kreatur nicht mehr besaß. Ich meinte, der alte Mann, den ich in diese gefährliche Lage gebracht hatte, sei vor Schreck verrückt geworden. Ich rannte um die Mauer herum, selbst halb wahnsinnig vor Angst. Dr. Moncrieff stand noch an seinem alten Platz, sein Schatten zeichnete sich undeutlich und riesig auf dem Gras ab, die Laterne stand noch brennend zu seinen Füßen. Ich hob meine Laterne, um ihm ins Gesicht zu schauen, während ich weiterrannte. Er war sehr blass, seine Augen schienen nass zu sein und glänzten, die zitternden Lippen standen offen. Er sah und hörte mich nicht. Simson und ich, die das Erlebnis schon einmal gehabt hatten, waren aufeinander zugeschlichen, um uns gegenseitig ein wenig zu stärken. Dr. Moncrieff bemerkte unsere Anwesenheit gar nicht, er schien nur von Sorge und Zärtlichkeit erfüllt zu sein. Beide Hände hielt er weit ausgestreckt, zitternd, jedoch nicht vor Angst, wie mir schien, sondern vor lauter Eifer zu helfen. Währenddessen sprach er: „Willie, bist du es wirklich? Wenn es keine Täuschung des Satans ist, musst du es sein! Willie, Junge! Warum kommst du hierher und erschreckst jene, die du gar nicht kennst? Warum kamst du nicht zu mir?"

Er schien auf eine Antwort zu warten. Als er zu sprechen aufhörte, zeigte sein bewegtes Mienenspiel, dass er innerlich weiterredete. Simson erschreckte sich maßlos. Er schlich sich mit seiner Kerze zum Eingang, Neugier und Furcht hatten ihn ebenso gepackt wie mich. Der Priester sah ihn jedoch gar nicht und fing wieder zu reden an. Diesmal klang seine Stimme mahnend.

„Ist es recht von dir, hierher zu kommen? Deine Mutter ging mit deinem Namen auf ihren Lippen. Glaubst du, sie würde ihrem eigenen Jungen je die Tür versperren? Glaubst du, du schwachmütige Kreatur, dass der Herr dir die Tür versperrt? Nein! Ich verbiete es dir! Ich verbiete es!", rief der alte Herr.

Das Schluchzen und Weinen hatte wieder begonnen.

Dr. Moncrieff trat einen Schritt vor und rief seine letzten Worte im Befehlston: „Ich verbiete es dir! Weine nicht mehr die Menschen an. Geh heim, ruheloser Geist! Geh heim! Hörst du mich? Mich, der dich taufte, der mit dir rang, der für dich mit dem Herrn kämpfte!" Seine laute Stimme wurde jetzt leise und sanft. „Und sie, die arme Frau! Die Arme, die du anrufst, ist nicht hier. Du findest sie beim Herrn. Geh dorthin und suche sie dort, nicht hier! Hörst du mich, mein Junge? Folge ihr dorthin. Er wird dich einlassen, wenn es auch spät ist. Nimm dich zusammen! Wenn du schon daliegen, seufzen und weinen willst, so tue es vor dem Himmelstor und nicht vor dieser Ruine, die deine Mutter einst bewohnte."

Er hielt inne, um Atem zu holen: Die Stimme meldete sich nicht mehr, diesmal aber nicht, weil die Zeit um war und alle Wiederholungen stattgefunden hatten, sondern es klang, als fühle sich ihr Besitzer überwältigt; ein letztes schluchzendes Atemholen schien mir das anzuzeigen.

Dann sprach der Priester weiter: „Hörst du mich, Will? Ach, Junge, schon zu Lebzeiten gefielst du dir immer in der Bettlerpose. Höre doch jetzt auf damit! Gehe heim zu unserem Vater – unser aller Vater! Hörst du mich?"

Der alte Mann sank in die Knie, sein Gesicht wandte er dem Himmel zu, die zitternden Hände hob er empor, im Lichtschein inmitten der Dunkelheit sahen sie schneeweiß aus. Ich hielt mich zurück, solange ich konnte, warum, weiß ich nicht, dann fiel auch ich auf die Knie. Simson stand während der ganzen Zeit unter dem Türrahmen, sein Blick war wild und starr. Ihm, dem Ungläubigen und Unwissenden, musste es wohl scheinen, dass wir beteten. Die ganze Zeit hindurch lag die Stimme, wenn man so sagen kann, genau dort, wo der Arzt stand; nur ein leises, unterdrücktes Schluchzen war noch zu hören.

„Oh Herr", fing der Priester zu beten an, „Herr, nimm ihn auf in deine ewigen Gefilde. Die Mutter, nach der er ruft, ist bei dir. Wer kann ihm den Himmel öffnen, wenn nicht du? Herr, wann ist es je zu spät für dich, oder was ist zu schwer für dich? Herr, lass jene Frau ihn hinüberziehen! Lass sie ihn hinüberziehen!"

Ich sprang nach vorne, um etwas mit meinen Armen aufzufangen, das sich wild gegen die nicht mehr vorhandene Tür zu werfen schien. Der Eindruck war so stark, dass ich erst zur Besinnung kam, als ich mit der Stirn gegen die Wand schürfte und mit den Händen den Boden griff. Es war ja niemand da, den ich vor einem Fall retten konnte, wie ich in meiner Einfalt gedacht hatte. Simson hielt mir die Hand entgegen, um mir aufzuhelfen. Er zitterte und war ganz kalt, seine Unterlippe hing herunter, seine Worte waren kaum zu verstehen.

„Es ist weg", stammelte er, „es ist weg!"

Wir lehnten uns einen Augenblick lang aneinander, beide zitterten wir so sehr, dass alles um uns zu zittern schien, als wolle es sich auflösen und verschwinden; und dennoch, solange ich lebe, werde ich das nie vergessen – den Schein unserer Laternen, die Schwärze ringsum, die kniende Gestalt, auf deren weißes, ehrwürdiges Haupt und erhobene Hände sich alle Helle des Lichts konzentrierte. Unheimliche, düstere Stille schien uns einzuschließen. In Abständen hörte man den Priester „Oh Herr! Oh Herr!" rufen. Er sah uns nicht und dachte nicht an uns.

Ich weiß nicht, wie lange wir dort standen, Wächtern gleich, die ihn in seinem Gebet beschützten; verwirrt und kaum wissend, was wir taten, hielten wir Laterne und Kerze hoch. Endlich erhob sich Dr. Moncrieff, zu voller Größe aufgerichtet stand er da, mit erhobenen Armen, wie es in Schottland zu Ende des Gottesdienstes üblich ist, und erteilte mit ernster Bewegung den apostolischen Segen. Wem? Der stillen Erde, den dunklen Wäldern, der unendlichen, atmenden Atmosphäre? Wir waren ja nur Zuschauer, die ihr Amen mühsam hervorstammelten.

Als wir gemeinsam zurückwanderten, war Mitternacht längst vorbei. Dr. Moncrieff schob seinen Arm in meinen. Er ging langsam, wie erschöpft. Es war, als kämen wir von einem Totenbett. Selbst die Luft um uns kam mir gedämpft und irgendwie bedrückend vor. Ein Gefühl der Erleichterung überkam mich dann, wie es nach dem Todeskampf meist eintritt. Die menschliche Natur lässt sich jedoch nie lange verleugnen, und als wir uns lebendigen Bezirken näherten, kamen wir wieder zu uns. Lange Zeit schwiegen wir alle drei; als wir den Baumbereich verlassen und die Lichtung vor dem Haus erreicht hatten, von dem aus der Himmel zu sehen war, sprach Dr. Moncrieff: „Ich muss gleich heimgehen, es ist leider schon sehr spät. Ich gehe durchs Tal, so wie ich heraufkam."

„Aber nicht allein. Ich komme mit Ihnen, Dr. Moncrieff."

„Ich habe nichts dagegen. Ich bin alt, und Aufregung macht müder als Arbeit. Ja, ich bin Ihnen dankbar für Ihren Arm. Heute Abend haben Sie eine Menge gute Taten vollbracht, Herr Oberst."

Ich drückte seine Hand auf meinen Arm, die Worte fehlten mir. Simson, der mit uns umgekehrt und die ganze Zeit hindurch mit flackernder Kerze wie bewusstlos nebenher gegangen war, kam offenbar beim Klang unserer Stimmen zu sich und löschte die zuckende, kleine Flamme mit einer raschen Bewegung, als schämte er sich.

„Lassen Sie mich Ihre Laterne tragen", sagte er, „sie ist schwer." Mit einem Ruck und in einem einzigen Augenblick verwandelte er sich aus dem schreckerfüllten Zuschauer wieder in den Skeptiker und Zyniker. „Eines würde ich Sie gerne fragen", sagte er. „Glauben Sie ans Fegefeuer? Soviel ich weiß, leugnet Ihre Religion das."

„Herr Doktor", sagte der Priester, „ein alter Mann wie ich weiß nicht immer ganz genau, woran er glaubt. Nur einer Sache bin ich mir völlig sicher: der liebevollen Güte Gottes."

„Aber das betrifft doch dies Leben. Ich bin ja kein Theologe …"

„Herr Doktor", sagte der alte Herr mit einem Zittern in der Stimme, das auch seinen Körper durchlief, „wenn ich einen Freund vor den Toren der Hölle sähe, würde ich nicht verzweifeln und sicher sein, dass sein himmlischer Vater ihn doch noch bei der Hand nimmt … falls er so weint wie jener."

„Ich gebe zu, dass es sehr merkwürdig ist, wirklich merkwürdig. Ich sehe da gar nicht klar. Es muss aber irgendeine menschliche Hand dahinter stecken. Wieso waren Sie des Namens und der Person so sicher?"

Der Priester machte eine ungeduldige Handbewegung, als habe man ihn gefragt, woran er wohl seinen Bruder erkennen wolle. „Unsinn!", sagte er und setzte dann fort: „Wie sollte ich denn eine Person nicht erkennen, die ich besser kenne, viel besser, als Sie?"

„Sie haben den Mann also gesehen?"

Dr. Moncrieff schwieg. Abermals machte er eine leichte, ungeduldige Handbewegung. Er ging weiter, wobei er sich schwer auf meinen Arm stützte. Lange Zeit wanderten wir, ohne ein Wort zu sprechen, über dunkle, steile Pfade, schlüpfrig von der Winterfeuchtigkeit. Die Luft war sanft und ruhig, nur ein schwaches Säuseln war in den Zweigen zu hören, das sich mit dem Geräusch des Wassers mischte, zu dem wir hinabstiegen. Nach einer Weile begannen wir über alltägliche Dinge zu sprechen – die Höhe des Wasserspiegels, die Regenfälle. Wir verabschiedeten uns von Dr. Moncrieff vor seiner Haustür. Seine alte Wirtschafterin war in großer Erregung herausgetreten, sie hatte schon auf ihn gewartet.

„Ach, Herr Pfarrer! Geht es dem jungen Herrn schlechter?", rief sie.

„Weit gefehlt. Es geht ihm besser. Gott segne ihn!", sagte Dr. Moncrieff.

Hätte Simson wieder mit seinen Fragen begonnen, wäre ich wohl in die Versuchung geraten, ihn über die Felsen hinabzustürzen. Ein guter Geist gab ihm jedoch ein zu schweigen. Der Himmel war klarer als viele Nächte vorher, hoch wölbte er sich über den Bäumen, hier und da schimmerte ein Stern schwach durch das Gewirr dunkler, nackter Zweige. Wie schon erwähnt, bewegte sich nur ein ganz leichtes Lüftchen zwischen ihnen, sie sangen und schwangen friedlich hin und her. Dieses Geräusch war irdischer Natur, und wie jeder natürliche Klang erfüllte es uns mit Frieden und Erleichterung. Es erinnerte mich an den Atem eines Schlafenden, und es erschien mir ganz selbstverständlich, dass Roland jetzt schlafen müsse, zufrieden und ruhig.

Zu Hause angekommen, gingen wir gleich zu seinem Zimmer hinauf. Alles lag völlig ruhig da, meine Frau war eingenickt; bei unserem Eintritt blickte sie verschlafen auf und lächelte mir zu: „Ich glaube, es geht ihm viel besser. Du bist aber sehr spät dran", flüsterte sie und beschattete das Licht mit ihrer Hand, damit der Doktor den Patienten sehen konnte. Ein bisschen Farbe war in das Gesicht des Jungen zurückgekehrt. Während wir sein Bett umstanden, wachte er auf. Sein Blick war der eines glücklichen, halb wachen Kindes, das froh war, die Augen wieder schließen zu können, obwohl die Störung und der Lichtschimmer es erfreut hatten. Ich beugte mich über ihn und küsste ihn auf die Stirn. Sie war feucht und kühl.

„Alles ist jetzt gut, Roland", sagte ich.

Er sah mich mit freudigem Blick an, nahm meine Hand, legte die Wange darauf und schlief ein.

Noch einige Nächte lang hielt ich Wache in den Ruinen, alle Stunden zwischen Einbruch der Dunkelheit und Mitternacht wanderte ich jenes Stück Mauer auf und ab, das für mich mit der Erinnerung an so viele Gefühle verbunden war, ich hörte jedoch nichts und sah auch nichts außer den Naturvorgängen. Soviel ich weiß, ist seither auch nie wieder etwas gehört worden. Dr. Moncrieff erzählte mir die Geschichte des Jungen, dessen Namen er ohne Zögern genannt hatte. Ich fragte ihn nicht, wie Simson es getan hatte, woran er ihn erkannt habe. Er war ein verlorener Sohn gewesen, schwach, dumm, leicht beeinflussbar, und wurde, wie die Leute sagten, verführt.

Was wir hörten, habe sich im Leben tatsächlich so abgespielt, sagte der Priester. Der junge Mann kam ein oder zwei Tage nach dem Ableben seiner Mutter heim. Sie war Wirtschafterin in dem alten Haus gewesen. Von der Todesnachricht erschüttert, hatte er sich an der Tür niedergeworfen und sie angefleht, ihn einzulassen. Der alte Mann konnte vor Tränen kaum sprechen. Wahrlich, eine solche Szene – der Himmel stehe uns bei, wie wenig wissen wir doch über das alles! – musste sich dem Herzen der Natur auf immer einprägen! Ich weiß natürlich auch nicht wie, aber die Wiederholung war mir in ihrer merkwürdigen Unverständlichkeit fast mechanisch vorgekommen. Eines fiel mir jedoch auf: Mein Junge und der alte Herr hatten diesem Phänomen gegenüber die gleiche Anschauung. Dr. Moncrieff erschrak nicht, wie ich und alle Übrigen, es war kein Geist, wie wir wohl alle annahmen, für ihn nicht, sondern eine arme Kreatur, die er unter den geschilderten Umständen gekannt hatte, als lebenden Menschen, und über dessen Identität er keinen Zweifel hegte.

Roland ging es ebenso. Diese Stimme aus dem Unsichtbaren war eine arme Mitkreatur im Elend, der man helfen und die man aus ihrem Übel erlösen musste, so sah es mein Junge. Als sich sein Zustand besserte, sprach er ganz freimütig darüber.

„Ich wusste, mein Vater würde einen Weg finden", sagte er. Zu jener Zeit war er wieder kräftig und gesund, alle Vorstellungen, dass er hysterisch oder zum Geisterseher werden könnte, waren glücklich verflogen.

Bagley verließ meine Dienste, sobald er wieder gesund war. Er versicherte mir, dass es nicht aus Mangel an Respekt geschehe, aber „derlei Vorgänge" könne er nicht vertragen; der Mann war so erschüttert und geisterblass, dass ich froh war, ihn mit einem reichlichen Geschenk versehen entlassen zu können. Ich selbst bestand darauf, dass wir die zwei Jahre, für die wir Brentwood gemietet hatten, dort aushielten; verlängert habe ich den Mietvertrag jedoch nicht.

(Aus dem Englischen von Hanna Bautze)

Oscar Wilde

Der Geist von Canterville

1

Als Mr Hiram B. Otis, der amerikanische Botschafter, Schloss Canterville kaufte, sagte ihm jeder, dass er einen großen Fehler begehe, denn es sei kein Zweifel, dass es im Schloss spuke. Auch Lord Canterville, der ein Mann von peinlichem Ehrgefühl war, hielt es für seine Pflicht, Mr Otis gegenüber diese Tatsache zu erwähnen, als sie über die Kaufbedingungen sprachen.

„Wir selbst haben nicht mehr im Schloss gewohnt", sagte Lord Canterville, „seit meine Großtante, die verwitwete Herzogin von Bolton, einen furchtbaren Nervenschock erlitt, von dem sie sich nicht mehr erholte, weil sich zwei Knochenhände auf ihre Schulter legten, als sie sich gerade zum Dinner umkleiden wollte. Und ich fühle mich verpflichtet, Ihnen mitzuteilen, Mr Otis, dass tatsächlich mehrere noch lebende Mitglieder meiner Familie das Gespenst gesehen haben, ebenso der Pfarrer der Gemeinde, Reverend Augustus Dampier, der in Cambridge studiert hat. Nach dem unglückseligen Ereignis mit der Herzogin wollte keiner der jüngeren Dienstboten mehr bleiben, und Lady Canterville konnte sehr oft des Nachts nicht schlafen wegen der geheimnisvollen Geräusche, die vom Korridor und aus der Bibliothek kamen."

„Mylord", antwortete der Botschafter, „ich übernehme die Einrichtung und das Gespenst zum Taxwert. Ich komme aus einem modernen Land, wo es alles gibt, was man für Geld haben kann. Und genauso wie unsere tüchtigen Manager ihnen die besten Schauspielerinnen und Sängerinnen entführen, wäre ein Gespenst, wenn es wirklich eines in Europa gäbe, in kürzester Zeit in einem unserer Museen oder auf dem Jahrmarkt zu bewundern."

„Ich fürchte, das Gespenst existiert", sagte Lord Canterville lächelnd, „auch wenn es bisher ihren Impresarios entgangen ist. Seit drei Jahrhunderten, genau seit dem Jahre 1584, weiß man davon, und es erscheint jedes Mal, ehe ein Mitglied unserer Familie stirbt."

„Das pflegt der Hausarzt auch zu tun, Lord Canterville. Aber es gibt keine Gespenster, und ich glaube nicht, dass die Naturgesetze zugunsten des englischen Adels aufgehoben werden."

„Sie sind in Amerika offenbar sehr aufgeklärt", antwortete Lord Canterville, der Mr Otis', letzte Bemerkung nicht ganz verstanden hatte, „und wenn ein Gespenst im Hause Sie nicht stört, ist ja alles in Ordnung. Nur vergessen Sie bitte nicht, dass ich Sie gewarnt habe."

Einige Wochen später war der Kauf abgeschlossen, und gegen Ende der Saison bezog der Botschafter mit seiner Familie das Schloss Canterville. Mrs Otis, die als eine Miss Lucretia R. Tappan (West 53. Straße) eine berühmte New Yorker Schönheit gewesen war, war nun eine sehr hübsche Frau in den besten Jahren, mit schönen Augen und einem wunderbaren Profil. Viele amerikanische Damen geben sich nach dem Verlassen ihres Heimatlandes ein zartes, kränkliches Aussehen, das halten sie für ein Zeichen von besonderer europäischer Kultur. Mrs Otis war nie in diesen Irrtum verfallen. Sie erfreute sich bester Gesundheit und hatte einen erstaunlichen Unternehmungsgeist. In vielen Dingen war sie ganz und gar englisch und bot ein ausgezeichnetes Beispiel für die Tatsache, dass wir heute tatsächlich alles mit Amerika gemeinsam haben, mit Ausnahme der Sprache natürlich.

Ihr ältester Sohn, den die Eltern in einem Anfall von Patriotismus Washington hatten taufen lassen, war ein blonder, gut aussehender junger Mann, der sogar in London als ausgezeichneter Tänzer galt. Gardenien und die Pairswürde waren seine einzige Schwäche. Sonst war er ganz vernünftig.

Miss Virginia E. Otis war ein junges Mädchen von fünfzehn Jahren, schlank und reizend wie ein Reh mit wundervollen, klaren blauen Augen. Sie war eine ausgezeichnete Reiterin und hatte einmal mit dem alten Lord Bolton auf ihrem Pony ein Wettrennen veranstaltet: zweimal rund um den Park. Sie hatte mit anderthalb Pferdelängen gewonnen, gerade vor der Achillesstatue, zum großen Entzücken des jungen Herzogs von Cheshire, der auf der Stelle um ihre Hand anhielt und in derselben Nacht, in Tränen gebadet, von seinem Hofmeister nach Eton zurückgeschickt wurde. Nach Virginia kamen die Zwillinge, entzückende Bengel und außer dem würdigen Botschafter die einzigen echten Republikaner in der Familie.

Da Schloss Canterville sieben Meilen von Ascot, der nächsten Bahnstation, entfernt liegt, hatte Mr Otis einen Wagen bestellt, und sie fuhren in bester Stimmung ab. Es war ein herrlicher Juliabend, und die Luft war voll von dem würzigen Duft der Fichtenwälder. Hin und wieder rief eine Taube, oder man sah im raschelnden Farn die glänzende Brust eines Fasans.

158

Als der Wagen in die Schlossallee einbog, bedeckte sich der Himmel plötzlich mit Wolken, und eine sonderbare Stille lag in der Luft. Ein großer Schwarm Krähen flog schweigend über die Familie hinweg, und ehe sie das Haus erreichten, fielen einzelne, schwere Regentropfen.

Auf der Treppe stand eine alte Frau, in schwarze Seide gekleidet, mit einem weißen Häubchen und einer Schürze, um die Herrschaften zu empfangen. Das war Mrs Umney, die Haushälterin, die Mrs Otis auf Lady Cantervilles Bitten mit übernommen hatte. Sie machte vor jedem der Ankommenden einen tiefen Knicks und sagte in wunderlich altmodischer Weise: „Ich entbiete Ihnen Willkommen auf Schloss Canterville." Sie folgten ihr durch die schöne Tudorhalle in die Bibliothek, einem langen, niedrigen, mit schwarzem Eichenholz getäfelten Raum, an dessen Ende sich ein großes Fenster mit bunten Glasscheiben befand. Hier war der Teetisch gedeckt, und nachdem sie ihre Mäntel abgelegt hatten, setzten sie sich und begannen sich umzuschauen, während Mrs Umney sie bediente.

Plötzlich bemerkte Mrs Otis einen dunkelroten Fleck auf dem Fußboden, gerade vor dem Kamin, und ohne seine Bedeutung zu ahnen, sagte sie zu Mrs Umney: „Oh, dort ist etwas vergossen worden."

„Ja, gnädige Frau", antwortete die alte Haushälterin mit leiser Stimme, „hier ist Blut vergossen worden."

„Wie schrecklich", rief Mrs Otis, „ich mag aber keinen Blutfleck in einem Wohnraum. Der Fleck muss sofort entfernt werden."

Die alte Frau lächelte und antwortete mit derselben leisen, geheimnisvollen Stimme: „Es ist das Blut von Lady Eleanore Canterville, die an dieser Stelle von ihrem Gatten, Sir Simon Canterville, im Jahre 1575 ermordet wurde. Sir Simon überlebte sie um neun Jahre und verschwand dann plötzlich unter sehr merkwürdigen Umständen. Sein Körper ist nie gefunden worden, aber sein schuldbeladener Geist spukt noch immer im Schloss. Der Blutfleck wurde schon von vielen Touristen bewundert und kann nicht entfernt werden."

„Unsinn", rief Washington Otis, „Pinkertons patentiertes Steinputzmittel und Universal-Fleckentferner wird schon damit fertig werden." Und ehe es die entsetzte Haushälterin verhindern konnte, lag er schon auf den Knien und rieb den Boden mit einem kleinen Stift, der wie schwarze Bartwichse aussah. Einen Augenblick später war von dem Blutfleck nichts mehr zu sehen.

„Ich wusste es ja, Pinkerton würde seine Schuldigkeit tun!", rief er triumphierend und sah sich im Kreise der bewundernden Familie um. Aber kaum hatte er die Worte gesprochen, als ein greller Blitz das dunkle Zimmer erhellte und ein schrecklicher Donner alle zusammenzucken ließ. Mrs Umney fiel in Ohnmacht.

„Was für ein schauerliches Klima!", sagte der amerikanische Botschafter ruhig und zündete sich eine Zigarre an. „Ich fürchte fast, die Alte Welt ist so übervölkert, dass es hier nicht mehr genug anständiges Wetter für alle gibt. Ich war immer der Meinung, dass Auswanderung für England unbedingt notwendig sei!"

„Lieber Hiram", sagte Mrs Otis, „was kann man mit einer Frau anfangen, die in Ohnmacht fällt?"

„Zieh es ihr vom Lohn ab wie zerbrochenes Geschirr", sagte der Botschafter. „Du wirst sehen, dann wird sie nicht mehr in Ohnmacht fallen."

160   Einige Augenblicke später kam Mrs Umney wieder zu sich. Sie war außerordentlich aufgeregt und warnte Mr Otis vor einem Unglück, das über das Haus kommen müsse.

„Ich habe mit eigenen Augen Dinge gesehen", sagte sie, „dass jedem Christenmenschen die Haare zu Berge stehen würden, und viele, viele Nächte hindurch habe ich kein Auge zugemacht wegen der schrecklichen Dinge, die sich hier abspielen."

Aber Mr Otis und seine Gattin versicherten der treuen Seele, dass sie sich vor Gespenstern nicht fürchteten, und nachdem die Haushälterin den Segen der Vorsehung auf ihre neue Herrschaft herabgefleht und um Gehaltserhöhung gebeten hatte, schlich sie zitternd auf ihr Zimmer.

2

Der Sturm wütete die ganze Nacht furchtbar, aber es ereignete sich sonst nichts Besonderes. Als die Herrschaften aber am nächsten Morgen zum Frühstück herunterkamen, fanden sie den schrecklichen Blutfleck wieder auf dem Boden.

„Pinkertons Fleckentferner kann unmöglich versagt haben", meinte Washington. „Denn ich habe ihn wiederholt erprobt, das muss das Gespenst gewesen sein." Er rieb also den Fleck ein zweites Mal fort, aber am nächsten Morgen war er wieder da. Auch am dritten Morgen, obwohl Mr Otis selbst am Abend zugeschlossen und den Schlüssel mitgenommen hatte.

Die ganze Familie interessierte sich jetzt für den Fall. Mr Otis begann anzunehmen, dass er doch wohl die Existenz von Gespenstern zu schroff geleugnet habe. Mrs Otis sprach die Absicht aus, Mitglied der Psychischen Gesellschaft zu werden, und Washington begann einen Brief an die Herren Myers und Podmore über die Untilgbarkeit von Blutflecken, die mit einem Verbrechen zusammenhängen. In der Nacht wurden alle Zweifel an der tatsächlichen Existenz von Gespenstern endgültig beseitigt.

Der Tag war warm und sonnig gewesen, und in der Abendkühle machte die ganze Familie eine Spazierfahrt. Sie kam erst um neun Uhr nach Hause und nahm ein leichtes Abendessen ein. Das Gespräch berührte Gespenster in keiner Weise, sodass nicht einmal die Grundbedingungen der Erwartung gegeben waren, die oft dem Erscheinen psychischer Phänomene vorausgehen. Die Gesprächsstoffe waren, wie ich später von Mr Otis selbst hörte, durchaus die in der Konversation gebildeter Amerikaner der besseren Klasse üblichen, so zum Beispiel die riesige Überlegenheit von Miss Fanny Davenport über Sarah Bernard als Schauspielerin; die Schwierigkeit, selbst in den besten englischen Hotels Buchweizenkuchen und Maisbrei zu bekommen; die Vorzüge der Rundreisebilletts und die Feinheit des New Yorker Akzents im Vergleich zu dem schleppenden Londoner Dialekt. Übernatürliches wurde mit keiner Silbe erwähnt, und keinem fiel es ein, auf Sir Simon Canterville in irgendeiner Weise anzuspielen.

Um elf Uhr zog sich die Familie zurück, und um halb zwölf waren alle Lichter gelöscht. Einige Zeit später wurde Mr Otis durch ein merkwürdiges Geräusch im Korridor vor seiner Tür geweckt. Es klang wie Klirren von Metall und schien immer näher zu kommen. Er stand sofort auf, zündete ein Streichholz an und schaute auf die Uhr. Es war gerade ein Uhr. Er war ganz ruhig und fühlte seinen Puls, der keineswegs beschleunigt war.

Das merkwürdige Geräusch dauerte fort, und gleichzeitig hörte er deutlich Schritte. Er schlüpfte in seine Pantoffeln,

163

nahm eine hohe, schlanke Flasche von seinem Toilettentisch und öffnete die Tür. Ihm gegenüber stand im blassen Mondlicht ein alter Mann von schrecklichem Aussehen. Seine Augen waren wie rot glühende Kohlen, langes graues Haar fiel in wirren Locken über seine Schultern, seine Kleidung von uraltem Schnitt war schmutzig und zerrissen, und von seinen Hand- und Fußgelenken hingen schwere rostige Ketten herab.

„Mein Bester", sagte Mr Otis. „Ich muss Sie dringend ersuchen, Ihre Ketten zu schmieren, und habe Ihnen deshalb eine kleine Flasche mit Tammanys Aurora-Öl mitgebracht. Man behauptet, dass es schon bei einmaliger Anwendung wirke, und auf dem Etikett finden Sie eine ganze Reihe beglaubigter Atteste von unseren bedeutendsten Wissenschaftlern. Ich stelle das Fläschchen hier neben den Leuchter und werde Ihnen mit Vergnügen mehr davon liefern, wenn Sie es benötigen."

Mit diesen Worten stellte der Botschafter der Vereinigten Staaten das Fläschchen auf einen Marmortisch, schloss die Tür und ging wieder zu Bett.

Einen Augenblick stand das Gespenst von Canterville bewegungslos da, in erklärlicher Entrüstung. Dann warf es die Flasche wütend auf den Boden, floh den Korridor hinunter, stieß dumpfe Seufzer aus und verbreitete ein geisterhaftes, grünes Licht. Aber gerade als es die große Eichentreppe erreichte, flog eine Tür auf, zwei kleine weiß gekleidete Wesen erschienen, und ein großes Kissen sauste knapp an seinem Kopf vorüber! Es war offenbar keine Zeit zu verlieren, und so nahm es rasch Zuflucht zur vierten Dimension und verschwand durch die Täfelung, und das Haus wurde wieder vollkommen ruhig.

Nachdem der Geist ein kleines, verborgenes Zimmer im linken Flügel erreicht hatte, lehnte er sich gegen einen Mondstrahl, um wieder zu Atem zu kommen, und begann dann, seine Lage zu überdenken. Niemals war er, in einer glänzenden und ununterbrochenen Laufbahn von dreihundert Jahren, so tief beleidigt worden. Er dachte an die Herzogin-Witwe, die er so furchtbar erschreckt hatte, als sie in Spitzen und Diamanten vor dem Spiegel stand. Er dachte an die vier Hausmädchen, die hysterische Krämpfe bekamen, als er sie durch die Vorhänge eines der Fremdenzimmer angrinste. Er dachte an den Pfarrer der Gemeinde, dessen Kerze er einmal ausgeblasen hatte, als er eines Nachts spät aus der Bibliothek kam, und der seitdem von Sir William Gull behandelt wurde, ein hilfloses Opfer nervöser Störungen. Er dachte an die alte Madame de Tremouillac, die, als sie eines Morgens aufwachte und sah, wie ein Skelett im Lehnstuhl am Kamin saß und ihr Tagebuch las, durch einen Schlaganfall sechs Wochen ans Bett gefesselt war, nach ihrer Genesung sich mit der Kirche aussöhnte und jede Verbindung mit dem freigeistigen Monsieur de Voltaire abbrach. Er erinnerte sich an jene furchtbare Nacht, als der böse Lord Canterville in seinem Ankleidezimmer gefunden wurde, halb erstickt, den Karobuben in der Kehle, und wie er kurz vor seinem Tode beichtete, dass er Charles James Fox mit eben dieser Karte um fünfzigtausend Pfund im Spiel betrogen habe, und schwor, dass das Gespenst ihn gezwungen habe, sie zu verschlucken. Alle seine großen Taten fielen ihm jetzt ein, angefangen beim Butler, der sich in der Speisekammer erschoss, weil er sah, wie eine grüne Hand ans Fenster klopfte, bis zur schönen Lady Stutfield, die immer ein schwarzes Samtband um den Hals tragen musste, um die Spur von fünf Fingern, die in ihre weiße Haut gebrannt waren, zu verbergen, und die sich schließlich im Karpfenteich ertränkte. Mit dem Stolz des wahren Künstlers ging er alle seine berühmten Leistungen durch und lächelte bitter, als er sich an sein Erscheinen als „der hagere Gibeon, der Blutsauger von Bexley Moor" erinnerte und als er an das Entsetzen dachte, das er an einem wundervollen Juniabend erregte, nur weil er mit seinen eigenen Knochen auf dem Tennisplatz Kegel spielte.

Und nun, nach alledem, kamen die verfluchten Amerikaner und boten ihm Aurora-Öl an und warfen ihm Kopfkissen an den Schädel. Es war unerträglich! Noch nie war ein Gespenst so behandelt worden. Darum beschloss er, sich zu rächen, und blieb bis zum Morgengrauen in tiefes Nachdenken versunken.

3

Als sich die Familie Otis am nächsten Morgen beim Frühstück traf, besprach man die Erscheinung des Geistes sehr ausführlich. Der Botschafter der Vereinigten Staaten war ein bisschen ungehalten, als er sein Geschenk verschmäht sah.

„Ich wünsche nicht", sagte er, „dass das Gespenst irgendwie beleidigt wird, und muss sagen, dass ich, wenn ich bedenke, wie lange es schon im Hause ist, es nicht sehr höflich finde, ihm Kissen an den Kopf zu werfen."

Eine sehr richtige Bemerkung, die aber, das muss ich zu meinem Leidwesen gestehen, die Zwillinge zu lautem Lachen reizte.

„Andererseits", fuhr er fort, „werden wir wohl gezwungen sein, ihm seine Ketten wegzunehmen, wenn es wirklich das Aurora-Öl nicht benutzen will. Es ist ganz unmöglich zu schlafen, wenn vor dem Schlafzimmer so ein Spektakel gemacht wird."

Den Rest der Woche blieben sie übrigens ungestört, und das Einzige, das ihre Aufmerksamkeit erregte, war die ständige Wiederkehr des Blutflecks auf dem Fußboden der Bibliothek. Das war umso sonderbarer, als Mr Otis jede Nacht die Tür verschloss und die Fenster sorgfältig verriegelte. Auch die wechselnde Farbe des Flecks veranlasste zu vielen Kommentaren. An einigen Morgen war er von einem tiefen Rot, dann wieder karminrot, dann von einem satten Purpur, und als sie eines Tages herunterkamen, um nach dem schlichten Ritus der Freien Amerikanischen Reformierten Kirche zu beten, fanden sie den Fleck tief smaragdgrün. Dieser Wechsel unterhielt die Familie natürlich sehr, und jeden Abend wurden Wetten darüber abgeschlossen. Die Einzige, die keinen Spaß daran hatte, war die kleine Virginia, die immer aus irgendeinem unerklärlichen Grund beim Anblick des Blutflecks ziemlich erregt war und an dem Morgen, als er smaragdgrün war, fast zu weinen begann.

Zum zweiten Mal erschien das Gespenst in einer Sonntagnacht. Bald nachdem alle zu Bett gegangen waren, wurden sie plötzlich durch einen furchtbaren Krach in der Halle aufgeschreckt. Sie stürzten die Treppe hinunter und entdeckten, dass sich eine schwere alte Rüstung von ihrem Ständer gelöst hatte und auf die Steinfliesen gefallen war. In einem Stuhl mit hoher Lehne saß das Gespenst von Canterville und rieb sich die Knie mit einem Ausdruck heftigen Schmerzes.

Die Zwillinge hatten ihre Blasrohre mitgebracht und schossen sofort zwei Schrotkörner auf den Geist ab, mit einer Treffsicherheit, die sie durch lange und sorgfältige Übung an ihrem Schreiblehrer gewonnen hatten. Der Botschafter der Vereinigten Staaten aber legte den Revolver auf ihn an und forderte ihn auf, die Hände hochzunehmen. Der Geist sprang mit einem wilden Schrei der Wut auf und fegte wie ein Nebel an ihnen vorbei. Washingtons Kerze erlosch, und alle blieben in tiefer Finsternis zurück.

Als der Geist oben auf der Treppe war, erholte er sich und beschloss, sein berühmtes dämonisches Gelächter anzuschlagen, das sich schon bei mehreren Gelegenheiten als sehr nützlich erwiesen hatte. Man erzählte sich, dass Lord Rakers Perücke dadurch in einer Nacht ergraut sei und dass drei von Lady Cantervilles französischen Gouvernanten deshalb vorzeitig gekündigt hatten. Er lachte also sein schreckliches Lachen, dass das alte Gewölbe dröhnend widerhallte.

Kaum aber war das grausige Echo verstummt, als sich die Tür öffnete und Mrs Otis in einem hellblauen Morgenrock erschien.

„Ich fürchte, Ihnen ist nicht ganz wohl", sagte sie. „Ich habe Ihnen darum eine Flasche von Doktor Dobells Tinktur mitgebracht. Wenn Sie Leibschmerzen haben, wird sie bestimmt helfen."

Der Geist blickte sie wütend an und begann sofort seine Vorbereitungen zu treffen, um sich in einen großen schwarzen Hund zu verwandeln, ein Kunststück, das ihn mit Recht berühmt gemacht hatte, und dem der Hausarzt immer die unheilbare Geistesgestörtheit von Lady Cantervilles Onkel, dem ehrenwerten Thomas Horton, zuschrieb. Sich nähernde Schritte ließen ihn von seinem furchtbaren Vorhaben absehen, und so begnügte er sich damit, schwach zu glühen. Er verschwand mit einem tiefen Friedhofsstöhnen, gerade als die Zwillinge auf ihn zukamen.

Als der Geist sein Zimmer erreicht hatte, brach er völlig zusammen und wurde die Beute heftigster Gemütsbewegung. Die Rohheit der Zwillinge, Mrs Otis' Offenheit waren ihm natürlich sehr zuwider – was ihn aber am meisten ärgerte, war, dass er die Rüstung nicht mehr tragen konnte. Er hatte gehofft, dass selbst moderne Amerikaner beim Anblick eines Gespenstes in Rüstung erschauern würden, noch dazu war es seine eigene Rüstung! Er hatte sie mit großem Erfolg beim Turnier in Kennilworth getragen und die jungfräuliche Königin selbst hatte ihn dazu beglückwünscht. Als er sie aber heute angelegt hatte, war er völlig von dem Gewicht niedergedrückt worden, sodass er schwer auf das Steinpflaster niederstürzte, sich beide Knie zerschunden und die Knöchel der rechten Hand gestoßen hatte.

Einige Tage lang war er wirklich krank und verließ sein Zimmer nur, um den Blutfleck wiederherzustellen. Aber er genas, da er sich sehr schonte, und beschloss, nun einen dritten Versuch zu machen, um den Botschafter der Vereinigten Staaten und seine Familie zu erschrecken.

Er wählte für seinen Auftritt Freitag, den 17. August, und verbrachte den größten Teil des Tages damit, seine Garderobe durchzusehen. Endlich entschied er sich für einen großen Schlapphut mit einer roten Feder, hüllte sich vom Hals bis zu den Knöcheln in ein wallendes Leinentuch und nahm einen rostigen Dolch. Gegen Abend kam ein heftiger Regensturm auf, und der Wind war so stark, dass alle Fenster und Türen des alten Gebäudes klirrten und schlugen.

Das war gerade das Wetter, das er liebte. Sein Kriegsplan war folgender: Er wollte in Washingtons Zimmer schleichen, ihn vom Fußende seines Bettes aus anrufen und sich dann zu den Klängen einer geisterhaften Musik dreimal den Dolch in den Hals stoßen. Gegen Washington hegte er einen besonderen Groll, weil er wusste, dass er immer den berühmten Canterville'schen Blutfleck mit Pinkertons Fleckenentferner bearbeitete.

Hatte er dann den tollkühnen, leichtsinnigen jungen Mann in einen Zustand abgründigen Schreckens versetzt, wollte er in das Zimmer gehen, in dem der Botschafter der Vereinigten Staaten mit seiner Frau schlief. Dort wollte er eine nasskalte Hand auf Mrs Otis' Stirn legen, während er ihrem zitternden Gatten die schrecklichen Geheimnisse des Beinhauses ins Ohr flüsterte.

Was die kleine Virginia betraf, so hatte er sich noch nicht entschieden. Sie hatte ihn nie besonders beleidigt und war so hübsch und sanft. Einige tiefe Seufzer aus dem Kleiderschrank würden mehr als genug sein, dachte er, und wenn sie davon nicht erwachte, könnte er ja noch mit zuckenden Fingern an den Bettlaken krabbeln.

Den Zwillingen aber musste endlich einmal eine ordentliche Lektion erteilt werden. Zunächst wollte er sich natürlich auf ihre Brust setzen, damit sie Albträume bekamen. Dann wollte er, da ihre Betten dicht beieinander standen, sich in Gestalt eines grünen, eiskalten Leichnams dazwischenstellen, bis die Furcht sie lähmte, und schließlich war es seine Absicht, das Leichentuch abzuwerfen und mit weißen, gebleichten Knochen und einem rollenden Augapfel im Zimmer umherzukriechen, etwa in der Art des „Stummen Daniels oder des Skeletts des Selbstmörders" – einer Rolle, die er mehr als einmal mit großem Erfolg gespielt hatte und die er für ebenso gut hielt wie seinen berühmten Auftritt als „Martin der Wahnsinnige oder Das Geheimnis mit der Larve".

Um halb elf Uhr hörte er, wie die Familie zu Bett ging. Eine Zeit lang beunruhigte ihn noch das wilde Gelächter der Zwillinge, die sich offenbar mit der leichtherzigen Fröhlichkeit von Schuljungen vergnügten, ehe sie Ruhe fanden. Aber um Viertel nach elf war alles still, und als es Mitternacht schlug, machte er sich auf den Weg.

Die Eule schlug mit den Flügeln gegen die Fensterläden, der Rabe krächzte auf dem alten Taxusbaum und der Wind strich seufzend um das Haus wie eine verlorene Seele. Die Familie Otis aber schlief unbekümmert um ihr Schicksal und das regelmäßige Schnarchen des Botschafters der Vereinigten Staaten übertönte Regen und Sturm.

Der Geist trat verstohlen aus der Täfelung mit einem bösen Lächeln um seinen grausamen, runzligen Mund, der Mond verbarg sein Antlitz in einer Wolke, als er am großen Erkerfenster vorbeischlich, wo sein eigenes Wappen und das seines ermordeten Weibes in Gold und Blau schimmerten. Immer weiter glitt er wie ein böser Schatten, und die Finsternis selbst schien ihm voll Ekel auszuweichen, wenn er vorbeischritt. Einmal glaubte er, dass ihn jemand rief, und blieb stehen; aber es war bloß das Bellen eines Hundes auf einem Bauernhof, und er ging weiter und murmelte seltsame Flüche aus dem sechzehnten Jahrhundert.

Hin und wieder schwang er seinen rostigen Dolch in der mitternächtlichen Stille. Endlich erreichte er die Ecke der Galerie, wo das Zimmer des unglückseligen Washington lag. Einen Augenblick blieb er stehen. Der Wind ließ seine langen grauen Locken flattern und warf das Leichentuch in grotesk fantastische Falten. Dann schlug die Uhr die Viertelstunde, und er fühlte, dass seine Zeit gekommen sei.

Er lächelte zufrieden und ging um die Ecke; aber kaum

hatte er dies getan, taumelte er mit einem jammervollen Schreckensruf zurück und verbarg sein bleiches Gesicht in den Knochenhänden. Ihm gegenüber stand ein schreckliches Gespenst, bewegungslos wie ein Standbild und hässlich wie der Traum eines Irren! Der Kopf war kahl und glänzend, das Gesicht rund, fett und weiß, und ein widerliches Lachen schien auf seinen Zügen zu einem ewigen Grinsen erstarrt zu sein. Aus den Augen schossen Strahlen eines scharlachroten Lichtes, der Mund glich einem tiefen Feuerschlund, und ein dem seinen ähnliches weißes Gewand verhüllte die Figur des Riesen. An seiner Brust war ein Plakat mit merkwürdigen altertümlichen Schriftzügen befestigt, offenbar eine Schandrolle, die Aufzählung wilder Sünden, eine schreckliche Liste von Verbrechen, und in der rechten Hand hielt er einen krummen Säbel.

Da der Geist noch niemals ein Gespenst gesehen hatte, war er natürlich furchtbar erschrocken, und nach einem zweiten hastigen Blick auf das schreckliche Phantom floh er zurück in sein Zimmer, wobei er immer auf sein langes flatterndes Leichentuch trat. Während er den Korridor entlanghuschte, warf er den rostigen Dolch in einen Reitstiefel des Botschafters, wo der Butler ihn am nächsten Tag fand.

Als er in der Einsamkeit seines Zimmers angekommen war, warf er sich auf sein schmales Feldbett und verbarg das Gesicht unter der Decke. Nach einiger Zeit aber raffte sich der tapfere Geist von Canterville wieder auf und beschloss, mit dem anderen Gespenst zu reden, sobald der Tag grauen würde.

So ging er denn, als die Dämmerung die Hügel in Silber tauchte, zu dem Platz zurück, wo er zum ersten Mal das entsetzliche Phantom erblickt hatte, denn er dachte sich, zwei

173

Gespenster sind besser als eines, und mithilfe seines Freundes würde er besser mit den beiden Zwillingen fertig.

Als er die Stelle erreichte, bot sich ihm ein furchtbarer Anblick. Irgendetwas war offenbar mit dem Gespenst passiert, denn das Licht war vollständig aus seinen Augenhöhlen verschwunden, der funkelnde Säbel war seiner Hand entfallen, und es lehnte in einer gekrümmten und unbequemen Haltung an der Wand. Er stürzte vorwärts und nahm es in seine Arme, als zu seinem Entsetzen der Kopf abfiel und auf den Boden rollte. Der Körper fiel hintenüber, und er hielt in seinen Händen eine weiße Bettdecke, einen Besen und ein Küchenmesser, ein ausgehöhlter Kürbis lag zu seinen Füßen. Unfähig, die merkwürdige Verwandlung zu verstehen, griff er in fieberhafter Eile nach dem Plakat und las im grauen Morgenlicht die furchtbaren Worte:

Der Geist der Otis.
Der einzige echte unverfälschte Originalspuk.
Vor Nachahmung wird gewarnt!
Gesetzlich geschützt!

Plötzlich ging ihm ein Licht auf. Er war genarrt, gefoppt, verhöhnt worden! Aus seinen Augen blitzte der berühmte Blick der Cantervilles. Er biss die zahnlosen Kiefer zusammen, erhob die fleischlosen Hände über dem Haupt und schwor, getreu der malerischen Ausdrucksweise der alten Schule, dass ehe denn der Hahn zum zweiten Mal gekräht habe, Ströme von Blut fließen müssten und der Mord auf schweigenden Sohlen über die Schwelle treten würde.

Kaum aber hatte er den schauerlichen Eid vollendet, als vom roten Ziegeldach einer nahen Scheune ein Hahn krähte. Der Geist lachte ein langes, tiefes und bitteres Lachen und wartete. Stunde um Stunde wartete er, aber aus einem unerklärlichen Grund krähte der Hahn nicht noch einmal.

Endlich, um halb acht, verscheuchte ihn die Ankunft der Hausmädchen von seinem schrecklichen Wachtposten, und er stapfte in sein Zimmer zurück und dachte an seine vergebliche Hoffnung und seine vereitelte Absicht. Dann zog er einige alte Bücher über das Rittertum zurate, die er sehr gern hatte, und fand, dass der Hahn stets ein zweites Mal gekräht hatte, sooft dieser Eid gebraucht worden war.

„Fluch und Verdammnis treffe das faule Tier", murmelte er. Dann zog er sich in einen bequemen Bleisarg zurück und blieb dort bis zum Abend.

4

Am nächsten Tag fühlte sich der Geist sehr schwach und müde. Die furchtbaren Aufregungen der letzten vier Wochen begannen sich bemerkbar zu machen. Seine Nerven waren vollkommen zerrüttet, und bei dem geringsten Geräusch fuhr er zusammen. Fünf Tage blieb er auf seinem Zimmer und entschloss sich auch, den Blutfleck auf dem Fußboden der Bibliothek aufzugeben. Wenn ihn die Familie Otis nicht haben wollte, verdiente sie ihn auch nicht. Das waren augenscheinlich Leute, die auf einer tiefen, materialistischen Bildungsstufe standen und ganz unfähig waren, den symbolischen Wert eines Phantoms zu begreifen.

Es war jedoch seine heilige Pflicht, einmal in der Woche

auf dem Gang zu erscheinen und vom hohen Glasfenster herab am ersten und dritten Mittwoch eines jeden Monats etwas herabzumurmeln, und er sah keine Möglichkeit, sich diesen Verpflichtungen auf anständige Weise zu entziehen.

Gewiss war er im Leben böse gewesen, aber in allen Dingen, die mit dem Übernatürlichen zusammenhingen, war er immer sehr gewissenhaft.

An den nächsten drei Sonnabenden ging er also wie gewöhnlich zwischen Mitternacht und drei Uhr den Gang auf und ab, vermied es aber sorgfältig, gesehen oder gehört zu werden. Er zog die Stiefel aus, schlich so leise er konnte über den alten, wurmstichigen Fußboden, trug einen großen schwarzen Samtmantel und benützte eifrig Aurora-Öl zum Schmieren seiner Ketten. Ich muss allerdings zugeben, dass es ihm sehr schwer fiel, diese letzte Vorsichtsmaßregel zu gebrauchen. Eines Abends jedoch schlüpfte er, während die Familie bei Tisch saß, in Mr Otis', Schlafzimmer und holte sich die Flasche. Er fühlte sich anfangs etwas gedemütigt, aber später sah er ein, dass doch sehr viel zugunsten der Erfindung sprach, und bis zu einem gewissen Grade diente sie ja auch seiner Absicht.

Aber trotz allem blieb er nicht unbelästigt. Immer wieder waren auf dem Korridor Stricke gespannt, über die er in der Dunkelheit stolperte, und einmal, als er gerade als „Schwarzer Isaak oder der Jägersmann von Hogley Woods" verkleidet war, stürzte er schwer, weil er auf einem fettbeschmierten Streifen ausglitt, den die Zwillinge vom Eingang des Gobelinzimmers bis zur Eichentreppe gezogen hatten. Diese Beleidigung machte ihn so wütend, dass er sich entschloss, noch einmal einen letzten Versuch zu machen, um seine Würde wiederherzustellen. Er entschloss sich, die frechen Jungen in der nächsten Nacht in seiner berühmten Rolle als „Junker Rupert oder der kopflose Graf" zu besuchen.

Seit mehr als siebzig Jahren war er nicht mehr in dieser Verkleidung erschienen – zum letzten Mal, als er die schöne Lady Barbara Modnish durch sein Erscheinen so erschreckt hatte, dass sie plötzlich ihr Verlöbnis mit dem jetzigen Großvater des Lord Canterville löste und sich von dem hübschen Jack Castleton nach Gretna Green entführen ließ. Sie hatte damals erklärt, dass nichts auf der Welt sie veranlassen könnte, in eine Familie zu heiraten, bei der so schauerliche Gespenster in der Dämmerung auf der Terrasse spazieren gingen. Der arme Jack wurde später in Wandsworth von Lord Canterville im Duell erschossen, und Lady Barbara starb am gebrochenen Herzen in Tunbridge Wells, bevor das Jahr um war.

Alles in allem war es also ein großer Erfolg für ihn gewesen. Es war aber eine außerordentlich schwierige „Maske" – wenn ich diesen Theaterausdruck in Verbindung mit einem der größten Geheimnisse des Übernatürlichen oder, um einen mehr wissenschaftlichen Ausdruck anzuwenden, des Übersinnlichen gebrauchen darf –, und er brauchte drei Stunden, um seine Vorbereitungen zu treffen. Endlich war alles in Ordnung, und er war mit seinem Aussehen sehr zufrieden. Die großen ledernen Reitstiefel, die zum Kostüm gehörten, waren zwar ein bisschen zu weit für ihn, und er konnte nur eine der beiden Sattelpistolen finden, aber er war trotzdem zufrieden.

Um Viertel nach eins kam er aus der Wandverkleidung heraus und schlich den Gang hinunter. Als er das Zimmer der Zwillinge erreichte, das, wie ich erwähnen will, nach der Farbe seiner Vorhänge das „Blaue Schlafgemach" genannt

wurde, fand er die Tür nur angelehnt. Da er sich einen effekt-
vollen Auftritt sichern wollte, öffnete er sie weit – und ein
schwerer Wasserkrug fiel von oben auf ihn herab, durch-
nässte ihn bis auf die Haut und verfehlte nur um wenige Zoll
seine linke Schulter. Im selben Augenblick hörte er unterdrücktes Lachen. Der Nervenschock war so groß, dass er, so
schnell er konnte, in sein Zimmer zurücklief.

Am nächsten Tag lag er mit einer schweren Erkältung im
Bett. Der einzige Trost war, dass er seinen Kopf nicht mitgenommen hatte, sonst hätten die Folgen sehr ernst für ihn
werden können.

Er gab nun jede Hoffnung auf, dieser rohen amerikanischen Familie Schrecken einzujagen, und begnügte sich in
der Regel damit, in Pantoffeln durch die Gänge zu schleichen,
mit einem dicken roten Schal um den Hals, aus Furcht vor
Erkältung, und einer kleinen Armbrust in der Hand, falls er
von den Zwillingen angegriffen wurde.

Den entscheidenden Schlag bekam er am 19. September.

Er war die Treppe bis zur großen Eingangshalle hinunter-
gegangen, in der Annahme, dass er dort sicherlich unbelästigt bleiben würde. Er unterhielt sich damit, satirische Bemerkungen über die lebensgroßen Fotografien des Botschafters
und seiner Gattin zu machen, die jetzt die Stelle der Familienbilder der Cantervilles eingenommen hatten. Er war einfach, aber sauber in ein langes Leinentuch gekleidet, das nur
ganz leicht mit Kirchhofmoder befleckt war, hatte seinen Un-
terkiefer mit einem gelben Leinenstreifen hochgebunden
und trug eine kleine Laterne und eine Totengräberschaufel.
Es war das Kostüm „Jonas der Gruftlose oder der Leichen-
schänder von Chertsey Barn", eine seiner glänzendsten Dar-
bietungen, an die sich die Cantervilles nur zu gut erinnerten,

denn sie war der wirkliche Grund des Streites mit ihrem Nachbarn, Lord Rufford.

Es war ungefähr Viertel nach zwei morgens, und so weit er feststellen konnte, rührte sich nichts.

Als er auf die Bibliothek zuschlenderte, um nachzusehen, ob von dem Blutfleck nicht doch eine Spur geblieben war, sprangen plötzlich aus einem dunklen Winkel zwei Gestalten hervor, die wild die Arme über den Köpfen schwenkten und „Buh" schrien.

Von einer unter diesen Umständen ganz natürlichen Panik ergriffen, stürzte er auf die Treppe zu, aber dort erwartete ihn Washington Otis mit der großen Gartenspritze. So von den Feinden umzingelt und in die Enge getrieben, verschwand er in dem großen eisernen Ofen, der zu seinem Glück nicht geheizt war, und musste seinen Heimweg durch Kamine und Schornsteine antreten, sodass er in einem furchtbaren Zustand, schmutzig, unordentlich und in heller Verzweiflung in seinem Zimmer ankam.

Danach wurde er nicht mehr auf nächtlichen Streifzügen gesehen. Die Zwillinge lauerten ihm noch verschiedene Male auf und bestreuten jede Nacht die Gänge mit Nussschalen, zum großen Ärger ihrer Eltern und der Dienstboten, aber umsonst. Es war ganz klar, dass die Gefühle des Gespenstes zu tief verletzt worden waren.

Mr Otis nahm also seine große Arbeit über die Geschichte der Demokratischen Partei wieder auf, an der er schon seit vielen Jahren arbeitete, Mrs Otis arrangierte eine wundervolle Tombola, die die Bewunderung der ganzen Grafschaft erregte. Die Jungen spielten Poker, Lacrosse und andere amerikanische Nationalspiele, und Virginia ritt auf ihrem Pony über die Feldwege, begleitet von dem jungen Herzog von

Cheshire, der die letzten Tage seiner Ferien auf Canterville verbrachte.

Man nahm allgemein an, dass der Geist fortgegangen sei, und Herr Otis schrieb in diesem Sinn einen Brief an Lord Canterville, der in seiner Antwort seine große Freude über diese Neuigkeit aussprach und der Gattin des Herrn Botschafters seine besten Wünsche übermitteln ließ.

Aber die Familie Otis irrte sich, das Gespenst war noch immer im Hause. Wenn man es auch beinah einen Invaliden nennen konnte, so war es doch durchaus nicht gesonnen, die Dinge auf sich beruhen zu lassen, umso weniger, als es gehört hatte, dass sich unter den Gästen der junge Herzog von Cheshire befand, dessen Großonkel, Lord Francis Stilton, einst um hundert Guineen mit dem Colonel Carbury gewettet hatte, dass er mit dem Gespenst von Canterville Würfel spielen werde. Man hatte ihn am nächsten Morgen auf dem Boden des Spielzimmers gefunden, vollkommen hilflos und gelähmt, und er konnte, obwohl er ein hohes Alter erreichte, sein Leben lang nichts anderes mehr sagen als „Doppel-Sechs".

Die Geschichte war seinerzeit allgemein bekannt geworden, aber natürlich wurde mit Rücksicht auf die Gefühle der beiden vornehmen Familien versucht, sie zu vertuschen. Ein genauer Bericht aller Umstände findet sich jedoch im dritten Band der „Erinnerungen an den Prinzregenten und seine Freunde" von Lord Tratsch.

Der Geist hatte also ein Interesse daran, zu zeigen, dass er seinen Einfluss auf die Stiltons noch nicht verloren habe, mit denen er übrigens auch entfernt verwandt war. Eine seiner Cousinen war nämlich in zweiter Ehe mit dem Sieur de Bulkeley verheiratet gewesen, von dem, wie ja wohl allgemein

bekannt ist, die Herzöge von Cheshire in gerader Linie ab-
stammen.

Demzufolge traf er denn seine Vorbereitungen, um Virginias kleinem Verehrer in seiner berühmten Rolle als der
„Vampirmönch oder der blutlose Benediktiner" zu erscheinen, einer so schrecklichen Erscheinung, dass die alte Lady
Startup, die ihn so sah – dies geschah in der furchtbaren
Neujahrsnacht des Jahres 1764 – in ein Mark und Bein durch-
dringendes Geschrei ausbrach, das mit einem heftigen
Schlaganfall endete. Sie starb drei Tage später, nachdem sie
die Cantervilles, die doch ihre nächsten Anverwandten waren, enterbt hatte und ihr gesamtes Vermögen ihrem Apo-
theker hinterließ.

Im letzten Augenblick jedoch hinderte die Furcht vor den
Zwillingen den Geist daran, sein Zimmer zu verlassen, und
der kleine Herzog schlief in Frieden unter dem großen, reich
geschmückten Baldachin im „Königlichen Schlafzimmer"
und träumte von Virginia.

5

Einige Tage später ritt Virginia mit ihrem blondlockigen Kavalier über die Brockleywiesen.
Sie hatte sich dort bei einem Sprung über eine Hecke ihr
Reitkleid so sehr zerrissen, dass sie es bei ihrer Heimkehr
vorzog, die Hintertreppe zu benutzen, um nicht gesehen zu
werden.

Als sie am Gobelinzimmer vorüberlief, dessen Tür zufällig
offen stand, glaubte sie jemanden darin zu sehen, und in der
Annahme, dass es die Kammerzofe ihrer Mutter sei, die

manchmal ihre Näharbeit dort verrichtete, blickte sie hinein, um sie zu bitten, ihr Kleid auszubessern.

Zu ihrer großen Überraschung war es jedoch der Geist von Canterville! Er saß am Fenster und sah zu, wie das blasse Gold der vergilbten Bäume langsam zur Erde sank und die roten Blätter wie toll die lange Allee hinuntertanzten. Das Haupt hatte er in die Hand gestützt, und seine ganze Stellung verriet tiefste Niedergeschlagenheit. Er sah so verlassen und hinfällig aus, dass die kleine Virginia, deren erster Gedanke gewesen war, fortzulaufen und sich in ihr Zimmer einzuschließen, von Mitleid erfüllt wurde und beschloss, den Versuch zu machen, ihn zu trösten. So leise trat sie auf, und so tief war seine Schwermut, dass er ihre Anwesenheit nicht eher bemerkte, als bis sie ihn ansprach.

„Sie tun mir so Leid", sagte sie. „Aber meine Brüder fahren morgen nach Eton zurück, und wenn Sie sich gut betragen, wird Sie niemand mehr kränken."

„Es ist albern, von mir zu verlangen, dass ich mich gut betragen soll", antwortete er und blickte voll Erstaunen auf das hübsche kleine Mädchen, das gewagt hatte, ihn anzusprechen. „Vollkommen albern. Ich muss mit meinen Ketten rasseln und durch Schlüssellöcher heulen und bei Nacht herumwandern, wenn Sie das meinen; dazu bin ich hier."

„Das ist kein Lebenszweck, und Sie wissen sehr gut, dass Sie böse gewesen sind. Mrs Umney hat uns, gleich am Tage unserer Ankunft, erzählt, dass Sie Ihre Frau ermordet haben."

„Das stimmt", sagte der Geist trotzig. „Aber es ist eine Familienangelegenheit und geht niemanden etwas an."

182

„Es ist aber sehr unrecht, jemanden zu töten!", sagte Virginia, die zuweilen einen süßen puritanischen Ernst hatte, den sie von irgendeinem neuenglischen Vorfahren geerbt hatte.

„Oh, ich hasse die billigen Moralbegriffe! Mein Weib war sehr hässlich, stärkte nie ordentlich die Halskrausen und verstand nichts von der Küche. Da hatte ich einmal in Hogley Wood einen Bock geschossen, einen prächtigen Spießer, und wissen Sie, wie sie ihn auf den Tisch brachte? Nun, reden wir nicht davon, das ist ja alles vorüber. Aber es war nicht nett von ihren Brüdern, mich verhungern zu lassen, selbst wenn ich meine Frau getötet habe."

„Verhungern? Oh, Mr Gespenst – ich wollte sagen, Sir Simon, haben Sie Hunger? Ich habe ein Butterbrot in der Tasche, möchten Sie es haben?"

„Nein, danke, ich esse jetzt niemals mehr! Aber es ist sehr liebenswürdig von Ihnen, und Sie sind viel netter als Ihre übrige, schrecklich rohe, pöbelhafte, unanständige Familie."

„Halt!", schrie Virginia und stampfte mit dem Fuß auf. „Sie sind selbst roh und schrecklich und pöbelhaft, und was die Unanständigkeit betrifft, so wissen Sie sehr gut, dass Sie mir die Farben aus meinem Malkasten gestohlen haben, um den lächerlichen Blutfleck in der Bibliothek aufzufrischen. Erst haben Sie alles Rot, sogar das Karmin genommen, sodass ich keinen Sonnenuntergang mehr malen konnte, dann nahmen Sie Smaragdgrün und Chromgelb, und schließlich ließen Sie mir nichts mehr als Indigo und Chinesisch-Weiß, sodass ich nur noch Mondscheinszenen malen kann, die immer so traurig machen. Ich habe Sie nie verraten, obwohl es mich sehr ärgerte, dazu war die ganze Sache höchst lächerlich, denn wer hat je von smaragdgrünen Blutflecken gehört?"

183

„Das ist schon richtig!", sagte der Geist ziemlich kleinlaut. „Aber was sollte ich machen? Es ist heutzutage sehr schwer, sich echtes Blut zu verschaffen. Und da Ihr Bruder ja immer wieder mit seinem Universal-Fleckentferner anfing, gab es keinen Grund, Ihren Malkasten nicht zu benutzen. Was nun die Farbe angeht, so ist das eben Geschmacksache. Die Cantervilles zum Beispiel haben blaues Blut, das blaueste Blut in England. Aber ich weiß, ihr Amerikaner legt auf solche Dinge keinen Wert."

„Das verstehen Sie nicht, und überhaupt, das Beste, was Sie tun können, ist auszuwandern und Ihre Kenntnisse zu erweitern. Mein Papa wird Ihnen sehr gern freie Überfahrt verschaffen, und wenn auch auf allem Geistigen ein hoher Zoll liegt, werden Sie beim Zollamt keine Schwierigkeiten haben, denn die Beamten dort sind lauter Demokraten. Und in New York werden Sie sicher einen großen Erfolg haben. Ich kenne eine Menge Menschen, die gern hunderttausend Dollar geben würden, wenn sie einen Großvater haben könnten, und für ein Familiengespenst wäre ihnen keine Summe zu hoch."

„Ich glaube nicht, dass mir Amerika gefallen würde."

„Wahrscheinlich, weil wir keine Ruinen und andere Scheußlichkeiten haben", sagte Virginia spöttisch.

„Keine Ruinen? Keine Scheußlichkeiten?", antwortete der Geist. „Sie haben doch Ihre Marine und Ihre Manieren!"

„Guten Abend! Gleich gehe ich zu Papa und bitte ihn, den Zwillingen eine Woche Extraurlaub zu bewilligen."

„Ach bitte, gehen Sie nicht, Miss Virginia. Ich bin so einsam und unglücklich, und ich weiß wirklich nicht, was ich anfangen soll. Ich möchte so gern schlafen und kann nicht."

184   „Das ist Unsinn. Sie brauchen bloß zu Bett zu gehen und das Licht auszulöschen. Es ist manchmal sehr schwierig, wach zu bleiben, besonders in der Kirche, aber es ist doch

ganz leicht, einzuschlafen. Sogar Wickelkinder können das, und die sind doch wahrhaftig nicht sehr klug."

„Ich habe seit dreihundert Jahren nicht geschlafen", sagte er traurig, und Virginias schöne blaue Augen öffneten sich weit vor Verwunderung. „Dreihundert Jahre lang habe ich nicht geschlafen, und ich bin so müde!"

Virginia wurde ganz ernst, und ihre Lippen zitterten wie Rosenblätter. Sie näherte sich ihm, kniete an seiner Seite nieder und blickte in sein altes, verwirrtes Gesicht.

„Armer, armer Geist", murmelte sie. „Haben Sie keinen Ort, wo Sie schlafen könnten?"

„Weit von hier, jenseits des Tannenwaldes", antwortete er mit leiser, verträumter Stimme, „liegt ein kleiner Garten. Dort wächst hohes, dichtes Gras, und darin blühen die großen weißen Sterne des Schierlings, und die Nachtigall singt die ganze Nacht. Sie singt die ganze Nacht, und der kalte, kristallne Mond schaut herab, und die Eibe breitet ihre mächtigen Arme über die Schläfer."

Virginias Augen füllten sich mit Tränen, und sie barg ihr Gesicht in den Händen.

„Sie meinen den Garten des Todes", flüsterte sie.

„Ja, ich meine den Tod! Der Tod muss so schön sein! In weicher brauner Erde zu liegen, das Gras wogt über dem Kopf, und man horcht auf die Stille. Und es gibt kein Gestern und kein Morgen. Man vergisst die Zeit, vergisst das Leben und hat Frieden. Sie können mir helfen. Sie können mir das Tor zum Hause des Todes öffnen, denn die Liebe ist mit Ihnen, und die Liebe ist stärker als der Tod."

Virginia zitterte, ein kalter Schauer rann über ihren Rücken, und einige Augenblicke lang herrschte Schweigen. Es war ihr, als träume sie einen schrecklichen Traum.

Dann sprach das Gespenst wieder, und seine Stimme klang wie das Seufzen des Windes: „Haben Sie schon einmal die alte Prophezeiung auf dem Fenster in der Bibliothek gelesen?"

„Oh ja, sehr oft!", rief das Mädchen und sah auf. „Ich kenne sie sehr gut. Sie ist in seltsamen schwarzen Buchstaben geschrieben und schwer zu lesen. Es sind nur sechs Zeilen:

Wenn es dem goldenen Mädchen gelingt,
dass es den Sünder zum Beten bringt,
wenn auf dürrem Ast die Blüte erscheint,
und ein Kind den Sünder beweint,
dann wird es im Hause wieder still
und Frieden zieht ein in Canterville!

Aber ich weiß nicht, was das bedeutet."

„Das bedeutet", sagte er traurig, „dass Sie um meiner Sünden willen mit mir weinen müssen, denn ich habe keine Tränen, und dass Sie mit mir für mein Seelenheil beten müssen, denn ich habe keinen Glauben. Und dann, wenn Sie immer lieb und gut und edel gewesen sind, wird der Engel des Todes sich meiner erbarmen. Sie werden schreckliche Gestalten in der Dunkelheit sehen, und schauerliche Stimmen werden Ihnen ins Ohr flüstern, aber es wird Ihnen nichts geschehen, denn die Reinheit eines Kindes können die Mächte der Hölle nicht besiegen."

Virginia antwortete nicht, und der Geist rang die Hände in wilder Verzweiflung, während er auf ihr gebeugtes goldenes Haupt niedersah. Plötzlich stand sie auf. Sie war sehr bleich, und ein seltsames Licht leuchtete in ihren Augen.

„Ich fürchte mich nicht", sagte sie fest. „Ich will den Engel bitten, dass er sich Ihrer erbarme."

Er stand mit einem schwachen Freudenruf von seinem Sitz auf, nahm ihre Hand in die seine, beugte sich mit altmodischem höfischem Anstand über sie und küsste sie. Seine Finger waren kalt wie Eis, und seine Lippen brannten wie Feuer, aber Virginia zitterte nicht, als er sie durch das dämmrige Zimmer führte.

In die verblasste grüne Tapete waren kleine Jäger eingestickt. Sie bliesen in ihre troddelgeschmückten Hörner und
winkten ihr mit den kleinen Händen zu umzukehren. „Kehr
um, kleine Virginia", riefen sie. „Kehr um!"

Aber der Geist umklammerte ihre Hand noch fester, und
so schloss sie die Augen vor den Warnern.

Schreckliche Tiere mit Eidechsenschwänzen und Glotzau-
gen blinzelten sie vom geschnitzten Kaminsims an und murmelten: „Hüte dich, kleine Virginia, hüte dich – sonst werden
wir dich niemals wieder sehen." Aber der Geist glitt noch
schneller vorwärts, und Virginia hörte nicht auf die Stimmen.

Als sie das Ende des Zimmers erreicht hatten, blieb er stehen und murmelte einige Worte, die sie nicht verstehen
konnte. Sie öffnete die Augen und sah, dass die Mauer wie
ein Nebel verschwand, und eine große schwarze Höhle öffnete sich vor ihr. Ein eiskalter Wind schlug ihr entgegen, und
sie fühlte, wie etwas an ihrem Kleid zerrte. „Rasch, rasch",
rief der Geist. „Sonst ist es zu spät."

Im nächsten Augenblick hatte sich die Täfelung wieder
hinter ihnen geschlossen, und das Gobelinzimmer war leer.

6

Zehn Minuten später läutete die Glocke zum Tee, und da Virginia nicht herunterkam, schickte Mrs Otis einen Diener
hinaus sie zu holen. Nach kurzer Zeit kam er zurück und
meldete, dass er Miss Virginia nirgends finden könne.

Da es ihre Gewohnheit war, jeden Abend in den Garten zu
gehen, um Blumen für die Tafel zu holen, war Mrs Otis zu-

erst durchaus nicht ängstlich. Als es aber sechs Uhr schlug und Virginia noch immer nicht erschien, wurde sie doch sehr besorgt und schickte die Jungen aus, Virginia zu suchen, während sie selbst und Mr Otis jeden Raum im Hause durchforschten.

Um halb sieben kamen die Jungen zurück und sagten, dass sie nirgends eine Spur von ihrer Schwester gefunden hätten. Nun waren alle sehr aufgeregt, und niemand wusste, was jetzt zu tun sei.

Plötzlich erinnerte sich Mr Otis, dass er vor einigen Tagen einer Zigeunerbande die Erlaubnis gegeben hatte, ihr Lager im Park aufzuschlagen. Er machte sich also sofort nach Blackfell Hollow auf, wo sie jetzt lagerten. Sein ältester Sohn und zwei Knechte begleiteten ihn. Der kleine Herzog von Cheshire, der ganz außer sich vor Besorgnis war, bat inständig, ihn mitzunehmen, aber Mr Otis wollte davon nichts wissen, denn er fürchtete, es könnte eine Prügelei geben.

Aber als sie an dem Ort ankamen, zeigte es sich, dass die Zigeuner schon fort waren. Ihr Aufbruch musste plötzlich erfolgt sein, denn das Feuer brannte noch, und einige Teller lagen im Gras.

Mr Otis befahl Washington und den beiden Knechten, sofort die ganze Gegend abzusuchen, lief selbst nach Hause und schickte Telegramme an alle Polizeiinspektoren der Grafschaft und bat, nach einem Mädchen zu fahnden, das von Landstreichern oder Zigeunern entführt worden sei.

Dann befahl er, sein Pferd zu satteln, bestand darauf, dass seine Frau und die drei Jungen essen sollten, und ritt mit einem Reitknecht die Straße nach Ascot hinunter. Aber kaum war er ein paar Meilen geritten, hörte er jemanden hinter sich hergaloppieren. Er blickte sich um und sah, wie der junge Herzog, hochrot im Gesicht und ohne Hut, auf seinem Pony angehetzt kam.

„Mr Otis, ich bin sehr besorgt", stieß der Knabe hervor. „Ich kann nicht essen, bevor Virginia nicht gefunden ist. Bitte, seien Sie nicht böse auf mich, aber wenn Sie unsere Verlobung im vorigen Jahr erlaubt hätten, wäre das alles nicht geschehen. Nicht wahr, Sie schicken mich nicht zurück? Ich kann nicht zurück, ich will nicht zurück!"

Der Botschafter musste über den hübschen jungen Hitzkopf lächeln und war sehr gerührt von seiner Ergebenheit für Virginia. So beugte er sich herüber, klopfte ihm freundlich auf die Schulter und sagte: „Also, Cecil, wenn Sie nicht umkehren wollen, muss ich Sie wohl mitnehmen. Aber ich muss Ihnen in Ascot erst einen Hut kaufen."

„Ach – zum Teufel mit meinem Hut, ich will Virginia haben!", rief der junge Herzog lachend, und sie galoppierten zur Eisenbahnstation. Dort fragte Mr Otis den Stationsvorsteher, ob ein Mädchen, auf das die Beschreibung Virginias passe, auf dem Bahnsteig gesehen worden sei. Aber er konnte nichts erfahren. Der Stationsvorsteher telegrafierte an alle Stationen der ganzen Linie und versicherte ihm, dass genaueste Nachforschungen angestellt werden würden.

Nachdem Mr Otis in einem Laden, der eben geschlossen werden sollte, für den kleinen Herzog einen Hut gekauft hatte, ritt er weiter nach Bexley, einem Dorf, das ungefähr vier Meilen entfernt war. Man hatte ihm gesagt, dass dies ein bekanntes Zigeunernest sei, da dort eine große Gemeindewiese wäre. Hier trommelten sie den Landpolizisten heraus, konnten aber nichts von ihm erfahren, und nachdem sie über die ganze Wiese geritten waren, wandten sie ihre Pferde heimwärts und erreichten das Schloss gegen elf Uhr, todmüde und ganz verzweifelt. Washington und die Zwillinge erwarteten sie beim Pförtnerhaus mit Laternen, da die Allee sehr dunkel war. Man hatte nicht die leiseste Spur von Virginia gefunden.

Man hatte die Zigeuner auf den Brockleywiesen festgenommen, aber Virginia war nicht bei ihnen, und sie hatten ihren plötzlichen Aufbruch damit erklärt, dass sie sich im Datum des Jahrmarkts in Chorton geirrt hätten und deshalb Hals über Kopf aufgebrochen wären aus Angst, zu spät zu kommen. Sie waren ganz entsetzt, als sie von Virginias Verschwinden hörten, denn sie waren Mr Otis sehr dankbar dafür, dass er ihnen erlaubt hatte, im Park zu lagern. Vier von ihnen blieben sogar zurück, um suchen zu helfen.

Der Karpfenteich wurde abgelassen, man durchsuchte das ganze Schloss: aber alles ohne Erfolg. Tatsächlich schien Virginia, zumindest für diese Nacht, verloren. In einem Zustand tiefster Niedergeschlagenheit gingen Otis und die Knaben zum Hause hinauf, gefolgt von dem Reitknecht mit den zwei Pferden und dem Pony.

In der Halle fanden sie eine Gruppe verängstigter Dienstboten und auf einem Sofa in der Bibliothek, ganz außer sich vor Schrecken und Angst, die arme Mrs Otis, der die alte Haushälterin die Stirn mit Eau de Cologne kühlte.

Mr Otis bestand darauf, dass sie etwas äße, und bestellte das Abendbrot für die ganze Gesellschaft. Es war ein trübsinniges Mahl, niemand sprach ein Wort, und selbst die Zwillinge waren ganz bedrückt und niedergeschlagen, denn sie liebten ihre Schwester sehr.

Nach dem Essen schickte Mr Otis, trotz der inständigen Bitten des kleinen Herzogs, alle zu Bett, denn wie er erklärte, könnte man in der Nacht doch nichts mehr unternehmen, und am nächsten Morgen wollte er Scotland Yard benachrichtigen, dass man sofort einige Detektive herschickte.

Gerade als sie das Speisezimmer verlassen wollten, begann es vom Kirchturm Mitternacht zu schlagen, und als der letzte Ton verhallt war, hörten sie einen furchtbaren Krach und einen plötzlichen schrillen Schrei. Ein schrecklicher Donnerschlag erschütterte das ganze Haus, eine überirdische Musik ertönte, ein Stück der Wandtäfelung oben im Treppenhaus flog mit einem dumpfen Geräusch auf, und auf dem Treppenabsatz erschien sehr bleich und weiß, mit einem kleinen Schmuckkästchen in der Hand, Virginia.

Im selben Augenblick stürzten alle zu ihr hinaus. Mrs Otis schloss sie leidenschaftlich in die Arme, der Herzog erstickte sie beinahe mit heftigen Küssen, und die Zwillinge vollführten einen wilden Kriegstanz um die Gruppe.

„Um Himmels willen, Kind, wo bist du gewesen?", fragte Mr Otis fast böse, da er glaubte, dass sie einen dummen Streich ausgeführt habe. „Cecil und ich sind übers Land geritten, um dich zu suchen, und deine Mutter hat sich fast zu Tode geängstigt. Du darfst in Zukunft nie wieder solche Streiche spielen."

„Höchstens dem Gespenst, höchstens dem Gespenst", brüllten die Zwillinge und machten Bocksprünge.

„Mein Liebling, Gott sei Dank, dass wir dich gefunden haben, du darfst mich nie wieder verlassen", murmelte Mrs Otis, küsste das zitternde Kind und strich mit der Hand über ihr wirres Goldhaar.

„Papa", sagte Virginia ruhig. „Ich war beim Geist. Er ist tot, du musst mitkommen und ihn ansehen. Er war sehr böse, aber er hat alles bereut, was er getan hat, und mir dieses Kästchen mit wundervollen Juwelen gegeben, bevor er starb."

Die ganze Familie starrte sie völlig verblüfft an, aber sie blieb ganz ruhig und ernst, drehte sich um und führte sie alle durch die Öffnung in der Täfelung einen engen, geheimen Gang hinunter. Washington folgte mit einer brennenden Kerze, die er vom Tische genommen hatte. Endlich kamen sie an eine große Eichentür, die mit rostigen Nägeln beschlagen war. Virginia berührte sie, und da flog sie in ihren schweren Angeln auf.

Nun waren sie in einem kleinen niedrigen Raum mit einer gewölbten Decke und einem kleinen vergitterten Fenster. In die Wand war ein riesiger Eisenring eingelassen, und daran war ein dürres Skelett angekettet, das der Länge nach auf dem Steinboden ausgestreckt lag und mit seinen langen, fleischlosen Fingern einen altmodischen Teller und einen Krug zu greifen suchte, die so standen, dass er sie nicht mehr erreichen konnte. Der Krug war offenbar früher einmal mit Wasser gefüllt gewesen, denn grüner Schimmel bedeckte seine Innenseite. Auf dem Teller lag nichts als eine dünne Staubschicht.

Virginia kniete neben dem Skelett nieder, faltete ihre kleinen Hände und begann leise zu beten, während die anderen verwundert die furchtbare Tragödie betrachteten, deren Geheimnis jetzt enthüllt war.

„Hallo", rief plötzlich einer der Zwillinge, der aus dem Fenster gesehen hatte, um sich zu vergewissern, in welchem Flügel des Hauses das Zimmer eigentlich lag. „Seht nur, der alte verdorrte Mandelbaum blüht wieder. Ich kann seine Blüten ganz deutlich im Mondlicht erkennen!"

„Gott hat ihm vergeben", sagte Virginia ernst, als sie sich wieder erhob, und ein wunderbarer Glanz verklärte ihr Gesicht.

„Was für ein Engel du bist!", sagte der junge Herzog, legte seinen Arm um ihren Hals und küsste sie.

7

Vier Tage nach diesen merkwürdigen Vorfällen bewegte sich ein Leichenzug um elf Uhr nachts aus dem Schloss Canterville. Der Leichenwagen wurde von acht Rappen gezogen, die auf dem Kopf einen großen Busch nickender Straußfedern trugen, und der Bleisarg war mit einer prächtigen Purpurdecke bedeckt, in die das Wappen der Canterville in Gold eingestickt war.

Neben dem Leichenwagen und den Trauerkutschen schritten Diener mit brennenden Fackeln. Der ganze Zug war ungemein feierlich.

Lord Canterville war der Hauptleidtragende, extra aus Wales gekommen, um dem Leichenbegräbnis beizuwohnen, und saß im ersten Wagen mit der kleinen Virginia. Dann kam der Botschafter der Vereinigten Staaten mit seiner Frau, dann Washington und die drei Jungen, und im letzten Wagen saß Mrs Umney. Da sie mehr als fünfzig Jahre ihres Lebens von dem Gespenst erschreckt worden war, hatte sie auch ein Recht, von ihm Abschied zu nehmen.

In einer Ecke des Friedhofes war ein tiefes Grab gegraben worden, unter der alten Eibe, und Reverend Augustus Dampier sprach das Leichengebet in eindrucksvoller Weise.

Als die Zeremonie vorüber war, löschten die Diener nach alter Sitte der Familie Canterville ihre Fackeln aus, und bevor der Sarg ins Grab hinuntergelassen wurde, trat Virginia vor und legte ein großes Kreuz aus weißen und roten Mandelblüten darauf. In diesem Augenblick kam der Mond hinter einer Wolke hervor und überflutete mit seinem stillen Silberlicht den kleinen Friedhof, und in einem fernen Busch begann eine Nachtigall zu singen.

Virginia dachte an die Schilderung, die ihr der Geist vom Garten des Todes gegeben hatte, ihre Augen füllten sich mit Tränen, und sie sprach während der Heimfahrt kaum ein Wort.

Am nächsten Morgen führte Mrs Otis ein Gespräch mit Lord Canterville, bevor dieser in die Stadt zurückkehrte, über die Juwelen, die der Geist Virginia gegeben hatte. Sie waren ganz wundervoll, besonders ein Rubinhalsband mit altvenezianischer Fassung, ein Meisterwerk aus dem 16. Jahrhundert. Der Wert der Kostbarkeiten war so bedeutend, dass Mr Otis einige Skrupel hatte, ob er seiner Tochter erlauben dürfe, sie anzunehmen.

„Mylord", sagte er, „ich weiß, dass in diesem Land sowohl Landbesitz als auch Schmuckstücke Familiengut sind, und so erscheint mir ganz klar, dass diese Juwelen Erbstücke Ihrer Familie sind oder doch sein sollten. Ich möchte Sie also bitten, sie mit nach London zu nehmen und als einen Teil Ihres Vermögens zu betrachten, der Ihnen unter gewissen, sonderbaren Umständen zurückerstattet worden ist. Meine Tochter ist noch ein Kind und hat zu meiner Freude wenig Interesse an solchen Kostbarkeiten. Meine Frau, die, wie ich sagen darf, von Kunstdingen etwas versteht – sie hatte nämlich den Vorzug, als junges Mädchen mehrere Winter in Boston zu verbringen –, hat mir mitgeteilt, dass diese Juwelen einen großen Geldwert besitzen und, wenn man sie verkaufen wollte, einen hohen Preis erzielen würden. Unter diesen Umständen, Lord Canterville, werden Sie mir, dessen bin ich sicher, beipflichten, dass es für mich unmöglich ist, einem Mitglied meiner Familie zu erlauben, die Juwelen zu behalten. Dieser Flitter und Tand, der vielleicht der Würde der britischen Aristokratie dienlich und nötig ist, kann ganz und gar nicht am Platze sein bei Menschen, die in den strengen und, wie ich glaube, unsterblichen Prinzipien republikanischer Einfachheit erzogen sind. Ich sollte vielleicht noch erwähnen, dass Virginia mit Ihrer Erlaubnis sehr gern das Kästchen behalten würde als Erinnerung an Ihren unglücklichen, irregeleiteten Ahnherrn. Da das Kästchen sehr alt und auch ziemlich reparaturbedürftig ist, werden Sie vielleicht geneigt sein, ihre Bitte zu erfüllen. Ich muss offen gestehen, dass ich einigermaßen davon überrascht bin, dass eines meiner Kinder in dieser Weise mit dem Mittelalter sympathisiert. Ich kann es mir nur durch die Tatsache erklären, dass Virginia in einem der Londoner Vororte geboren worden ist, kurz nachdem meine Frau von einer Reise nach Athen zurückkehrte."

Lord Canterville hörte die Rede des würdigen Botschafters mit großem Ernst an und strich nur hier und da seinen grauen Schnurrbart, um ein unwillkürliches Lächeln zu verbergen. Als Mr Otis zu Ende war, schüttelte er ihm herzhaft die Hand und sagte: „Bester Mr Otis, Ihre entzückende kleine Tochter hat meinem unglückseligen Ahnherrn, Sir Simon, einen sehr großen Dienst geleistet, und ich und meine Familie stehen tief in ihrer Schuld für ihren erstaunlichen Mut. Die Juwelen gehören selbstverständlich ihr. Ja, ich glaube, wenn ich herzlos genug wäre, sie ihr wegzunehmen, der tolle alte Bursche würde binnen vierzehn Tagen aus seinem Grab steigen, um mir mit seinen Teufeleien das ganze Leben zu verbittern. Was aber die Erbfrage betrifft: Nur das ist ein Erbstück, was als solches in einem Testament oder einem anderen gesetzlichen Dokument bezeichnet worden ist. Die Existenz dieser Juwelen aber war völlig unbekannt. Ich versichere Ihnen, dass ich nicht mehr Anrecht auf sie habe als Ihr Hausknecht. Und wenn Miss Virginia heranwächst, wird sie sicherlich ganz froh sein, solche hübschen Dinge zu besitzen. Überdies vergessen Sie, Mr Otis, dass die Einrichtung und das Gespenst im Preis des Schlosses inbegriffen waren und dass also alles, was dem Geist gehörte, in Ihren Besitz übergegangen ist, da Sir Simon, welche nächtliche Tätigkeit er auf den Gängen auch entwickelt haben mag, gesetzlich tot war und Sie sein Eigentum durch Kauf erworben hatten."

Mr Otis war einigermaßen verwirrt durch Lord Cantervilles Weigerung und bat ihn, seinen Entschluss nochmals zu überdenken; aber der gutmütige Adlige blieb fest und brachte endlich den Botschafter dazu, seiner Tochter die Erlaubnis zu geben, das Geschenk des Gespenstes zu behalten.

Als im Frühjahr 1890 die junge Herzogin von Cheshire anlässlich Ihrer Vermählung bei Hofe vorgestellt wurde, erregten ihre Juwelen allgemeine Bewunderung. Denn Virginia bekam ihre Adelskrone, das ist die Belohnung für alle guten kleinen Amerikanerinnen, sie heiratete ihren jugendlichen Verehrer, sobald er volljährig geworden war. Sie waren beide so reizend, und sie liebten einander so sehr, dass alle Welt über die Heirat entzückt war – mit Ausnahme der alten Marquise von Dummbleton, die versucht hatte, den Herzog für eine ihrer sieben unverheirateten Töchter zu angeln und zu diesem Zweck nicht weniger als drei großartige Dinners gegeben hatte, und merkwürdigerweise mit Ausnahme des Mr Otis.

Mr Otis hatte den jungen Herzog persönlich sehr gern, aber in der Theorie war er ein Gegner aller Titel, und „ich fürchte", um seine eigenen Worte zu gebrauchen, „dass unter dem entnervenden Einfluss einer vergnügungssüchtigen Aristokratie die wahren Prinzipien republikanischer Einfachheit in Vergessenheit geraten könnten."

Aber seine Bedenken wurden vollständig überstimmt, und ich glaube, dass es in ganz England keinen stolzeren Mann gab als ihn, als er, seine Tochter am Arm, den Chorgang von St.-George, Hanover-Square, entlangschritt.

Als die Flitterwochen vorüber waren, zogen der Herzog und die Herzogin auf das Schloss von Canterville, und am Tage nach ihrer Ankunft gingen sie nachmittags hinüber zum einsamen Friedhof unter den Tannen.

Es hatte manche Schwierigkeiten gegeben, bis man sich über die Inschrift auf Sir Simons Grabstein einigte. Endlich entschloss man sich, nur die Anfangsbuchstaben seines Namens und die Verse vom Fenster in der Bibliothek einzumeißeln. Die Herzogin hatte besonders schöne Rosen mitgebracht, die sie über das Grab streute, und nachdem sie einige Zeit davor gestanden waren, wanderten sie zu den Ruinen der alten Abtei. Dort setzte sich die Herzogin auf eine umgestürzte Säule, und ihr Mann legte sich ihr zu Füßen, zündete eine Zigarette an und schaute in ihre wundervollen Augen.

Plötzlich warf er die Zigarette fort, nahm ihre Hand und sagte: „Virginia – eine Frau soll vor ihrem Gatten keine Geheimnisse haben."

„Aber lieber Cecil, ich habe keine Geheimnisse vor dir."

„Doch, doch!", antwortete er lächelnd. „Du hast mir nie erzählt, was sich ereignet hat, während du mit dem Geist eingeschlossen warst."

„Ich habe es niemandem erzählt, Cecil", sagte Virginia ernst.

„Das weiß ich, aber mir sollst du es sagen!"

„Bitte frage mich nicht, Cecil, ich kann es dir nicht sagen! Armer Sir Simon! Ich verdanke ihm so viel! Ja, lache nicht, Cecil, es ist so! Er hat mich verstehen gelehrt, was das Leben ist und was der Tod bedeutet und warum die Liebe stärker ist als beides."

Der Herzog stand auf und küsste seine Frau zärtlich.

„Behalte dein Geheimnis so lange, wie ich dein Herz besitze!", murmelte er.

„Das hast du immer gehabt, Cecil."

„Und vielleicht erzählst du alles einmal unseren Kindern?"

Virginia errötete.

(Aus dem Englischen von Hanna Bautze)

Nichts ist sicher –
es gibt auch namenlose
Schrecken in ganz
gewöhnlichen Häusern
und Wohnungen

Frederic Brown

Die Giesenstecks

Eine der Merkwürdigkeiten an dem Ganzen war der Umstand, dass Aubrey Walters ganz und gar kein sonderbares kleines Mädchen war. Sie war genauso wenig ungewöhnlich wie ihr Vater und ihre Mutter, die in einer Wohnung in der Otis Street wohnten, einen Abend in der Woche Bridge spielten und an einem zweiten irgendwohin ausgingen, während sie die anderen Abende in Ruhe zu Hause verbrachten.

Aubrey war neun Jahre alt, sie hatte eher straffes Haar und Sommersprossen, aber mit neun Jahren macht man sich ja darüber noch keine Gedanken. In der nicht zu teuren Privatschule, in die sie ihre Eltern schickten, kam sie mit allen ziemlich gut aus. Sie freundete sich rasch und bereitwillig mit anderen Kindern an. Und sie lernte auf einer Dreiviertelgeige abscheulich Violine spielen.

Ihr größter Fehler war möglicherweise ihre Neigung, abends lange aufzubleiben; was aber in Wirklichkeit die Schuld ihrer Eltern war, die sie auf und angezogen ließen, bis sie schläfrig war und selbst ins Bett wollte. Bereits mit fünf oder sechs Jahren ging sie selten vor zehn Uhr abends zu Bett. Wurde sie jedoch, in einer Periode mütterlicher Besorgtheit, früher niedergelegt, so schlief sie ohnehin nicht ein. Weshalb sollte man sie also nicht aufbleiben lassen?

Mit neun Jahren blieb sie genauso lange auf wie ihre Eltern, also bis elf Uhr normalerweise und noch später. Wenn

203

Gesellschaft zum Bridge da war und wenn sie abends ausgingen, dann wurde es ganz spät, denn meistens nahmen sie sie mit.

Aubrey war glücklich darüber, was immer auch auf dem Programm stand. Sie saß so still wie ein Mäuslein auf ihrem Sitz im Theater, oder sie sah sie mit der Neugierde eines kleinen Mädchens über den Rand ihres Glases Himbeersaft an, während sie in einem Nachtlokal ein oder zwei Cocktails tranken. Den Trubel, die Musik und das Tanzen, das alles nahm sie mit großen Augen wie ein Wunder in sich auf, und es gefiel ihr in jedem Augenblick.

Manchmal kam Onkel Richard, der Bruder ihrer Mutter, mit. Sie und Onkel Richard waren große Freunde. Onkel Richard war es, der ihr die Puppen schenkte.

„Was Lustiges passierte heute", hatte er gesagt. „Ich gehe über den Rodgers-Platz, am Marinegebäude vorbei – du weißt, Edith, Doktor Howard hatte dort sein Büro –, da fällt plötzlich hinter mir etwas auf den Gehsteig. Ich drehe mich um, und da liegt dieses Paket."

„Dieses Paket" war eine weiße Schachtel, ein bisschen größer als ein Schuhkarton, und sonderbarerweise mit einem grauen Band zugebunden. Sam Walters, Aubreys Vater, betrachtete es neugierig.

„Sieht gar nicht beschädigt aus", sagt er. „Das kann nicht aus einem sehr hohen Fenster hinuntergefallen sein. Und es war so zugebunden?"

„Genau so. Ich habe das Band wieder draufgegeben, nachdem ich die Schachtel geöffnet und hineingesehen hatte. Das heißt natürlich nicht, dass ich es gleich dort aufgemacht hätte. Ich blieb nur stehen, um zu schauen, wem es hinuntergefallen sein mochte – ich dachte, es würde jemand aus dem

Fenster hinausschauen. Aber das war nicht der Fall, und so hob ich die Schachtel auf. Es war etwas drinnen, nicht sehr schwer, und die Schachtel mit dem Band herum sah nicht so aus – nun ja, eben nicht so, als ob sie jemand absichtlich fortgeworfen hätte. Ich schüttelte die Schachtel ein wenig und …"

„Gut, gut", sagte Sam Walters. „Erspare uns die Einzelheiten. Du bist also nicht draufgekommen, wer sie hinunterwarf?"

„Richtig. Und ich bin bis in den dritten Stock hinaufgestiegen und habe die Leute gefragt, die über der Stelle wohnten, wo ich die Schachtel fand, und deren Fenster offen waren. Sie waren durch Zufall alle zu Hause, und keiner von ihnen hatte die Schachtel jemals gesehen. Ich dachte, sie wäre von einem Sims hinuntergefallen. Indessen …"

„Was ist denn drinnen, Dick?", fragte Edith.

„Puppen. Vier Stück. Ich habe sie für Aubrey mitgebracht. Wenn sie sie will."

Er knüpfte das Band um die Schachtel auf, und Aubrey sagte:

„Ohhhhh, Onkel Richard. Die – die sind entzückend."

Sam sagte: „Hm. Sie schauen fast mehr wie Kostümpuppen aus, wie Mannequins. Die Art, wie sie angezogen sind, meine ich. Da muss jede einige Dollar gekostet haben. Bist du sicher, dass sich der Eigentümer nicht meldet?"

Richard zuckte die Achseln. „Könnte mir nicht denken, wie. Wie ich dir gesagt habe, bin ich in den dritten Stock hinaufgestiegen und habe alle gefragt, obwohl ich mir nach dem Aussehen der Schachtel und nach der geringen Wucht, mit der sie auffiel, sagte, dass sie gar nicht von so hoch oben gekommen sein konnte. Und als ich sie aufgemacht hatte, na ja, sieh selbst!" Er nahm eine der Puppen und hielt sie Walters hin.

„Wachs. Die Köpfe und Hände, nicht wahr. Und nicht eine von ihnen zerbrochen. Sie können nicht höher als vom zweiten Stock hinuntergefallen sein. Aber selbst dann kann ich mir nicht vorstellen wie." Er zuckte wiederum die Achseln.

„Das sind die Giesenstecks", sagte Aubrey.

„Die was?", fragte Sam.

„Ich werde sie Giesenstecks nennen", sagte Aubrey. „Schau, das hier ist Papa Giesensteck, das ist Mama Giesensteck, das kleine Mädchen da – das – das ist Aubrey Giesensteck. Und den zweiten Herrn, den nennen wir Onkel Giesensteck. Der Onkel von dem kleinen Mädchen."

Sam kicherte. „Wie wir, was? Wenn aber Onkel – äh – Giesensteck der Bruder von Mama Giesensteck ist, so wie Onkel Richard Mamas Bruder ist, dann würde er ja nicht Giesensteck heißen."

„Das ist ganz gleich", sagte Aubrey. „Sie heißen alle Giesensteck. Papa, kaufst du mir ein Haus für sie?"

„Ein Puppenhaus? Na ja ..." Er hatte schon sagen wollen: „Na ja, freilich", da traf ihn ein Blick seiner Frau, und er besann sich. Es war nur mehr eine Woche bis zu Aubreys Geburtstag, und sie hatten sich bereits den Kopf darüber zerbrochen, was sie ihr kaufen sollten. So sagte er also rasch: „Na ja, ich weiß jetzt nicht. Ich werde es mir durch den Kopf gehen lassen."

206   Es war ein schönes Puppenhaus. Es war ebenerdig, aber ziemlich ausgearbeitet. Es hatte ein Dach, das sich abheben ließ, sodass man die Möbel umstellen und die Puppen aus einem

Raum in den anderen geben konnte. Es passte sehr gut zu den Mannequins, die Onkel Richard gebracht hatte.

Aubrey war hingerissen. Alle ihre anderen Spielsachen waren vergessen, und das Leben und Treiben der Giesenstecks füllte ihr ganzes kleines Leben aus.

Es dauerte eine ganze Weile, bis das Sam Walters auffiel und er darüber nachzudenken anfing, welch sonderbaren Aspekt doch das Treiben der Giesenstecks eigentlich hatte. Zunächst mit einem stillen Lächeln über die Vorfälle, die einander ablösten. Und dann mit einer gewissen Verwirrung.

Es dauerte dann noch eine Zeit lang, bis er Richard einmal auf die Seite nahm. Sie waren alle vier gerade von einem Theaterstück nach Hause gekommen.

„Äh – Dick."

„Ja, Sam?"

„Diese Puppen, Dick. Wo hast du sie wirklich her?"

Richard starrte ihn verständnislos an. „Was soll das heißen, Sam? Ich habe dir doch gesagt, wo ich sie herhabe."

„Schön. Aber du hast dir nicht vielleicht einen Scherz erlaubt oder so etwas? Ich meine, vielleicht hast du sie für Aubrey gekauft und dir gedacht, wir würden nicht einverstanden sein, wenn du ihr so ein teures Geschenk machst. So hast du … ähem …"

„Nein, auf Ehre. Wirklich nicht."

„Aber zum Teufel, Dick, die können doch nicht hinuntergefallen oder hinuntergeworfen worden und nicht zerbrochen sein. Sie sind doch aus Wachs. Könnte nicht jemand, der hinter dir ging … oder in einem Auto vorüberfuhr oder so etwas?"

207

„Es war niemand da, Sam. Kein Mensch. Ich habe mich das selbst schon gefragt. Wenn ich aber gelogen hätte, dann würde ich nicht eine so verrückte Geschichte erfunden haben, oder? Ich hätte einfach gesagt, ich habe sie auf einer Parkbank gefunden oder im Kino auf einem Sitz. Aber warum fragst du mich?"

Sam Walters beschäftigte sich auch weiter damit.

Es waren Kleinigkeiten, meistens. Wie damals, als Aubrey gesagt hatte: „Papa Giesensteck ist heute nicht ins Büro gegangen. Er ist krank und liegt im Bett."

„So?", hatte Sam gefragt. „Was fehlt denn dem Herrn?"

„Magenverstimmung, glaube ich."

Am nächsten Morgen beim Frühstück. „Und wie geht es Mr Giesensteck, Aubrey?"

„Ein bisschen besser, aber er darf heute noch nicht wieder ins Büro, hat der Doktor gesagt. Morgen vielleicht."

Am nächsten Tag ging Mr Giesensteck wieder ins Büro. Das war, wie sich zeigte, der Tag, an dem Sam Walters nach Hause kam und sich sehr schlecht fühlte, weil er zum Lunch etwas Unrechtes gegessen hatte. Ja, er musste zwei Tage zu Hause bleiben. Das erste Mal seit mehreren Jahren, dass er einer Krankheit wegen zu Hause geblieben war.

Und manches kam schneller als dies, manches langsamer. Man konnte nicht mit Bestimmtheit sagen: „Wenn dies und das den Giesenstecks widerfährt, dann wird es innerhalb von vierundzwanzig Stunden auch uns passieren." Manchmal geschah es in weniger als einer Stunde. Dann dauerte es wieder eine Woche.

„Mama und Papa Giesensteck haben heute gestritten." Und Sam hatte sich bemüht, diesen Streit mit Edith zu vermeiden, doch es schien, als ginge es einfach nicht. Er war ziemlich spät nach Hause gekommen, ohne jedoch etwas dafür zu können. Es war schon oft vorgekommen, aber diesmal nahm Edith es anders auf. Sanfte Entgegnungen waren nicht imstande gewesen, diesen Groll abzuwehren, und schließlich hatte er selbst die Beherrschung verloren.

„Onkel Giesensteck fährt weg auf Besuch."

Richard hatte die Stadt seit Jahren nicht verlassen, aber plötzlich fiel es ihm ein, für die kommende Woche nach New York hinunterzufahren. „Pete und Amy, wisst ihr. Sie haben mir einen Brief geschrieben, in dem sie mich einladen."

„Wann?", fragte Sam, beinahe scharf. „Wann hast du diesen Brief erhalten?"

„Gestern."

„Dann hast du also vergangene Woche noch nicht … das klingt ein bisschen blöd, Dick, aber hast du vergangene Woche daran gedacht, irgendwohin zu fahren? Hast du mit … mit jemandem über die Möglichkeit, dass du jemandem einen Besuch abstatten könntest, gesprochen?"

„Gott, nein. Ich habe seit Monaten nicht einmal an Pete und Amy gedacht, bis ich gestern ihren Brief bekam. Sie wollen, dass ich eine Woche bleibe."

„Du wirst vielleicht in drei Tagen zurück sein", hatte Sam gesagt. Aber er wollte keine Erklärung dafür geben, auch nicht, als Richard tatsächlich nach drei Tagen zurückkam. Es war einfach zu einfältig, jemandem zu sagen, dass er gewusst hatte, wie lange Richard weg sein würde, bloß weil Onkel Giesensteck ebenso lange fort gewesen war.

Sam Walters fing an, seine Tochter zu beobachten und sich eine Frage vor zu stellen. Sie war es natürlich, die die Giesenstecks alles unternehmen ließ. War es möglich, dass Aubrey irgendeine sonderbare Hellsicht besaß, die sie unbewusst dazu veranlasste, Dinge vorauszusagen, die den Walters und Richard zustoßen würden?

Er glaubte natürlich nicht an Hellseherei. Aber war Aubrey vielleicht doch so hellseherisch veranlagt?

„Mrs Giesensteck geht heute einkaufen. Sie wird sich einen neuen Mantel kaufen."

Das klang beinahe nach Verabredung.

Edith hatte Aubrey zugelächelt und dann Sam angesehen. „Da fällt mir ein, Sam, morgen bin ich in der Stadt. Es ist gerade Ausverkauf bei …"

„Aber Edith, jetzt ist Krieg. Und du brauchst doch keinen Mantel."

Er debattierte mit ihr so ernsthaft, dass er darüber zu spät ins Büro kam. Und er hatte einen schweren Stand, weil sie sich den Mantel wirklich leisten konnten, und weil sie sich tatsächlich seit zwei Jahren keinen gekauft hatte. Aber er konnte nicht erklären, dass der wirkliche Grund der war, dass Mrs Giesen… nein, es war so lächerlich, dass er es nicht einmal in Gedanken wiederholen konnte.

Edith kaufte sich den Mantel.

Sonderbarerweise hatte Sam das Gefühl, dass niemand anderer diese merkwürdigen Zufälle bemerkte. Aber Richard war nicht immer da, und Edith besaß die Gabe, dem Geschnatter Aubreys zuzuhören, ohne dass ihr neun Zehntel davon überhaupt bewusst wurden.

„Aubrey Giesensteck hat heute ihr Zeugnis nach Hause gebracht, Papa. Sie hat einen Einser in Rechnen und einen Zweier in Lesen und …"

Zwei Tage später rief Sam den Direktor der Schule an. Von einer öffentlichen Telefonzelle natürlich, damit ihn niemand hören konnte.

„Mr Bradley, ich möchte Sie etwas fragen, wofür ich einen – äh – ziemlich sonderbaren Grund habe. Es ist aber wichtig für mich. Wäre es einem Schüler Ihrer Schule möglich, schon vorher genau zu wissen, welche Noten …"

Nein, nicht möglich. Die Lehrer selbst wussten es nicht immer, bevor die Zeugnisse geschrieben waren, und das war erst gestern Vormittag geschehen, während die Kinder spielten.

„Sam", sagte Richard, „du siehst schlecht aus. Sorgen im Geschäft? Schau, die Lage bessert sich ja."

„Das ist es nicht, Dick. Ich habe – keine Sorgen. Das heißt, nicht direkt …" Und er musste sich aus dem Kreuzverhör herausschwindeln, indem er Richard eine Sorge oder zwei aufband, damit er sich zufrieden gab.

Er dachte viel über die Giesenstecks nach. Zu viel. Hätte er zu Aberglauben oder zur Leichtgläubigkeit geneigt, es wäre nicht so arg gewesen. Aber das war eben nicht der Fall. Deshalb traf ihn auch jede neue sonderbare Übereinstimmung ein wenig härter.

Sowohl Edith als auch ihrem Bruder fiel das auf und sie sprachen in seiner Abwesenheit darüber.

„Er hat sich in letzter Zeit wirklich sonderbar aufgeführt, Dick. Ich … ich bin wirklich besorgt. Er benimmt sich so … Glaubst du, wir könnten ihn dazu überreden, dass er zu einem Arzt geht oder zu einem …"

„Psychiater? Hm, wenn er darauf eingeht. Aber ich kann es mir nicht vorstellen, Edith. Irgendwas nagt an ihm, ich muss aus ihm herausbekommen, was, aber er spricht sich nicht aus. Weißt du, ich glaube, es hat etwas mit diesen verdammten Puppen zu tun."

„Puppen? Du meinst Aubreys Puppen? Die, die du ihr geschenkt hast?"

„Ja, die Giesenstecks. Er sitzt da und starrt das Puppen-haus an. Ich habe gehört, wie er dem Kind darüber Fragen stellt, und im Ernst, ich glaube fast, er bildet sich wegen der Puppen was ein oder so was. Es dreht sich jedenfalls um sie."

„Aber Dick, das ist doch furchtbar!"

„Schau, Ditha, Aubrey kümmert sich nicht mehr so viel um sie wie früher. Gibt es etwas, das sie sich sehr wünscht?"

„Ja, Tanzstunden. Aber sie lernt bereits Geige, und ich glaube nicht, dass wir ihr …"

„Glaubst du, dass sie die Puppen sein ließe, wenn wir ihr Tanzstunden versprächen? Mir scheint, wir sollten sie ver-schwinden lassen. Und da ich Aubrey nicht wehtun will …"

„Gut, aber was sollen wir ihr sagen?"

„Sag ihr, ich kenne eine arme Familie mit Kindern, die überhaupt keine Puppen haben. Ich glaube, dass sie einver-standen sein wird, wenn du ihr das mit allem Nachdruck sagst."

„Aber Dick, was sollen wir Sam sagen? Er wird uns durch-schauen."

„Sam sagst du, wenn Aubrey nicht dabei ist, dass du glaubst, dass sie für Puppen nun schon zu groß wird, und dass … sag ihm, dass sie sich mehr damit beschäftigt, als ihr gut tut, und dass der Arzt den Rat gegeben hat, so etwas."

Aubrey war nicht begeistert. Sie war nicht mehr so auf die Giesenstecks versessen wie am Anfang, als sie ihr neu waren, aber sie hätte gern Puppen *und* Tanzstunden gehabt.

„Ich glaube nicht, dass du für beides Zeit haben wirst, Lieb-ling. Und da sind ja diese armen Kinder, die überhaupt keine Puppen zum Spielen haben und die dir Leid tun sollten."

So gab Aubrey schließlich nach. Die Tanzschule wurde al-lerdings erst in zehn Tagen eröffnet, und sie wollte die Puppen behalten, bis die Stunden anfingen. Diskussionen darüber führten zu nichts.

„Das ist schon in Ordnung, Ditha", sagte Richard. „In zehn Tagen ist es besser als überhaupt nicht, und, na ja, wenn sie sie überhaupt nicht hergibt, gibt es einen Wirbel, und Sam kommt hinter das, was wir vorhaben. Du hast ihm doch kein Sterbenswörtchen gesagt?"

„Nein, aber vielleicht wäre es besser, wenn wir ihm sagen würden, dass wir sie …"

„Bestimmt nicht. Wir wissen nicht, was es eigentlich ist, das ihn daran fasziniert oder abstößt. Warten wir's ab, und sag ihm, Aubrey hat sie bereits hergeschenkt. Sonst könnte er irgendwelche Einwände erheben, oder er könnte die Puppen selbst behalten wollen. Wenn ich sie vorher fortbringe, kann er nichts mehr machen."

„Du hast Recht, Dick. Und Aubrey wird es ihm nicht sagen, weil ich ihr gesagt habe, dass die Tanzstunden eine Überraschung für Sam sein sollen. Sie kann ihm nichts von den Puppen sagen, wenn sie nicht die Tanzstunden erwähnt."

„Prima, Edith."

Es wäre vielleicht besser gewesen, wenn Sam davon gewusst hätte. Aber vielleicht wäre trotzdem alles genauso geschehen.

Der arme Sam.

Er erlebte gleich am Abend eine böse Überraschung. Eine Schulfreundin von Aubrey war zu Besuch, und die beiden Kinder spielten mit dem Puppenhaus.

Sam beobachtete sie, während er gleichmütig dreinzusehen versuchte. Edith strickte, und Richard, der gerade gekommen war, las die Zeitung. Nur Sam hörte den Kindern zu und vernahm daher den Vorschlag:

„... und jetzt spielen wir Begräbnis, Aubrey. Wir tun einfach so, als wäre einer von ihnen ..."

Sam Walters stieß einen erstickten Schrei aus und wäre beinahe hingefallen, als er quer durchs Zimmer ging.

Es gab einen peinlichen Augenblick, aber Edith und Richard gelang es, so zu tun, als wäre nichts gewesen. Edith fand, es sei schon Zeit für Aubreys kleine Freundin, nach Hause zu gehen. Sie warf Richard einen bezeichnenden Blick zu, und sie brachten beide das Mädchen hinaus.

Sie flüsterte: „Dick, hast du gesehen ..."

„Etwas ist nicht in Ordnung, Ditha. Vielleicht sollten wir abwarten. Aubrey hat schließlich gesagt, dass sie sie hergeben wird, und ..."

Im Wohnzimmer rang Sam immer noch nach Luft. Aubrey sah ihn so an, als fürchtete sie sich vor ihm. Es war das erste Mal, dass sie ihn so ansah, und Sam fühlte sich beschämt. Er sagte: „Herzchen, es tut mir Leid – aber hör zu, versprich mir, dass du niemals mit deinen Puppen Begräbnis spielen wirst. Oder dass eine von ihnen schwer krank ist oder einen Unfall hat – oder überhaupt etwas Schlimmes. Versprichst du's?"

„Ja, Papa. Ich werde sie jetzt wegräumen für heute."

Sie deckte das Puppenhaus zu und ging in die Küche.

Im Vorzimmer sagte Ditha: „Ich werde mit Aubrey allein reden und die Sache in Ordnung bringen. Du sprichst mit Sam. Sag ihm, wir wollen heute Abend ausgehen, irgendwohin, dass er von dem allem wegkommt. Versuch's einmal."

Sam starrte noch immer auf das Puppenhaus.

„Wollen wir uns nicht unterhalten gehen, Sam?", fragte Richard. „Wie wär's, wenn wir ausgingen? Wir sind die ganze Zeit hier herumgesessen. Es wird uns gut tun."

Sam holte tief Atem. „Okay, Dick. Wenn du meinst. Ich – ich könnte ein wenig Zerstreuung brauchen, scheint mir."

Ditha kam mit Aubrey zurück und blinzelte ihrem Bruder zu. „Ihr geht inzwischen voraus und holt ein Taxi vom Taxistand an der Ecke. Aubrey und ich werden unten sein, bis ihr zurückkommt."

Hinter Sams Rücken warf Richard Edith einen fragenden Blick zu, als die Männer gerade ihre Mäntel anzogen, und sie nickte als Antwort.

Draußen lag dichter Nebel. Man sah nur ein paar Schritte weit.

Sam bestand darauf, dass Richard beim Haustor auf Edith und Aubrey wartete, während er um das Taxi ging. Die Frau und das Mädchen kamen gerade einen Augenblick vor Sams Rückkehr herunter.

Richard fragte: „Hast du …"

„Ja, Dick. Ich wollte sie wegwerfen, aber ich habe sie stattdessen hergeschenkt. So sind sie jedenfalls fort; am Ende hätte er sie noch in der Mülltonne gesucht, wenn ich sie weggeworfen hätte, und gefunden."

„Hergeschenkt? An wen?"

„Das ist das lustigste, Dick. Ich habe die Tür aufgemacht, und da ging eine alte Frau auf dem Gang vorbei. Ich weiß nicht, aus welcher Wohnung sie kam. Sie muss eine Putzfrau oder so etwas gewesen sein, obwohl sie wie eine Hexe ausgesehen hat. Als sie aber die Puppen in meiner Hand sah …"

„Da kommt das Taxi", sagte Dick. „Hast du sie ihr gegeben?"

„Ja. Es war sonderbar. Sie hat gesagt: ‚Gehören sie mir? Für immer?' Ist das nicht eine sonderbare Frage? Aber ich habe nur gelacht und gesagt: ‚Ja, Madame. Für im…'"

Sie verstummte, denn der schattenhafte Umriss des Taxis tauchte am Randstein auf, und Sam öffnete den Schlag und rief: „Na, kommt schon!"

Aubrey schlüpfte über den Gehsteig ins Taxi, und die anderen ihr nach.

Es fuhr an.

Der Nebel war dichter geworden. Durch die Fenster konnte man nichts sehen. Es war, als stünde eine graue Wand vor den Scheiben, als wäre die Welt draußen völlig und für immer verschwunden. Sogar die Windschutzscheibe bot von ihrem Platz aus nur ein gleichmäßiges, undurchdringliches Grau.

„Wieso fährt der so schnell?", fragte Dick, und in seiner Stimme bebte leichte Nervosität. „Wo fahren wir denn übrigens hin, Sam?"

„Oh, jetzt habe ich ganz vergessen, es ihr zu sagen", entgegnete Sam.

„Ihr?"

„Ja. Eine Frau sitzt am Steuer. Haben ja jetzt viele Taxis. Ich …"

Er beugte sich vor und klopfte an die Glasscheibe. Die Frau drehte sich um. Edith sah ihr Gesicht und schrie.

(Aus dem Amerikanischen von B. A. Egger)

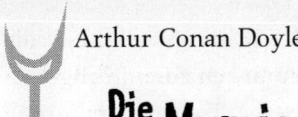

Arthur Conan Doyle

Die Mumie

Es kann sein, dass das, was sich zwischen Edward Bellingham und William Monkhouse Lee abspielte und Abercrombie Smith einen solchen Schrecken einjagte, nie endgültig geklärt werden wird.

Es stimmt zwar, dass wir eine genaue und umfassende Beschreibung von Smith haben, dazu die Bestätigungen von Thomas Styles, dem Diener, von Reverend Plumptree Peterson, „Fellow of Old's", und anderen Personen, die zufällig Zeuge dieses oder jenes Ereignisses in einer merkwürdigen Folge von Begebenheiten wurden, doch Hauptzeuge der Geschichte war Smith. Die meisten werden es für wahrscheinlicher halten, dass ein einzelner Mensch, und wirke er noch so normal, einen kleinen Knacks hat, als dass in einem so berühmten Zentrum des Lernens und Lehrens wie der Universität Oxford am helllichten Tage die Naturgesetze übertreten würden. Wenn wir uns aber überlegen, wie schwer zu fassen diese Gesetze sind und wie in der sie einhüllenden Dunkelheit sonderbare und seltsame Möglichkeiten lauern, dann muss man schon sehr kühn und zuversichtlich sein, um Grenzen ziehen zu wollen, die dem Menschengeist gesetzt sind.

In einem Flügel des Old College in Oxford, wie wir es nennen wollen, befindet sich ein Eckturm von ehrwürdigem Alter. Der schwere Bogen, der die offene Tür überspannt, hat sich unter der Last der Jahre in der Mitte gesenkt, und die grauen Steinblöcke werden von Efeuranken zusammengehalten. Von der Tür führt eine steinerne Treppe spiralförmig nach oben. Sie endet mit dem dritten Absatz, und ihre Stufen sind von den Schuhen so vieler Generationen Wissensdurstiger abgetreten worden.

Von den langgewanderten Scholaren aus der Zeit der Plantagenets bis zu den Studenten neuerer Zeit strömte kraftvolles englisches Leben diese Treppe hinauf und hinab. Und was ist von all den Hoffnungen geblieben, von all dem Streben und Bemühen? Vielleicht ein paar Kratzer auf einem verwitterten Grabstein auf irgendeinem vergessenen Friedhof, vielleicht eine Hand voll Staub in einem vermoderten Sarg. Die stumme Treppe aber war noch da, die alte graue Mauer mit ihren Inschriften und Kritzeleien aus längst vergangenen Tagen.

Im Mai des Jahres 1884 bewohnten drei junge Männer die Wohnungen, die man jeweils von einem Absatz der alten Treppe aus betrat. Jede Wohnung bestand aus einem Wohn- und einem Schlafzimmer, während die beiden entsprechenden Räume im Erdgeschoss eine andere Verwendung fanden: Der eine diente als Kohlenkeller, der andere als Wohnzimmer des Dieners Thomas Styles, dessen Aufgabe es war, den drei Männern über sich aufzuwarten. Zur Rechten und zur Linken erstreckten sich Vorlesungs- und Büroräume, sodass die Bewohner des alten Turms sich einer gewissen Abgeschiedenheit erfreuten, wodurch die Räumlichkeiten bei den fleißigeren Studenten beliebt waren. Und um solche handelte es sich bei den dreien, die sie jetzt innehatten: Abercrombie

Smith ganz oben, Edward Bellingham in der Mitte und William Monkhouse Lee im ersten Stock.

Es war an einem lauen Frühlingsabend gegen zehn Uhr, und Abercrombie Smith lag in seinem Sessel, die Füße auf dem Kamingitter und die Bruyere-Pfeife zwischen den Zähnen. Auf der anderen Seite des Kamins saß, in einem gleichen Sessel und in gleicher Ungezwungenheit, sein alter Schulfreund Jephro Hastie.

Beide trugen Flanellhosen, denn sie hatten den Abend auf dem Fluss zugebracht, doch sah man schon ihren scharf geschnittenen und aufgeweckten Gesichtern an, dass sie allem zugetan waren, was sportlich, robust und männlich war. In der Tat war Hastie der Schlagmann seines Collegebootes und Smith ein ausgezeichneter Ruderer, doch hielt ihn eine bevorstehende Prüfung an seine Arbeit gefesselt, sodass ihm nur wenige Stunden in der Woche für körperlichen Ausgleich blieben.

Ein Wust medizinischer Bücher auf dem Tisch, dazu Knochen, Modelle und anatomische Tafeln: Sein Studiengebiet war leicht zu bestimmen. Einige Degen und ein Paar Boxhandschuhe über dem Kaminsims wiesen auf die Sportarten hin, die er, mit Hasties Hilfe, ausübte. Sie kannten einander sehr gut – so gut, dass sie, wie jetzt, miteinander schweigen konnten.

„Nimm dir einen Whisky", sagte Abercrombie Smith endlich. „Scotch in der Karaffe. Irish in der Flasche."

„Nein, danke. Ich rudere. Und im Training trinke ich keinen Alkohol. Wie steht's mit dir?"

„Ich muss büffeln. Werde lieber die Finger davonlassen."

Hastie nickte, und sie versanken wieder in zufriedenes Schweigen.

„Was mir gerade einfällt, Smith", sagte Hastie nach einer Weile. „Wie stehst du zu deinen beiden Mitbewohnern?"

„Wir nicken uns zu, wenn wir uns begegnen; das ist alles."

„Dabei solltest du's bewenden lassen. Ich weiß von beiden zwar nicht viel – aber mir genügt's. An deiner Stelle würde ich sie mir vom Leibe halten. Was nicht heißen soll, dass ich was gegen Monkhouse Lee habe."

„Den Dünnen?"

„Genau. Er ist ein netter Kerl. Ich glaube nicht, dass was Böses in ihm steckt. Aber man kann ihn nicht kennen, wenn man Bellingham nicht kennt."

„Den Dicken?"

„Den Dicken. Dem würde ich lieber aus dem Wege gehen."

Abercrombie Smith hob die Augenbrauen und blickte zu seinem Freund hinüber.

„So? Was ist's denn für einer?", fragte er. „Säufer? Spieler? Prolet? Du bist doch sonst nicht so abwertend."

„Siehst du: Du kennst den Kerl nicht, sonst würdest du nicht fragen. Er hat irgendwas Verdammenswertes an sich – etwas Reptilienhaftes. Mir wird immer übel, wenn ich ihn sehe. Ich traue ihm geheime Laster zu – irgendwas Finsteres. Aber ein Dummkopf ist er nicht. Man sagt, er sei einer der Besten, die sie auf dem College je gehabt hätten."

„Medizin oder Philologie?"

„Orientalische Sprachen. Da muss er ein Genie sein. Chillingworth ist ihm einmal oberhalb des zweiten Katarakts begegnet, und der hat mir erzählt, er hätte mit den Arabern drauflos geplappert, als wäre er mitten unter ihnen geboren und aufgewachsen. Mit den Kopten spricht er koptisch, mit den Juden spricht er hebräisch, mit den Beduinen arabisch, und alle hätten ihm am liebsten den Saum seines Gewandes geküsst.

Da unten gibt's so komische Einsiedler, die auf Steinen sitzen und jeden Fremden begeifern und bespucken. Na, und dieser Bellingham, der hat bloß drei Worte zu ihnen gesagt, und schon lagen sie vor ihm auf der Erde und krümmten sich. Chillingworth sagt, so etwas hätte er noch nie gesehen. Bellingham muss es für selbstverständlich gehalten haben: Er ist zwischen ihnen umherstolziert und hat sie von oben herab behandelt wie ein Pascha."

„Weshalb hast du gesagt, man kann Lee nicht kennen, ohne Bellingham zu kennen?"

„Weil Bellingham mit seiner Schwester Eveline verlobt ist. Ein süßes Mädchen, Smith! Ich kenne die ganze Familie ziemlich gut. Ekelhaft, dieses Untier mit ihr zu sehen. Eine Kröte und eine Taube, daran erinnern sie mich immer."

Abercrombie Smith grinste und klopfte am Kamingitter die Asche aus.

„Du bist ja ganz schön deutlich, mein Junge", sagte er. „Sonst hast du nichts gegen ihn?"

„Nun ja, ich kenne sie, seit sie so klein war wie diese Pfeife, und ich hätte nicht gern, dass sie sich in Gefahr begibt. Er sieht tierisch aus und er hat ein tierisches Wesen. Erinnerst du dich an seine Auseinandersetzung mit Long Norton?"

„Nein. Du weißt, dass ich noch nicht lange hier bin."

„Das war im letzten Winter. Jedenfalls kennst du den Pfad am Fluss unten. Auf dem gingen etliche Kommilitonen spazieren. Bellingham voraus und dann kam ihnen eine alte

Marktfrau entgegen. Es hatte geregnet. Du weißt ja, wie's da aussieht, wenn's geregnet hat … Der Pfad verlief zwischen dem Fluss und einer Pfütze, die fast genauso breit war. Na, und was tut das Schwein? Geht geradeaus und stößt die alte Frau mitsamt ihrem Kram in den Schlamm. Es war eine Gemeinheit, und Long Norton, ein sehr anständiger Kerl, hat ihm dann die Meinung gesagt. Ein Wort führte zum anderen, und es endete damit, dass Norton dem Schuft eins mit dem Stock überzog. Es gab einen tollen Wirbel, und was Bellingham jetzt für ein Gesicht macht, wenn er Norton begegnet, das muss man gesehen haben. Himmel, Smith, es ist ja schon fast elf!"

„Nicht so eilig. Rauch eine Pfeife."

„Kommt nicht infrage. Ich bin doch im Training. Hier sitze ich rum, schwatze und müsste schon längst in den Federn liegen. Ich leihe mir den Schädel aus, wenn du ihn entbehren kannst. Williams hat meinen schon seit vier Wochen. Die Ohrknöchelchen nehme ich auch mit, wenn du sie ganz bestimmt nicht brauchst. Eine Tüte brauch ich nicht, ich kann's so tragen. Gute Nacht, mein Sohn, und hüte dich vor deinem Nachbarn."

Als Hastie mit seiner anatomischen Beute die Wendeltreppe hinabgeklappert war, legte Abercrombie Smith seine Pfeife zur Seite, zog seinen Stuhl an die Lampe und vertiefte sich in einen dicken Wälzer mit großen farbigen Tafeln des menschlichen inneren Reiches.

In Oxford war der Student zwar ein Neuling, doch nicht in der Medizin, denn er hatte vier Jahre in Glasgow und in Berlin studiert, und die bevorstehende Prüfung sollte ihn endgültig in die Reihe seiner Kollegen eingliedern. Er hatte einen strengen Mund, eine hohe Stirn und ein gut geschnittenes

Gesicht. Was ihm vielleicht an überdurchschnittlicher Bega-
bung fehlte, ersetzte er durch Fleiß und Ausdauer, und es war
denkbar, dass er zu guter Letzt einem Genie, dem alles nur so
zufliegt, überlegen sein würde. Wer unter Schotten und
Preußen seinen Mann gestanden hat, ist nicht so leicht aus
dem Gleis zu werfen. Smith hatte sich in Glasgow und in
Berlin einen guten Namen gemacht und er war entschlossen,
das Gleiche in Oxford zu erreichen. An Fleiß und Hingabe
sollte es nicht fehlen.

Er arbeitete etwa eine Stunde, und die Zeiger der ge-
räuschvollen Uhr auf dem Abstelltisch näherten sich beide
der Zwölf, da hörte er plötzlich einen sonderbaren Ton, etwas
Scharfes, Schrilles, dem zischenden Einatmen eines Menschen vergleichbar, der in großer Erregung Luft holt. Smith
legte sein Buch beiseite und lauschte. Zu beiden Seiten war
niemand, über ihm auch nicht, also musste die Störung von
unten kommen, von dem Mitbewohner, den Hastie als so widerwärtig beschrieben hatte. Smith kannte ihn nur als bleich-
gesichtigen Mann, der still und fleißig war und dessen Lampe
auch dann noch einen Lichtschein aus dem Turm warf, wenn
er seine längst gelöscht hatte. Durch diese Gemeinsamkeit
des langen Aufbleibens war eine gewisse unausgesprochene
Bindung zwischen ihnen vorhanden. Es war ein tröstliches
Gefühl, wenn das Morgengrauen sich näherte, einen anderen
so nahe zu wissen, der dem Schlaf ebenso wenig Bedeutung
beimaß wie man selbst. Sogar jetzt, als Smith nur an ihn
dachte, empfand er freundliche Gefühle. Hastie war ein netter Kerl, aber etwas grob und ohne Mitgefühl. Es fehlte ihm
der Sinn für alles, was von seiner Vorstellung des „Männlichen" abwich. Wie so viele robuste Menschen neigte er dazu,
Konstitution mit Charakter zu verwechseln, für einen Man-

gel an Prinzipien zu halten, was in Wirklichkeit vielleicht bloß eine Kreislaufschwäche war. Smith kannte die Einstellung seines Freundes, als er seine Gedanken auf den Mann unter sich richtete.

Das merkwürdige Geräusch wiederholte sich nicht, und Smith wollte sich gerade seiner Lektüre zuwenden, als plötzlich ein heiserer Schrei die Stille der Nacht zerriss, der Schrei eines Menschen, den das äußerste Entsetzen gepackt hat. Smith sprang auf. Er war zwar nicht so leicht aus der Ruhe zu bringen, doch schwang in diesem Schreckensschrei etwas mit, das ihm einen Schauder über den Rücken jagte. Sollte er hinablaufen, oder war es besser abzuwarten? Es war ihm zuwider, eine Szene zu machen, und er kannte seinen Mitbewohner so wenig, dass er sich ungern in seine Privatangelegenheiten einmischte. Einen Augenblick lang stand er zweifelnd da und überlegte, was zu tun sei. Die Entscheidung wurde ihm abgenommen, denn es kamen hastige Tritte die Treppe herauf, und der junge Monkhouse Lee platzte ins Zimmer, aschfahl und halb bekleidet.

„Kommen Sie bitte herunter!", keuchte er. „Bellingham ist krank."

Abercrombie folgte ihm auf den Fersen nach unten ins Wohnzimmer, das genau unter dem seinen lag. Trotz des Anlasses blickte er sich verwundert um, als er die Schwelle überschritt. Ein solches Zimmer hatte er noch nie gesehen. Es glich eher einem Museum als einer Studentenbude. Wände und Decke waren von zahllosen fremdartigen Mitbringseln aus Ägypten und dem Orient bedeckt. Hohe Gestalten mit Lasten oder Waffen standen dicht gedrängt an den Wänden, darüber stierköpfige, storchköpfige, katzenköpfige, eulenköpfige Statuen, dazu vipergekrönte, mandeläugige Herrscher und seltsame, käferähnliche Gottheiten aus blauem ägyptischem Lapislazuli. Horus, Isis und Osiris blickten aus jedem Winkel und von jedem Regal herab, während an der Decke in einer doppelten Schlinge der echte Sohn des „Alten Nils" hing: ein großes Krokodil mit aufgerissenem Rachen.

In der Mitte dieses ausgefallenen Zimmers befand sich ein großer quadratischer Tisch, auf dem Flaschen standen und Papiere und eingetrocknete Palmenblätter lagen. Die verschiedensten Gegenstände waren zusammengeschoben worden, um für einen Mumienbehälter Raum zu schaffen, den man von der Wand hierher gebracht hatte, wie aus einer Lücke ersichtlich war, und der nun auf dem Tisch lag. Die Mumie, ein grässliches, schwarzes, verschrumpftes Etwas, ein verkohlter Kopf auf einem knorrigen Stumpf, war halb ausgewickelt, und ein knochiger Unterarm ragte mit einer klauenhaften Hand auf den Tisch. Eine alte, vergilbte Papyrusrolle war am Sarkophag aufgestellt, und davor saß, in einem hölzernen Lehnstuhl, der Wohnungsinhaber. Sein Kopf war zurückgeworfen, seine weit aufgerissenen Augen starrten zu dem Krokodil an der Decke empor, und seine blauen, dicken Lippen gaben schnaufende Atemlaute von sich.

„Mein Gott! Er stirbt!", rief Monkhouse Lee wie von Sinnen. Er war ein schlanker, gut aussehender Bursche mit olivfarbener Haut und dunklen Augen. Man hätte ihn eher für einen Spanier als für einen Engländer gehalten, und sein keltisches Temperament unterschied sich gewaltig vom angelsächsischen Phlegma des Abercrombie Smith.

„Ohnmachtsanfall, würde ich sagen", sagte der Medizinstudent. „Fassen Sie an. Aufs Sofa mit ihm. Nehmen Sie seine Füße. Meine Güte, was herrscht hier für eine Unordnung! So, jetzt wird er gleich zu sich kommen, wenn wir ihm den Kragen aufmachen und etwas zu trinken geben. Was war denn überhaupt los?"

„Ich weiß es nicht. Ich habe ihn schreien hören. Da bin ich hinaufgelaufen. Es war sehr nett von Ihnen, dass Sie gleich mitgekommen sind."

„Sein Herz schlägt wie ein Paar Kastagnetten", sagte Smith, dessen Hand auf der Brust des Bewusstlosen lag. „Er muss einen wahnsinnigen Schrecken bekommen haben. Spritzen Sie ihm das Gesicht nass. Er sieht ja unheimlich aus."

Es war tatsächlich ein befremdendes und abstoßendes Gesicht, denn Färbung und Konturen waren völlig unnatürlich. Es war weiß, und doch war's keine gewöhnliche Angstblässe, sondern ein absolut blutloses Weiß. Der Mann war fett, doch hatte man den Eindruck, als sei er früher noch erheblich dicker gewesen, denn die Haut hing ihm schlapp und faltig auf den Knochen. Seine hellgrauen Augen waren geöffnet, die Pupillen vergrößert, die Augäpfel starr hervorstehend. Kurze braune Stoppelhaare bedeckten seinen Kopf, und dicke, runzlige Ohren standen weit ab. Smith schaute auf das Gesicht nieder. Noch nie hatte er so deutlich die Gefahrenzeichen der Natur bei einem Menschen gesehen, und Hasties Warnung, die er vor einer Stunde nicht ganz ernst genommen hatte, bekam eine tiefere Bedeutung für ihn.

„Was kann ihn denn bloß so erschreckt haben?", fragte er.

„Die Mumie."

„Die Mumie? Wieso?"

„Ich weiß es nicht. Es ist scheußlich und morbid. Ich wünschte, er würd's lassen. Es ist schon das zweite Mal, dass er mir so einen Schrecken eingejagt hat. Das erste Mal im

Winter. Da habe ich ihn genauso gefunden – mit dem grauslichen Ding vor sich."

„Was macht er denn mit der Mumie?"

„Ach, wissen Sie: Er ist ein bisschen verdreht. Das ist sein Hobby. Er versteht mehr von dem Zeugs als irgendeiner sonst in England. Es wäre besser für ihn, wenn es nicht so wäre. – Da, er kommt zu sich."

Bellinghams geisterhaftes Gesicht belebte sich mit einem zarten Farbton, und seine Augenlider bebten leicht. Er bewegte die Hände, sog pfeifend Luft ein, hob plötzlich den Kopf und sah sich um. Als sein Blick auf die Mumie fiel, sprang er vom Sofa, packte den Papyrus, warf ihn in eine Schublade, verschloss sie und taumelte zum Sofa zurück.

„Was ist denn los?", fragte er. „Was macht ihr hier?"

„Du hast geschrien und einen tollen Lärm gemacht", sagte Monkhouse Lee. „Wenn unser Nachbar nicht mitgekommen wäre, hätte ich nicht gewusst, was ich mit dir anfangen sollte."

„Ach ja, Abercrombie Smith", sagte Bellingham, als er aufschaute. „Haben Sie vielen Dank. Herr im Himmel, was für ein Narr bin ich bloß!"

Er brach in hysterisches Gelächter aus.

„Nun reicht's aber. Hören Sie auf", sagte Smith und packte ihn unsanft bei der Schulter.

„Du bist völlig durchgedreht", sagte Lee. „Wenn du mit diesen kleinen mitternächtlichen Mumienspielen nicht aufhörst, schnappst du über. Weit davon entfernt bist du nicht mehr!"

„Ich möchte wissen", sagte Bellingham, „ob ihr so ruhig wärt wie ich, wenn ihr das gesehen hättet, was ich …"

„Was denn?"

227

„Ach nichts. Ich habe bloß gemeint, ob ihr des Nachts mit einer Mumie zusammen sein könntet, ohne dass die Nerven mit euch durchgehen. Doch, du hast schon Recht. Ich habe mir in letzter Zeit ein bisschen viel zugemutet. Jetzt geht's mir wieder gut. Aber bleibt noch eine Weile, bitte."

„Stickig ist's hier drin", sagte Lee und öffnete das Fenster, um die kühle Nachtluft hereinzulassen.

„Es ist Balsam-Harz", sagte Bellingham. Er nahm eins der trockenen Palmblätter vom Tisch und hielt es über die Lampe. Es zerkräuselte in schweren Rauchschwaden, und ein stechender, beißender Geruch erfüllte das Zimmer. „Das ist die heilige Pflanze – die Pflanze der Priester", sagte er. „Haben Sie eine Ahnung von orientalischen Sprachen, Smith?"

„Nicht die Spur."

Die Antwort schien den Ägyptologen beträchtlich zu erleichtern.

„Nebenbei", fuhr er fort, „wie viel Zeit lag zwischen meinem Schrei und meinem Erwachen?"

„Nicht viel – vielleicht vier oder fünf Minuten."

„Ich habe mir gedacht, dass es nicht sehr lange gewesen sein könnte", sagte er und holte tief Luft. „Aber was für eine seltsame Sache doch Bewusstlosigkeit ist! Sie lässt sich nicht messen. Von mir aus hätte ich nicht sagen können, ob's Sekunden oder Wochen waren. Den Herrn da auf dem Tisch haben sie in der elften Dynastie eingepackt, vor gut viertausend Jahren, und wenn er sprechen könnte, würde er uns sagen, dass dieser Zeitraum nur ein Augenblick gewesen ist: das, was zwischen dem Schließen und Öffnen der Augen liegt. Es ist eine Mumie mit besonderen Qualitäten, Smith."

228

Smith ging zum Tisch und betrachtete die schwarze, verrenkte Gestalt mit den Augen des Mediziners. Die Gesichtszüge waren zwar entsetzlich verfärbt, doch sonst gut erhalten, und zwei kleine, nussähnliche Augen lauerten noch immer in den Tiefen schwarzer Löcher. Die fleckige Haut zog sich straff von Knochen zu Knochen, und eine Fülle wirrer, borstiger Haare trat über die Ohren. Zwei dünne Zähne, wie die einer Ratte, lagen über der eingeschrumpften Unterlippe. Von der zusammengekauerten Haltung, den angewinkelten Gliedmaßen und dem vorgereckten Kopf des Scheusals ging eine solche Energie aus, dass es Smith fast übel wurde. Die hageren Rippen mit ihrem pergamentenen Überzug lagen frei, und der eingesunkene, graue Unterleib zeigte den langen Schnitt des Einbalsamierers; die unteren Gliedmaßen waren in gelbe Bandagen gewickelt. Eine Anzahl kleiner, gewürznelkenähnlicher Stücke von Myrrhen und Kassiazimt waren über den Körper verstreut und lagen im Behälter.

„Ich weiß nicht, wie er heißt", sagte Bellingham und fuhr mit seiner Hand über den eingeschrumpften Kopf. „Sie sehen ja: Der äußere Sarkophag mit der Inschrift fehlt. Posten zweihundertneunundvierzig – Sie sehen es hier auf dem Behälter –, das ist jetzt sein ganzer Name und Titel. Unter dieser Nummer habe ich ihn auf einer Auktion ersteigert."

„Muss zu seiner Zeit ein ganz ordentlicher Bursche gewesen sein", bemerkte Abercrombie Smith.

„Ein Riese ist er gewesen. Seine Mumie ist sechs Fuß und sieben Zoll lang, und für die Verhältnisse da unten ist das eine gewaltige Größe. Fassen Sie mal diese großen, knotigen Knochen an. Mit dem Kerl wäre ich nicht gern handgemein geworden."

„Vielleicht haben diese Hände beim Bau der Pyramiden mitgeholfen", meinte Monkhouse Lee, der mit Abscheu auf die gekrümmten Krallen niederblickte.

„Nicht die Spur. Diesen Burschen haben sie in Natron ein-
gepökelt und mit ganz besonderer Sorgfalt behandelt. Solche
Mühe haben sie sich mit Arbeitern nicht gemacht. Für die
war Salz oder Erdpech gut genug. Irgendjemand hat errech-
net, dass diese Behandlung in unserem Geld etwa siebenhun-
dertdreißig Pfund gekostet haben dürfte. Unser Freund hier
war zumindest ein Adliger. Was halten Sie von der kleinen
Inschrift an den Füßen, Smith?"

„Ich sagte Ihnen doch, dass ich keine orientalischen Sprachen kann."

„Richtig. Es wird der Name des Einbalsamierers sein,
nehme ich an. Er muss ein sehr gewissenhafter Arbeiter gewesen sein. Ich möchte gerne wissen, was aus der heutigen
Zeit die nächsten viertausend Jahre überdauert."

Er plauderte gewandt weiter, doch merkte Abercrombie
Smith ganz deutlich, dass im Untergrund Angst mitschwang.
Seine Hände zitterten, seine Unterlippe bebte, und wo er
auch hinblickte, stets kehrten seine Augen unruhig zu seinem grausigen Gefährten zurück. Bei aller Furcht jedoch war
in Ton und Gebaren eine Spur von Triumph bemerkbar.
Seine Augen leuchteten, und er ging mit flinken und for-
schen Schritten im Zimmer umher. Er machte den Eindruck
eines Menschen, der Schweres durchlebt hat, der aber gerade
dadurch seinem Ziel näher gekommen ist.

„Wollen Sie denn schon gehen?", fragte er, als Smith sich
vom Sofa erhob. Der Gedanke, gleich wieder allein zu sein,
schien alle Ängste neu aufleben zu lassen, und er streckte
eine Hand aus, um den Besucher zurückzuhalten.

„Ja, ich muss gehen. Ich habe noch zu tun. Und Sie sind
wohlauf. Im Übrigen würde ich Ihnen empfehlen, sich mit
weniger morbiden Studien zu befassen."

„Normalerweise macht mir das gar nichts aus, und außerdem habe ich schon mehrfach Mumien ausgepackt."

„Auch beim letzten Mal bist du ohnmächtig geworden", bemerkte Monkhouse Lee.

„Na ja, das schon. Aber jetzt muss ich was einnehmen. Du willst doch nicht etwa schon gehen, Lee?"

„Du weißt doch, Ned: Ich tue, was du willst."

„Dann komme ich mit und lege mich bei dir aufs Sofa. Gute Nacht, Smith. Es tut mir Leid, dass ich Sie belästigt habe."

Sie gaben sich die Hand, und als der Medizinstudent die unregelmäßige Wendeltreppe hinaufstieg, hörte er, wie eine Tür abgeschlossen wurde und seine beiden neuen Bekannten die Stufen hinabgingen.

Auf diese ausgefallene Art und Weise begann die Bekanntschaft von Edward Bellingham und Abercrombie Smith, eine Bekanntschaft, an der Smith nicht gerade viel gelegen war. Bellingham hingegen schien an seinem Mitbewohner Gefallen gefunden zu haben und zeigte das so, dass man ihn unmöglich zurückweisen konnte, ohne taktlos zu wirken. Zweimal besuchte er Smith, um sich für seinen Beistand zu bedanken, und später kam er häufig mit Büchern, Zeitschriften und anderen Gefälligkeiten, wie ein Nachbar sie dem anderen erweist. Smith stellte bald fest, dass Bellingham sehr belesen war, eine katholische Einstellung hatte und über ein außerordentliches Gedächtnis verfügte. Auch sein Auftreten war so gewinnend, dass man sich nach einer gewissen Zeit von seiner abstoßenden Erscheinung nicht mehr stören ließ. Für einen abgehetzten und müden Menschen war er ein angenehmer Umgang, und nach einer Weile freute sich Smith über seine Besuche und erwiderte sie auch.

Allerdings glaubte der Medizinstudent manchmal, etwas Krankhaftes an dem Mann feststellen zu können. Zuweilen steigerte er sich in hochtrabende Reden hinein, die im Widerspruch zur Einfachheit seines Lebens standen.

„Es ist etwas Wunderbares", sagte er mit lauter Stimme, „zu wissen, dass man Mächten des Guten und des Bösen befehlen kann, einem hilfreichen Engel oder einem Dämon der Rache." Und von Monkhouse Lee sagte er: „Lee ist ein feiner Kerl, eine ehrliche Haut, doch ohne jede Kraft und ohne Ehrgeiz. Für einen Mann, der etwas Großes vorhat, wäre er nicht der richtige Partner. Für mich wäre er nicht der richtige Partner."

Auf solcherlei Andeutungen und Anspielungen reagierte Smith, der gemächlich seine Pfeife rauchte, nur mit einem

Heben der Augenbrauen und Kopfschütteln. Manchmal riet er als Mediziner zu früherem Zubettgehen und mehr frischer Luft.

Eine Angewohnheit war bei Bellingham seit kurzem zu bemerken, die Smith als häufigen Vorboten einer Geistesstörung kannte: Er schien ständig mit sich selber zu sprechen. In späten Nachtstunden, wenn er keinen Besuch mehr haben konnte, hörte Smith im darunter liegenden Stockwerk seine Stimme; es war ein gedämpfter Monolog, fast nur ein Flüstern, doch in der Stille durchaus zu vernehmen. Dieses einsame Vor-sich-hin-Brabbeln fand der Student ablenkend und störend, und er sprach seinen Mitbewohner mehrmals darauf an. Bellingham wies den Vorwurf jedoch zurück und bestritt kurzerhand, auch nur einen Ton von sich gegeben zu haben; ja, er geriet in eine Erregung, die der Nichtigkeit des Anlasses kaum entsprach.

Wären Abercrombie Smith Zweifel an seinem Gehör gekommen, hätte er nicht lange nach jemandem zu suchen brauchen, der ihm seine Wahrnehmungen bestätigte. Tom Styles, der kleine, runzlige Diener, der die Turmbewohner betreute, kam von sich aus auf die Angelegenheit zu sprechen.

„Gestatten Sie mir eine Frage, Sir", sagte er, als er eines Morgens in der obersten Wohnung Ordnung machte. „Glauben Sie, dass Mr Bellingham ganz richtig im Kopf ist, Sir?"

„Wie meinen Sie das, Styles?"

„Na, er ist doch ein bisschen komisch, Sir."

„Und wie äußert sich das?"

„Na ja, ich weiß nicht so recht, Sir. Er hat sich in der letzten Zeit ziemlich verändert. Er ist nicht mehr so, wie er immer war, wobei ich offen gestehe, dass er mir nie so gelegen hat wie Mr Hastie oder Sie, Sir. Er hat sich Selbstgespräche angewöhnt und nicht zu knapp. Müsst Sie doch eigentlich stören. Ich weiß nicht, was ich mir für einen Reim drauf machen soll, Sir."

„Eigentlich geht Sie das doch gar nichts an, Styles."

„Na ja, stimmt schon, Mr Smith. Ist vielleicht ein bisschen vorwitzig von mir, aber ich kann's nicht ändern. Manchmal habe ich das Gefühl, als wär ich für die jungen Herrn Vater und Mutter zugleich. Es fällt immer alles auf mich, wenn irgendwas schief geht und die Verwandtschaft ankommt. Und Mr Bellingham, Sir, ich möcht bloß wissen, was da in seinem Zimmer rumspaziert, wenn er nicht da ist und die Tür von außen abgeschlossen hat."

„Styles, Sie träumen."

„Kann ja sein, Sir, aber ich hab's mit meinen eigenen Ohren gehört, und nicht bloß einmal."

„Unsinn, Styles."

„Na schön, Sir. Wenn Sie was brauchen, läuten Sie."

Abercrombie Smith maß dem Gerede des alten Dieners wenig Bedeutung bei, doch ein paar Tage später ereignete sich ein kleiner Zwischenfall, der ihm zu denken gab und ihm Styles' Worte ins Gedächtnis zurückrief.

Bellingham war eines Abends spät zu ihm gekommen und unterhielt ihn mit einem interessanten Bericht über die Felsgräber von Beni Hassan in Oberägypten, als Smith, der über sehr feine Ohren verfügte, im darunter liegenden Stockwerk das Öffnen einer Tür hörte.

234

„Irgendjemand hat Ihre Wohnung betreten oder verlassen", sagte er zu seinem Gast.

Bellingham sprang auf und stand einen Augenblick lang unschlüssig und hilflos da, halb ungläubig, halb verängstigt.

„Ich habe aber abgeschlossen. Ich könnte schwören, dass ich abgeschlossen habe", stammelte er vor sich hin. „Niemand kann rein."

„Es kommt aber jemand die Treppe herauf", sagte Smith.

Bellingham lief hinaus, schlug die Tür hinter sich zu und eilte die Treppe hinab. Smith hörte, wie er auf halber Höhe Halt machte, und meinte, ein Flüstern zu vernehmen. Kurz darauf ging die Tür unten zu, ein Schlüssel wurde umgedreht. Bellingham kam wieder herauf, Schweißperlen auf dem bleichen Gesicht.

„Alles in Ordnung", sagte er und ließ sich in einen Sessel fallen. „Es war der Hund. Er hat die Tür aufgemacht. Ich begreife nur nicht, wieso ich vergessen habe, sie abzuschließen."

„Ich wusste gar nicht, dass Sie einen Hund haben", sagte Smith und betrachtete das verstörte Gesicht seines Besuchers.

„Ich habe ihn noch nicht lange. Ich muss ihn loswerden. Er ist eine zu große Belastung für mich."

„Kann ich mir denken – wenn er sogar eine Tür öffnen kann. Erstaunlich."

„Gewöhnlich schließe ich ab, damit Styles ihn nicht hinauslässt. Er ist ziemlich wertvoll, und es wäre schade, ihn zu verlieren."

„Ich habe was für Hunde übrig", sagte Smith, der seinen Besucher unauffällig scharf beobachtete. „Vielleicht darf ich ihn mir mal ansehen?"

„Aber sicher. Nur heute wird's nicht gehen; ich habe noch eine Verabredung. Ich komme ohnehin schon eine Viertelstunde zu spät, wie ich gerade sehe. Entschuldigen Sie mich, bitte."

Er nahm seine Mütze und verließ eilends das Zimmer. Smith hörte, dass er, trotz seiner angeblichen Verabredung, seine eigene Wohnung betrat und die Tür wieder von innen verschloss.

Diese Unterredung hinterließ bei dem Medizinstudenten einen unangenehmen Eindruck. Bellingham hatte ihn angelogen, und zwar so ungeschickt, dass es aussah, als wisse er nicht mehr, wie er die Wahrheit verbergen könne.

Smith wusste, dass sein Mitbewohner keinen Hund besaß. Auch wusste er genau, dass die Schritte, die er auf der Treppe gehört hatte, niemals die eines Tieres gewesen waren.

Wer oder was aber konnte es gewesen sein? Styles hatte gehört, dass jemand in der Wohnung umherging, wenn der Inhaber nicht anwesend war.

War es vielleicht eine Frau? Smith neigte dieser Ansicht zu. In diesem Falle waren Bellinghams Erregung und Unaufrichtigkeit verständlich, denn eine Entdeckung würde zur Folge haben, dass er ausziehen musste. Wie aber war es ihm möglich, eine Frau in seiner Wohnung zu verstecken, ohne entdeckt zu werden?

Nun, was immer es auch sein mochte – irgendetwas war nicht ganz geheuer. Smith wandte sich wieder seinen Büchern zu und beschloss, nicht weiter in die Intimsphäre seines hässlichen Mitbewohners einzudringen.

Doch stand ihm in dieser Nacht eine neuerliche Unterbrechung bevor. Kaum hatte er sich wieder auf sein Buch konzentriert, kam jemand stürmisch die Treppe heraufgesprungen, und Hastie platzte ins Zimmer. Er trug Flanellhosen und einen Blazer.

„Immer noch fleißig?", fragte er und warf sich in seinen gewohnten Sessel. „Du bist mir ja einer! Ich glaube, ein Erdbeben könnte Oxford in Schutt und Asche legen, und du würdest immer noch stillvergnügt mit deinen Büchern in den Ruinen sitzen. Keine Angst: Ich halte dich nicht lange auf. Ein paar Züge aus der Pfeife, und du bist mich los."

„Erzähl. Was hat's gegeben?", fragte Smith und stopfte sich seine Pfeife.

„Nicht viel. Wilson hat siebzig für die Freshmen gegen die Eleven gemacht. Jetzt sagen sie, er wird statt Buddicomb spielen, denn Buddicomb ist einfach nicht in Form. Er war ja mal ganz gut, aber jetzt macht er nur halbe Sachen."

„Eine Frage der Kondition", sagte Smith mit solcher Ernsthaftigkeit, wie sie ein Student dem Sport gegenüber nur aufbringen kann.

„Scheint sich ein bisschen gehen zu lassen. Muss mal ein toller Hecht gewesen sein. – Ach ja: Hast du die Geschichte mit Long Norton gehört?"

„Nein. Wieso?"

„Der ist überfallen worden."

„Mach keine Witze."

„Doch. Er kam gerade von der High Street. Hundert Schritte vom Tor des Old's entfernt."

„Aber wer …"

„Siehst du, da haben wir's. Wenn du gesagt hättest, ‚was', wärst du der Sache näher gekommen. Norton schwört Stein und Bein, dass es kein Mensch war, und den Kratzern an seiner Kehle nach zu urteilen, würde ich ihm Recht geben."

„Erzähl keine Märchen. Ihr seht wohl Gespenster." Abercrombie Smith ließ sich nicht aus der Ruhe bringen und schmauchte gemächlich seine Pfeife.

„Nein, das trifft's nicht ganz. Ich würde eher sagen, wenn einem Schausteller kürzlich ein Menschenaffe entlaufen wäre und das Biest triebe sich hier herum, dann kämen wir der Sache näher. Norton kommt jeden Abend da vorbei, zur gleichen Zeit. Da hängt ein Baum über den Weg – die große Ulme aus Rainys Garten. Norton meint, das Vieh sei aus dem Baum auf ihn hinabgesprungen. Jedenfalls ist er beinah von zwei Armen erwürgt worden. Er sagt, sie wären so stark und dünn wie Stahltrossen gewesen. Gesehen hat er nichts. Bloß die Arme haben sich ihm um den Hals gelegt, fester und fester. Und er hat sich die Lunge aus dem Halse geschrien, und da kamen ein paar Leute an, und das Biest ist wie eine Katze über die Mauer gesprungen. Er hat's nicht einmal richtig zu Gesicht gekriegt."

„Ein Betrunkener, höchstwahrscheinlich", sagte Smith.

„Gut möglich. Norton sagt, nein; aber was kann man darauf geben. Der Betrunkene hatte lange Krallen und konnte sich behände über Mauern schwingen. – Dein hübscher Nachbar wird sich freuen, wenn er das hört. Er hat ja was gegen Norton, und so weit ich ihn kenne, ist er nicht der Mann, der kleine Schulden vergisst. He, alter Knabe, was geht in deinem Oberstübchen vor?"

„Nichts", gab Smith barsch zur Antwort. Er war in seinem Sessel aufgeschreckt und sah aus wie jemand, dem plötzlich ein höchst unangenehmer Gedanke gekommen ist.

„Mir scheint, als wäre ich da soeben auf einen wunden Punkt gestoßen. Übrigens: Du hast die Bekanntschaft von Herrn B. gemacht, seit wir uns das letzte Mal gesehen haben. Stimmt's? Monkhouse Lee hat mir so was erzählt."

„Ja, ich hab ihn kurz kennen gelernt. Er war zwei- oder dreimal hier."

„Nun ja, du bist alt genug, um auf dich selber aufzupassen. Mir persönlich liegt er ja nicht besonders, aber er ist bestimmt sehr clever und all das. Wirst bald selber dahinter kommen. Lee ist in Ordnung. Ein lieber kleiner Kerl. Dann mach's mal gut, alter Knabe. Nächsten Mittwoch rudere ich mit Mullins. Es geht um den Pokal des Rektors. Dass du ja hinkommst, falls wir uns vorher nicht mehr sehen!"

Smith legte seine Pfeife beiseite und wandte sich wieder seinen Büchern zu. Doch auch mit dem besten Willen und der größten Anstrengung wollte es ihm nicht gelingen, seine Gedanken auf die Arbeit zu konzentrieren. Immer wieder kam ihm der Mann ein Stockwerk tiefer in den Sinn. Dann dachte er an den merkwürdigen Überfall, von dem Hastie erzählt hatte, und an den Groll, den Bellingham gegen den Überfallenen hegen sollte. Diese beiden Dinge tauchten immer gemeinsam in seinen Gedanken auf, so als bestünde eine unmittelbare Verbindung zwischen ihnen. Dabei war dieser Verdacht so unbestimmt und vage, dass er sich nicht in Worte fassen ließ.

„Verwünschter Kerl!", sagte Smith laut vor sich hin und schleuderte sein Pathologiebuch durchs Zimmer. „Der hat mir eine ganze Nacht verdorben, und das wäre allein schon Grund genug, ihm in Zukunft aus dem Weg zu gehen."

Zehn Tage lang schloss der Medizinstudent sich mit seiner Arbeit ein, sodass er von den beiden Männern unter sich nichts sah noch hörte. Zu den Stunden, an denen Bellingham ihn gewöhnlich zu besuchen pflegte, hielt er die äußere Tür sorgfältig verschlossen, und obwohl er mehrere Male Klopfen hörte, machte er nicht auf.

239

Eines Nachmittags jedoch, als er an Bellinghams Tür vorüberging, wurde sie aufgerissen, und der junge Monkhouse

Lee kam herausgestürzt. Seine Augen funkelten, und seine Wangen waren vor Zorn dunkelrot. Bellingham folgte ihm auf den Fersen; sein feistes, ungesundes Gesicht bebte vor leidenschaftlicher Boshaftigkeit.

„Du Narr!", zischte er. „Das wird dir noch Leid tun."

„Schon möglich", sagte der andere. „Denk dran, was ich gesagt habe. Aus und vorbei. Mach dir keine Hoffnung mehr."

„Jedenfalls hast du was versprochen."

„Oh, mein Versprechen halte ich schon. Ich sage nichts. Aber du sollst Eva nicht ins Grab bringen. Ein für alle Mal: Es ist aus. Sie wird tun, was ich sage. Wir wollen dich nicht mehr sehen."

So viel musste Smith notgedrungen mit anhören, aber er ging eilends weiter. Es hatte einen ernsthaften Streit zwischen den beiden gegeben, das stand fest, und Lee wollte das Verlöbnis seiner Schwester mit Bellingham lösen. Smith dachte an Hasties Vergleich mit der Kröte und der Taube, und war froh, dass die Angelegenheit erledigt zu sein schien. Bellinghams Gesicht bot wirklich keinen erfreulichen Anblick, wenn er außer sich war. Nein, einem Mann wie ihm konnte man kein unschuldiges Mädchen anvertrauen.

Unterwegs überlegte Smith, was den Streit wohl verursacht haben konnte und was das für ein Versprechen sein mochte, auf dessen Einhaltung Bellingham so eindringlich bestanden hatte.

Es war der Tag, an dem der Ruderwettkampf zwischen Hastie und Mullins ausgetragen werden sollte, und eine Herde männlicher Gestalten zog zum Flussufer hinab. Die Maisonne strahlte, und auf dem gelben Pfad lagen die schwarzen Schatten der hohen Ulmen. Zu beiden Seiten standen, zurückgesetzt, die altersgrauen Colleges und blickten mit ihren Strebefenstern mürrisch auf das junge Leben, das so fröhlich vorüberschwärmte. Schwarz gewandete Professoren, steife Beamte, blasse Gelehrte, braun gebrannte junge Athleten mit Strohhüten und in weißen Sweatern oder farbigen Blazern – alle eilten zum Fluss hinab, der sich durch die Wiesen um Oxford wand.

Abercrombie stellte sich dort auf, wo der Kampf, wenn es überhaupt zu einem kommen würde, stattfinden musste, wie er als alter Ruderer wusste. Weit entfernt hörte er das Summen, das den Start verkündete, das Anschwellen und Näherkommen der Zurufe, das Donnern laufender Füße und die Schreie der Männer in den Booten auf dem Wasser. Ein Schwarm halb bekleideter, schwer atmender Läufer schoss an ihm vorüber, und er sah Hastie in Führung, mit einer ruhigen sechsunddreißiger Schlagzahl, während sein Gegner mit einer ruckartigen vierziger eine gute Bootslänge zurücklag. Smith jubelte seinem Freund zu, zog seine Uhr hervor und wollte sich auf den Heimweg machen – da spürte er eine Hand auf seiner Schulter: Neben ihm stand Monkhouse Lee.

„Ich habe Sie zufällig entdeckt", sagte er auf seine schüchterne, fast bettelnde Art. „Ich möchte gern mit Ihnen sprechen, wenn Sie eine halbe Stunde übrig hätten. In diesem Cottage hier wohne ich mit Harrington vom King's. Kommen Sie, trinken Sie eine Tasse Tee."

„Ich muss aber gleich wieder gehen", sagte Smith. „Im Augenblick bin ich sehr unter Druck. Aber auf ein paar Minuten komme ich gern. Ich bin nur hier, weil ich mit Hastie befreundet bin."

„Und ich auch. Hat er nicht einen herrlichen Stil? Mullins hatte keine Chance. Aber kommen Sie ins Cottage. Es ist nur eine kleine Bude, doch im Sommer kann man hier wunderbar arbeiten."

Es war ein kleines, quadratisches, weißes Gebäude mit grünen Türen und Läden und einer ländlichen, vergitterten Veranda, das ungefähr fünfzig Schritt vom Flussufer entfernt stand. Der Hauptraum im Innern war als Arbeitszimmer eingerichtet, Tannenholztisch, ungestrichene Regale mit Büchern und an den Wänden ein paar billige Öldrucke. Ein Kessel sang auf einem Spirituskocher und auf dem Tisch stand ein Tablett mit Teegeschirr.

„Setzen Sie sich auf den Stuhl dort und rauchen Sie eine Zigarette", sagte Lee. „Warten Sie, ich schenke Tee ein. Es ist sehr liebenswürdig von Ihnen, dass Sie mitgekommen sind. Ich weiß ja, dass Sie tief in der Arbeit stecken. Ich möchte Ihnen auch nur sagen, dass ich mir an Ihrer Stelle sofort eine neue Bleibe suchen würde."

„Ach."

Smith hielt in der einen Hand das brennende Streichholz und in der anderen die nicht angezündete Zigarette und blickte seinen Gastgeber verwundert an.

„Ja, es muss Ihnen sehr befremdlich vorkommen, und das Schlimmste ist, dass ich Ihnen noch nicht einmal meine Gründe sagen kann, da ich an ein feierliches Versprechen gebunden bin. Doch darf ich vielleicht so weit gehen, dass ich behaupte: Es ist nicht ungefährlich, in Bellinghams Nähe zu leben. Ich halte mich so viel wie möglich hier draußen auf."

„Nicht ungefährlich? Was wollen Sie damit sagen?"

„Eben. Gerade das darf ich nicht. Aber hören Sie auf mich und ziehen Sie um. Wir haben heute eine gewaltige Auseinandersetzung gehabt. Sie haben ja etwas davon mitbekommen, als Sie die Treppe herunterkamen."

„Ich habe gemerkt, dass Sie sich gezankt haben."

„Er ist ein ganz übler Kerl. Anders kann man's nicht bezeichnen. Seit der Nacht, als er ohnmächtig wurde – Sie wissen ja: als Sie nach unten kamen –, hatte ich gewisse Bedenken. Heute habe ich ihn zur Rede gestellt, und er hat mir Dinge erzählt, dass mir die Haare zu Berge standen. Ich bin nicht spießig, aber ich bin ein Pastorensohn, wissen Sie, und ich finde, dass ich ihm auf die Schliche gekommen bin, ehe es zu spät gewesen wäre, denn er wollte ja meine Schwester heiraten."

„Das ist alles ganz gut und schön, Lee", sagte Abercrombie Smith barsch. „Aber entweder sagen Sie eine Menge zu viel – oder eine Menge zu wenig."

„Ich habe Sie gewarnt."

„Wenn es einen triftigen Grund gibt, mich zu warnen, brauchen Sie sich an kein Versprechen gebunden zu fühlen. Wenn ich sehe, dass ein Schurke ein Haus mit Dynamit sprengen will, würde mich kein Eid davon abhalten, das zu verhindern."

„Ja, aber ich kann ihn nicht hindern. Ich kann Sie nur warnen. Sonst nichts."

„Ohne mir zu sagen, wovor Sie mich warnen."

„Vor Bellingham."

„Das ist aber doch kindisch. Weshalb sollte ich Angst vor ihm haben – oder überhaupt vor irgendjemandem?"

„Ich kann's Ihnen nicht sagen. Ich kann Sie nur inständig bitten, sich eine andere Wohnung zu suchen. Wo Sie jetzt wohnen, sind Sie in Gefahr. Ich will nicht einmal behaupten, dass Bellingham die Absicht hat, Ihnen etwas anzutun. Aber es könnte passieren, denn er ist ein gefährlicher Nachbar."

„Vielleicht weiß ich bereits mehr, als Sie glauben", sagte

Smith und blickte dem jungen Mann direkt ins kindlich ernste Gesicht. „Wenn ich Ihnen sage, dass Bellingham jemanden in der Wohnung hat, was dann?"

Monkhouse Lee sprang erregt auf. „Also wissen Sie Bescheid?"

„Eine Frau."

Lee sank stöhnend auf den Stuhl. „Ich bin zum Schweigen verpflichtet", sagte er. „Ich darf nichts sagen."

„Macht nichts", sagte Smith und erhob sich. „Ich habe nicht die Absicht, mich aus einer Wohnung hinausdrängen zu lassen, die mir in jeder Weise zusagt. Es wäre doch ein bisschen zu viel verlangt, mit meinem gesamten Hab und Gut umzusiedeln, nur weil Sie sagen, dass mir Bellingham auf irgendeine unerklärliche Art und Weise Schaden zufügen könnte. Ich glaube, ich werd's drauf ankommen lassen und bleiben, wo ich bin. Es ist gleich fünf, sehe ich. Bitte, entschuldigen Sie mich."

Er verabschiedete sich von dem jungen Studenten und ging durch den lauen Frühlingsabend heimwärts. Halb war er verärgert, halb belustigt. Er war zu kräftig und fantasielos, als dass er sich durch eine derart undeutliche Gefahr bedroht fühlen würde.

Eine kleine Extravaganz leistete sich Abercrombie Smith regelmäßig und drängte die Arbeit auch noch so sehr. Zweimal in der Woche, dienstags und freitags, wanderte er nach Farlingford hinüber, das etwa anderthalb Meilen von Oxford entfernt war. Hier wohnte Dr. Plumptree Peterson, ein guter Freund von Francis, Smiths älterem Bruder. Er war Junggeselle, lebte in recht guten Verhältnissen und hatte einen guten Weinkeller und eine noch bessere Bibliothek, sodass sein Haus für einen Mann, der eines erfrischenden Spazierganges bedurfte, ein angenehmes Ziel darstellte. Zweimal wöchentlich also wanderte der Medizinstudent über dunkle Landstraßen hinaus und verbrachte eine freundliche Stunde in Petersons behaglichem Studierzimmer, wo man über einem Glas alten Portweins den neuesten Uniklatsch durchkaute oder über die jüngsten Erkenntnisse der Medizin und Chirurgie diskutierte.

Einen Tag nach seiner Unterredung mit Monkhouse Lee schloss Smith seine Bücher um Viertel nach acht, wie er's gewöhnlich tat, wenn er sich zu seinem Freund auf den Weg machte. Als er jedoch im Begriffe stand, sein Zimmer zu verlassen, fielen seine Blicke zufällig auf eins der Bücher, die Bellingham ihm geliehen hatte, und sogleich meldete sich sein schlechtes Gewissen, weil er's längst hätte zurückgeben müssen. Der Mann mochte so abstoßend sein, wie er wollte, aber das war noch lange kein Grund, ihn unhöflich zu behandeln.

Smith nahm das Buch, ging hinunter und klopfte an die Tür seines Mitbewohners. Keine Antwort. Es war jedoch nicht abgeschlossen, also trat er ein und legte das Buch mit seiner Visitenkarte auf den Tisch, froh, auf diese Weise einem Zusammentreffen zu entgehen.

Die Lampe war herabgedreht, doch gab sie noch genügend Licht, um die Gegenstände im Zimmer zu erkennen. Es war alles so, wie er's kannte –, die tierköpfigen Gottheiten, das hängende Krokodil, der mit Papieren und trockenen Blättern bedeckte Tisch. Der Mumienbehälter stand aufrecht an der Wand, aber die Mumie war nicht da. Es gab keinerlei Anzeichen für einen zweiten Bewohner, und Smith hatte, als er sich zurückzog, das Gefühl, Bellingham ein Unrecht zugefügt zu haben. Wäre etwas zu verbergen gewesen, hätte er wohl kaum die Tür unverschlossen gelassen, sodass jeder hinein-konnte.

Die Wendeltreppe war stockfinster und Smith tastete sich vorsichtig die unregelmäßigen Stufen hinab. Plötzlich merkte er, dass in der Dunkelheit etwas an ihm vorüberstreifte. Ein kaum wahrnehmbares Geräusch, ein Lufthauch, ein unge-wisser Umriss in der Schwärze – zu schwach und zu ver-schwommen, als dass man ihn für wirklich hätte halten kön-nen. Smith blieb stehen und lauschte. Aber der Wind ra-schelte im Efeu. Und sonst war nichts zu hören.

„Styles, sind Sie das?", rief er.

Niemand antwortete und alles war still. Es musste wohl ein Luftzug gewesen sein, denn der alte Turm hatte Risse und Ritzen. Und trotzdem hätte er beschwören können, dass er Schritte gehört hatte. Er trat auf den Hof hinaus, noch ganz mit diesem unerklärlichen Vorfall beschäftigt, da kam je-mand über den Rasen gelaufen.

„Smith, bist du's?"

„Hallo, Hastie!"

„Um Himmels willen, komm! Lee ist ertrunken. Harring-ton vom King's hat's grad erzählt. Der Arzt ist nicht greifbar. Vielleicht kannst du helfen. Vielleicht ist er noch nicht tot."

„Hast du Cognac?"

„Nein."

„Bring ich mit. Steht bei mir auf dem Tisch."

Smith sprang die Treppe hinauf, griff sich die Flasche und eilte hinab. Als er an Bellinghams Tür vorbeikam, sah er et-was, das ihm den Atem nahm.

246 Die Tür, die er zugemacht hat, stand jetzt offen, und vor ihm, im Schein der Lampe, war der Mumienbehälter. Vor drei Minuten war er leer gewesen. Das hätte er beschwören kön-

nen. Jetzt aber umrahmte er den dürren Körper seines Be-
wohners, der schrecklich und starr darin stand; sein schwarzes eingeschrumpftes Gesicht war zur Tür gerichtet. Die Gestalt war leblos und steif, doch meinte Smith, noch einen
Funken Leben, eine verborgene Bewegung in den kleinen

Augen erkennen zu können, die in den tiefen Höhlen lauerten. Er war derart erstaunt und erschrocken, dass er ganz vergaß, weshalb er hergekommen war. Er starrte die verdorrte Gestalt an – da rief ihn die Stimme seines Freundes.

„Komm schon, Smith! Es geht um Leben und Tod. Mach zu!"

Smith rannte die Treppe hinab.

„Los", sagte Hastie. „Kleinen Dauerlauf. Müssten's in fünf Minuten schaffen."

Sie preschten durch die Dunkelheit, bis sie keuchend und atemlos das Cottage am Fluss erreichten.

Der junge Lee lag tropfend auf dem Sofa; in seinen schwarzen Haaren klebten Wasserpflanzen, und seine bleifarbenen Lippen umgab ein dünner Schaumkranz. Neben ihm kniete Harrington, sein Kommilitone, und versuchte angestrengt, ihn zu erwärmen.

„Scheint noch mal gut gegangen zu sein", sagte Smith nach kurzer Untersuchung. „Halten Sie ihm das Uhrglas vor den Mund. Ja, es beschlägt. Hastie, pack den Arm. Und jetzt mach's wie ich. Wir kriegen ihn schon hin."

Zehn Minuten lang machten sie Wiederbelebungsversuche an dem Bewusstlosen. Endlich lief eine Bewegung durch den Körper, die Lippen erzitterten, und dann schlug er die Augen auf. Die drei Studenten brachen in Jubelrufe aus.

„Na, komm schon, alter Knabe. Hast uns einen ganz schönen Schrecken eingejagt. Hier, nimm einen Schluck."

„Es geht ihm wieder besser", sagte Harrington. „Himmel, war das eine Aufregung! Ich hab hier gelesen, und er wollte nur mal kurz zum Fluss runter, und da höre ich einen Schrei und ein Klatschen. Ich renne raus, und wie ich ihn finde und herausfische, da dachte ich schon, er wäre hinüber. Dann konnte Simpson keinen Arzt kriegen, und ich musste loslaufen, und ich weiß nicht, was geschehen wäre, wenn ich euch nicht erwischt hätte. – Na, siehst du, mein Junge, ist alles in Ordnung."

Monkhouse Lee hatte sich aufgerichtet und blickte sich verwundert um.

„Was soll das?", fragte er. „Was ist los? Ach ja, ich erinnere mich. Ich war im Wasser."

Angst erschien in seinen Augen und er vergrub das Gesicht in den Händen.

„Wie bist du denn hineingefallen?"

„Was denn? Ich bin hineingeworfen worden. Ich stand am Ufer, und da kam jemand von hinten und hat mich hochgehoben, als wäre ich eine Feder, und ins Wasser geschleudert. Ich habe nichts gehört, ich habe nichts gesehen. Aber ich weiß jetzt genau Bescheid."

„Ich auch", sagte Smith leise.

Lee sah ihn überrascht an.

„So? Sie sind also dahinter gekommen?", sagte er. „Sie wissen ja, was ich Ihnen geraten habe."

„Und ich werd's beherzigen."

„Ich habe zwar keine Ahnung, wovon ihr da redet", sagte Hastie, „aber ich meine, man sollte Lee ins Bett schaffen. Na Harrington? Über das Wieso und Weshalb können wir uns immer noch unterhalten, wenn er wieder bei Kräften ist. – Smith, ich glaube, wir haben getan, was wir konnten, und können jetzt gehen."

Sie gingen. Ihr Heimweg verlief schweigend. Smith hatte zu viel zu überdenken. Die Ereignisse des Abends, die Abwesenheit der Mumie, die unsichtbare Begegnung auf der Treppe, das unerklärliche und unheimliche Wiedererscheinen des grässlichen Geschöpfs, und dann dieser Überfall auf Lee, der eine seltsame Übereinstimmung mit dem auf einen anderen Mann aufwies, gegen den Bellingham ebenfalls einen Groll hegte. All dies verband sich in seinen Gedanken mit den kleinen Ereignissen, die seinen Mitbewohner verdächtig gemacht hatten, besonders aber dem merkwürdigen Umstand, unter dem sie einander begegnet waren. Was ein unbestimmter Verdacht gewesen war, eine fantastische Mutmaßung, nahm plötzlich Gestalt an und stand fest und unleugbar vor ihm. Und doch – wie ungeheuerlich war es! Wie unvorstellbar und gänzlich außerhalb jeder menschlichen Erfahrung! Ein unparteiischer Beobachter, ja sogar der Freund an seiner Seite, würde ihm schlicht sagen, dass ihn seine Augen getäuscht hätten, dass die Mumie die ganze Zeit über in ihrem Behälter gewesen und der junge Lee in den Fluss gefallen sei, wie das jedem normalen Menschen passieren kann. Er wusste, dass er, wären die Rollen vertauscht, genau so etwas gesagt hätte. Und doch hätte er schwören können, dass Bellingham im Herzen ein Mörder war und dass er sich eines Mordwerkzeugs bediente, das bisher noch keinem Menschen in der grausigen Geschichte des Verbrechens zur Verfügung gestanden hatte.

Hastie war mit ein paar ärgerlichen Worten über die Ungeselligkeit des Freundes in sein Zimmer gegangen, und Abercrombie Smith überquerte den Platz vor seinem Eckturm mit einem starken Widerwillen gegen die Wohnung und alles, was mit ihr zusammenhing. Er würde Lees Ratschlag befolgen und so bald wie möglich umziehen. Denn: Wie kann man arbeiten, wenn man ständig auf jedes Murmeln und jeden Schritt unter sich lauscht? Als er über den Rasen schritt, stellte er fest, dass in Bellinghams Zimmer noch Licht brannte; und als er die Treppe hinaufging, öffnete sich die Tür.

„Guten Abend", sagte Bellingham. „Wollen Sie nicht hereinkommen?"

„Nein", sagte Smith wütend.

„Nicht? Immer noch so beschäftigt? Ich wollte mich nur nach dem kleinen Lee erkundigen. Ich habe gerüchteweise gehört, dass mit ihm etwas nicht in Ordnung sein soll. Das tut mir sehr Leid."

Seine Gesichtszüge waren ernst, doch lag die Andeutung eines versteckten Lachens in seinen Augen. Smith hätte ihn dafür niederschlagen mögen.

„Und es wird Ihnen noch mehr Leid tun zu hören, dass es Monkhouse Lee ausgezeichnet geht. Er ist außer Gefahr", gab er zur Antwort. „Diesmal ist Ihr teuflischer Trick misslungen. Oh, Sie brauchen gar nicht zu versuchen, Ihre Machenschaften abzustreiten – ich bin im Bilde."

Bellingham trat einen Schritt zurück und machte die Tür halb zu, als wolle er sich vor dem zornigen Studenten schützen.

„Sie sind ja nicht recht bei Trost", sagte er. „Was wollen Sie damit sagen? Behaupten Sie etwa, ich hätte mit Lees Unfall auch nur das Mindeste zu tun?"

„Jawohl", donnerte Smith. „Sie und dieser Knochenkerl dahinten, Sie stecken beide drin. Ich will Ihnen mal was sagen, Herr B. – Solche Leute wie Sie werden zwar nicht mehr verbrannt, doch haben wir immerhin noch einen Henker, und wenn irgendjemand in diesem College zu Tode kommt, solange Sie hier sind, dann werden Sie dafür baumeln. Für Ihre ägyptischen Späße ist in England kein Platz."

„Sie sind übergeschnappt", sagte Bellingham.

„Na schön. Denken Sie jedenfalls an das, was ich gesagt habe. Ich scherze nicht."

Die Tür schlug zu, und Smith ging aufgebracht in seine Wohnung, wo er sich einschloss und die halbe Nacht rauchend über die seltsamen Vorkommnisse des Abends nachgrübelte.

Am nächsten Morgen hörte Abercrombie Smith nichts von seinem Nachbarn. Nachmittags kam Harrington, um zu berichten, dass Lee fast wiederhergestellt sei. Den ganzen Tag war Smith in seine Arbeit vertieft, entschloss sich aber am Abend, seinen Freund Dr. Peterson zu besuchen, was die Ereignisse tags zuvor verhindert hatten. Ein ordentlicher Marsch und ein freundschaftliches Gespräch würden seinen Nerven gut tun.

Bellinghams Tür war geschlossen, als er vorüberging, doch als er sich in einiger Entfernung vom Turm umdrehte, sah er den Kopf seines Mitbewohners vor dem Schein der Lampe im Fensterrahmen. Offenbar starrte er in die Dunkelheit hinaus. Es war ein Segen, wenigstens für ein paar Stunden nicht in seiner Nähe zu sein, und Smith schritt kräftig aus und füllte seine Lungen mit der lauen Frühlingsluft. Im Westen hing ein halber Mond zwischen zwei gotischen Spitztürmchen und warf ein dunkles Muster des Steinfiligrans auf die silberne Straße. Es wehte eine leichte Brise, und zarte flockige Wölkchen trieben am Himmel.

Zum Hause seines Freundes führte eine verlassene Landstraße. Obwohl es noch früh war, begegnete er keiner Menschenseele. Er schritt munter aus, bis er das Tor erreichte, hinter dem der lange, mit Kies bestreute Fahrweg von Farlingford lag. Vor sich sah er die anheimelnd erleuchteten Fenster durch das Blattwerk schimmern. Er drückte auf die eiserne Klinke des Parktors und warf einen Blick auf die Straße, auf der er gekommen war. Etwas näherte sich dort.

Es bewegte sich im Schatten der Hecke, still und verstohlen: eine dunkle, gekrümmte Gestalt, vor dem schwarzen Hintergrund kaum zu erkennen. Schon war sie zwanzig Schritt näher und kam auf ihn zu. Plötzlich sah er in der Dunkelheit einen dürren Hals und zwei Augen, die er nie wieder vergessen würde.

Mit einem Schrei des Entsetzens drehte er sich um und lief um sein Leben die Einfahrt hinauf. Vor ihm, einen Steinwurf entfernt, waren die Lichter, war die Rettung. Er war ein vorzüglicher Sprinter, nie aber war er so gelaufen wie an diesem Abend.

Das schwere Tor war hinter ihm ins Schloss gefallen, doch sein Verfolger stieß es auf. Als er wie irre und von Sinnen durch die Nacht lief, hörte er schnelles trockenes Klappern hinter sich und sah mit einem kurzen Blick, dass das Scheusal wie ein Tiger hinter ihm hersprang und einen dünnen Arm ausgestreckt hielt. Zum Glück stand die Haustür offen. Er sah den schmalen Lichtstreifen der Lampe in der Halle. Das Geklapper hinter ihm kam näher. Im Genick hörte er ein heiseres Gurgeln. Mit einem Aufschrei war er im Haus und warf sich gegen die Tür, verriegelte sie und sank halb ohnmächtig auf einen Stuhl.

„Meine Güte, Smith, was ist denn mit dir los?", fragte Peterson, der aus seinem Studierzimmer kam.

„Gib mir erst einen Whisky."

Peterson verschwand und kam gleich mit einem Glas und einer Karaffe zurück.

„Scheinst's ja dringend nötig zu haben", sagte er, während sein Besucher ein halbes Glas austrank. „Junge, du bist leichenblass."

Smith setzte das Glas ab, stand auf und holte mehrmals tief Luft.

„Jetzt bin ich wieder in Ordnung", sagte er. „So was habe ich noch nicht erlebt. Wenn du nichts dagegen hast, werde ich bei dir übernachten. Nichts bringt mich bei Nacht noch mal auf die Straße. Das ist ein Zeichen von Schwäche, ich weiß, aber ich kann's nicht ändern."

„Natürlich kannst du hier schlafen, wenn du Lust hast. Ich werde Mrs Burney auftragen, das Gästebett zu beziehen. Was ist denn geschehen?"

„Komm mit ans Fenster, von dem aus man die Zufahrt überblicken kann. Du sollst sehen, was ich gesehen habe."

Sie gingen zu dem Fenster in der oberen Halle und blickten hinaus auf den Weg zum Tor. Die Einfahrt und der Rasen zu beiden Seiten – alles war leer und still und lag friedlich im Mondschein.

„Weißt du", sagte Peterson, „wenn ich nicht genau wüsste, dass du ein enthaltsamer Mensch bist … Was kann dich bloß derart in Schrecken versetzt haben?"

„Erzähl ich dir gleich. Wo kann's denn nur hin sein? Ah, da! Sieh mal! Hinterm Tor."

„Ja, ich sehe. Du brauchst mich nicht so zu kneifen. Ich würde sagen, es ist ein Mann; dünn und sehr groß. Aber was soll's? Was hast du? Du zitterst ja immer noch wie Espenlaub."

„Ich war in Griffweite des Teufels, das ist alles. Aber komm: Wir gehen in dein Arbeitszimmer und da erzähle ich dir die ganze Geschichte."

So geschah es. Er saß unter der Lampe, neben ihm auf dem Tisch stand ein Glas Wein, vor sich hatte er die stattliche Gestalt und das blühende Gesicht seines Freundes, und so zählte er chronologisch alle Ereignisse auf, die eine so sonderbare Kette bildeten.

Er begann mit der Nacht, in der er Bellingham ohnmächtig vor dem geöffneten Mumienbehälter gefunden hatte, und endete mit dem grauenvollen Erlebnis, das ihm gerade widerfahren war.

„Da hast du's", sagte er abschließend. „Es ist scheußlich, unheimlich und unglaubwürdig – aber es ist wahr."

Dr. Plumptree Peterson saß eine Weile schweigend da und blickte ziemlich verwirrt vor sich hin.

„So etwas habe ich in meinem ganzen Leben noch nicht gehört", sagte er schließlich. „Du hast mir die Fakten erzählt. Jetzt erzähle mir deine Schlussfolgerungen."

„Die kannst du selber ziehen."

„Aber ich möchte gern deine hören. Du hast lange über die Geschichte nachgedacht, ich nicht."

„Also gut. In den Einzelheiten kann ich natürlich nicht präzise sein, aber die Hauptsache scheint mir recht klar. Dieser Bellingham ist bei seinen östlichen Studien auf irgendein infernalisches Geheimnis gestoßen, durch das man eine Mumie – oder möglicherweise nur diese eine Mumie – zeitweilig wieder zum Leben erwecken kann. Diese eklige Geschichte hat er in der Nacht ausprobiert, als er ohnmächtig wurde. Er hat's zwar erwartet, doch als sich das Ding dann tatsächlich bewegte, kriegte er einen ganz schönen Schreck. Später wurde er härter und stand die Prozedur durch, ohne ohnmächtig zu werden. Die Lebenskraft, die er dem Ding verliehen konnte, war offenbar nur vorübergehend, denn ich hab's mehrfach mausetot in seinem Behältnis gesehen. Ich vermute, dass er im Besitze eines Rezepts ist, mit dem man das Ding erwecken kann. Als er so weit war, kam er auf den Gedanken, das Geschöpf zu benutzen. Es verfügt über Intelligenz und Kraft. Aus irgendeinem Grunde hat er Lee ins Vertrauen gezogen. Der aber wollte als anständiger Christ, damit nichts zu tun haben. Dann hatten sie eine Auseinandersetzung, und Lee schwor, seine Schwester über Bellingham aufzuklären. Bellingham wollte ihn daran hindern, indem er ihm dieses Scheusal auf den Hals hetzte. Fast hätte er sein Ziel ja auch erreicht. Seine Kräfte hatte er bereits an einem anderen Manne erprobt, an Norton, dem er feindlich gesinnt war. Es ist purer Zufall, dass er nicht zwei Morde auf dem Gewissen hat. – Dann, als ich ihn in dieser Angelegenheit zur Rede stellte, hatte er natürlich allen Grund, mich beiseite zu schaffen, ehe ich irgendjemandem erzählen konnte, was ich wusste. Er bekam seine Chance, als ich wegging, denn er wusste, wohin ich gehen würde. Ich bin grad noch mal mit einem blauen Auge davongekommen, Peterson, und um ein Haar hättest du mich erst morgen früh vor deiner Tür gefunden. Ich hätte es nie für möglich gehalten, dass ich solche Todesängste haben könnte wie heute Abend."

„Du hast dich überarbeitet, und jetzt siehst du Gespenster", sagte der Gastgeber. „Wie könnte so ein Monstrum durch die Straßen von Oxford schleichen, ohne gesehen zu werden?"

„Man hat's ja gesehen. Es herrscht ziemliche Aufregung in der Stadt: Ein entlaufener Menschenaffe – für den sie das Ding halten – ist allgemeines Gesprächsthema."

„Zumindest ist's ein sonderbares Zusammentreffen merkwürdiger Ereignisse. Betrachtest du aber jedes Ereignis für sich, ließe sich bestimmt eine etwas natürlichere Erklärung finden."

„Auch für das, was ich heute Abend erlebt habe?"

„Aber gewiss. Du kommst her, mit den Nerven bist du ziemlich fertig und im Kopf hast du nur diese schaurige Theorie. Irgend so ein finsterer, halb verhungerter Landstreicher schleicht dir nach, und als er sieht, dass du Reißaus nimmst, wird er keck und setzt dir nach. Deine Einbildung besorgt den Rest."

„Das haut nicht hin, Peterson. Das haut einfach nicht hin."

„Nehmen wir mal den Augenblick, als du entdeckst, dass der Mumienbehälter leer ist. Kurz darauf ist das Ding wieder drin. Du hast's bei Lampenschein gesehen, und du hast gesagt, die Lampe sei heruntergedreht gewesen, und außerdem hattest du keinen besonderen Grund, dir den Behälter genau anzusehen. Es ist doch durchaus möglich, dass du das Ding beim ersten Mal einfach übersehen hast."

„Nein, nein. Stimmt nicht."

„Und Lee. Warum soll der nicht in den Fluss gefallen sein? Und wer will behaupten, dass Norton nicht tatsächlich überfallen worden ist? – Es ist schon eine furchtbare Anklage, die du gegen Bellingham vorbringst, aber wenn du damit zu einer Polizeistelle gehst, lachen sie dich glatt aus."

„Weiß ich. Deshalb nehme ich die Sache ja auch selber in die Hand."

„So?"

„Ja. Ich bin der Meinung, im allgemeinen Interesse dazu verpflichtet zu sein. Außerdem hängt meine eigene Sicherheit davon ab. Oder soll ich mich von diesem Biest aus dem College vertreiben lassen? Ich glaube, ich weiß jetzt, wie ich vorgehen muss. Zuerst: Darf ich dich um Papier und Feder bitten und eine Stunde schreiben?"

„Da drüben findest du alles."

Abercrombie Smith machte sich ans Werk und schrieb eine Stunde lang, und dann noch eine. Ein Blatt nach dem anderen füllte sich und wurde beiseite gelegt, während sein Freund im Sessel saß und ihn mit geduldiger Neugier beobachtete. Endlich stand Smith mit einem Ausdruck der Erleichterung auf, ordnete die beschriebenen Blätter und legte das letzte auf Petersons Schreibtisch.

„Sei so nett und unterschreib als Zeuge", sagte er.

„Was soll ich denn bezeugen?"

„Meine Unterschrift und das Datum. Das Datum ist entscheidend. Vielleicht hängt mein Leben davon ab, Peterson."

„Smith, mein Guter, du redest irre. Leg dich schlafen."

„Du irrst. Was ich sage, ist wohl überlegt. Und ich verspreche dir, dass ich zu Bett gehen werde, sobald du unterschrieben hast."

„Was soll ich denn unterschreiben?"

„Meine Niederschrift dessen, was ich dir heute Abend erzählt habe. Ich möchte, dass du's bezeugst."

„Gib her", sagte Peterson und setzte seinen Namen unter den seines Gastes. „So, das wär's. Aber was soll's?"

„Ich bitte dich, das Schriftstück zu verwahren. Falls ich verhaftet werde, legst du's vor."

„Weswegen sollte man dich verhaften wollen?"

„Wegen Mordes. Ich will auf alle Eventualitäten vorbereitet sein. Ich habe nur eine Möglichkeit und ich bin entschlossen sie zu nutzen."

„Um Himmels willen: Tu nichts Unbesonnenes!"

„Es wäre unbesonnen, irgendetwas anderes zu tun, glaube mir. Es beruhigt mich, wenn ich weiß, dass du diese Niederschrift in Händen hast. Und jetzt bin ich bereit, deinem Ratschlag zu folgen und mich in die Federn zu begeben, denn morgen früh muss ich in bester Verfassung sein."

Abercrombie Smith war kein Mensch, den man sich gern zum Feinde machen würde. Er war gutmütig, aber nicht feige oder schwach. Was er im Leben anfasste, geschah mit der gleichen zielbewussten Entschlossenheit, die ihn als Studenten der Medizin vorangebracht hatte. Seine Arbeit sollte für einen Tag ruhen, aber er war entschlossen, den Tag nicht ungenutzt verstreichen zu lassen. Was er vorhatte, verriet er seinem Gastgeber nicht, doch war er gegen neun Uhr auf dem Wege nach Oxford.

In der High Street kaufte er bei Clifford, dem Waffenschmied, einen schweren Revolver mit einer Schachtel Munition. Er schob sechs Patronen in die Kammern und steckte die Waffe in die Rocktasche. Dann ging er zu Hastie, der gerade frühstückte und die Sporting Times las, die er gegen die Kaffeekanne gelehnt hatte.

„Was ist los?", fragte Hastie. „Trinkst du eine Tasse Kaffee?"

„Danke, nein. Ich möchte, dass du mitkommst und tust, um was ich dich bitte."

„Gemacht."

„Und nimm einen dicken Knüppel mit."

„Teufel, Teufel", sagte Hastie verdutzt. „Schön. Mit dieser Jagdpeitsche kannst du einen Ochsen erschlagen."

259

„Noch etwas. Du hast ein Besteck Amputiermesser. Gib mir das längste."

„Bitte sehr. Scheinst ja mächtig auf dem Kriegspfad zu sein. Noch was?"

„Nein, das genügt." Smith steckte sich das Messer in die Rocktasche und ging mit seinem Freund zum Platz vor dem Turm. „Wir sind beide keine Angsthasen, Hastie", sagte er. „Ich glaube, ich kriege die Geschichte allein hin, aber ich hätte dich gern sicherheitshalber dabei. Ich will mich mal mit Bellingham unterhalten. Wenn ich's nur mit ihm zu tun habe, brauchte ich dich natürlich nicht; aber wenn ich schreie, kommst du rauf und schlägst mit deiner Peitsche zu, dass es nur so kracht. Kapiert?"

„Klar. Wenn du rufst, bin ich da."

„Warte hier. Es kann ein bisschen dauern, aber rühr dich nicht von der Stelle, bis ich herunterkomme."

„Ich bin festgewachsen."

Smith stieg die Treppe hinauf, öffnete Bellinghams Tür und trat ein. Bellingham saß hinter seinem Tisch und schrieb. Neben ihm stand der Mumienbehälter mit der Auktionsnummer 249. Stumm und starr steckte sein Bewohner darin. Smith blickte sich lässig um, schloss die Tür, ging zum Kamin, riss ein Streichholz an und setzte das Holz in Brand. Bellingham saß wie versteinert. Verwunderung und Wut zeigten sich auf seinem aufgedunsenen Gesicht.

„Sie fühlen sich ja wirklich wie zu Hause", sagte er und schnappte nach Luft.

Smith ließ sich gemächlich nieder, legte seine Uhr auf den Tisch, holte den Revolver hervor, spannte den Hahn und legte ihn auf den Schoß. Dann zog er das lange Amputiermesser heraus und warf es vor Bellingham auf den Tisch.

„Los", sagte er. „Zerlegen Sie die Mumie in ihre Bestandteile. An die Arbeit."

„Ach nein", sagte Bellingham spöttisch.

„Ach ja. Den Paragraphen nach kann man Ihnen nicht beikommen, habe ich erfahren. Da habe ich den Revolver, der die Sache regeln wird. Sie haben fünf Minuten Zeit. Ich schwöre bei dem Gott, der mich erschaffen hat: Sind Sie bis dahin nicht am Werk, jage ich Ihnen eine Kugel durchs Gehirn."

„Wollen Sie mich umbringen?"

Bellingham hatte sich erhoben und sein Gesicht war kalkweiß.

„Wenn's nicht anders geht, ja."

„Und weshalb?"

„Um Ihrem üblen Treiben Einhalt zu gebieten. Eine Minute ist um."

„Was habe ich denn getan?"

„Sie wissen es, und ich weiß es auch."

„Sie wollen mich doch bloß einschüchtern."

„Zwei Minuten sind um."

„Aber Sie müssen mir doch eine Erklärung geben! Sie sind ein Irrer – ein gefährlicher Irrer. Wieso soll ich mein Eigentum zerstören? Die Mumie ist wertvoll."

„Sie werden sie zerstückeln und Sie werden sie verbrennen."

„Ich denke gar nicht daran."

„Vier Minuten sind um."

Smith hob den Revolver und sah Bellingham unerbittlich an.

Die Sekunden verstrichen, er zielte, und sein Finger legte sich auf den Abzug.

„Ja, ja, ich tu's schon!", kreischte Bellingham.

Hastig packte er das Messer und hackte auf die Mumie los, wobei er sich immer wieder nach der Waffe seines bedrohlichen Besuchers umsah. Das Geschöpf krachte und knackte unter den Hieben des scharfen Messers. Dicker gelber Staub erhob sich. Gewürze und Essenzen ergossen sich auf den Boden.

Dann gab's einen deutlichen Knacks, das Rückgrat zerbrach, und die Mumie fiel als braunes Knochengewirr auf die Erde.

„Ins Feuer damit!", sagte Smith.

Die Flammen züngelten und brausten auf, als sie die trockenen Überreste erreichten. Das kleine Zimmer glich dem Kesselraum eines Dampfschiffs, und beiden Männern rann der Schweiß übers Gesicht. Der eine stand gebückt vor dem Kamin, der andere saß ruhig im Sessel und behielt ihn im Auge. Dichter Rauch quoll ins Zimmer, und ein schwerer Geruch verbrannten Harzes und angesengter Haare füllte die Luft. Eine Viertelstunde später waren nur noch verkohlte Reste von der Nummer 249 übrig.

„Vielleicht sind Sie jetzt zufrieden", knurrte Bellingham, in dessen kleinen grauen Augen Hass und Angst loderten.

„Noch nicht ganz", sagte Smith. „Wir wollen reinen Tisch machen. Keine Halbheiten. Diese Blätter da hinein. Vielleicht haben sie was damit zu tun."

„Und was nun?", fragte Bellingham, als auch die Blätter verbrannt waren.

„Jetzt den Papyrus, der neulich auf dem Tisch lag. Er wird sich wohl in der Schublade befinden."

„Nein, nein", schrie Bellingham. „Den darf man nicht verbrennen! Sie wissen ja nicht, was Sie tun. Der ist einmalig. Er enthält Weisheiten, wie sie sonst nirgends zu finden sind!"

„Los."

„Hören Sie doch mal zu, Smith. Das kann doch nicht Ihr Ernst sein. Ich weihe Sie ein. Ich will Ihnen alles erklären. Oder lassen Sie mich wenigstens eine Abschrift anfertigen, ehe ich ihn verbrenne."

Smith stand auf, tat ein paar Schritte, nahm die gelbe Papierrolle aus der Schublade und warf sie ins Feuer. Bellingham schrie auf, doch Smith schob ihn beiseite, bis das Papier zu grauer Asche verbrannt war.

„So, Herr B.", sagte Smith. „Ich glaube, ich habe Sie unschädlich gemacht. Sollten Sie wieder auf Ihre alten Tricks verfallen, dann hören Sie von mir. Guten Morgen, mein Herr! Ich stehe vor einem Examen, ich habe zu arbeiten!"

(Aus dem Englischen von Hanna Bautze)

Das **Beil**

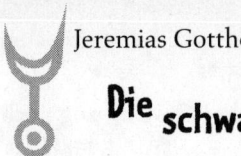

Jeremias Gotthelf

Die schwarze Spinne

Der Baum, um den die ganze Gesellschaft sich lagerte, stand oberhalb des Hauses am sanften Anfang der Halde. Zuerst ins Auge fiel das schöne, neue Haus; über dasselbe weg konnten die Blicke schweifen an den jenseitigen Talesrand, über manchen schönen, reichen Hof und weiterhin über grüne Hügel und dunkle Täler weg.

„Du hast da ein stattliches Haus, und alles ist gut angegeben dabei", sagte der Vetter, „jetzt könnt ihr auch sein darin und habt Platz für alles. Ich konnte nie begreifen, wie man sich in einem so schlechten Haus so lange leiden kann, wenn man Geld und Holz genug zum Bauen hat, wie ihr zum Exempel."

„Vexier nicht, Vetter!", sagte der Großvater. „Es hat von beidem nichts zu rühmen; dann ist das Bauen eine wüste Sache, man weiß wohl, wie man anfängt, aber nie, wie man aufhört, und manchmal ist einem noch dies im Wege oder das, an jedem Orte etwas anders."

„Mir gefällt das Haus ganz ausnehmend wohl", sagte eine der Frauen.

„Wir sollten auch schon lange ein neues haben, aber wir scheuen immer die Kosten. Sobald mein Mann aber kommt, muss er dieses recht besehen, es dünkt mich, wenn wir so eines haben könnten, ich wäre im Himmel. Aber fragen möchte ich doch, nehmt es nicht für ungut, warum da gleich neben dem ersten Fenster der wüste schwarze Fensterpfosten ist. Der steht dem ganzen Hause übel an."

Der Großvater machte ein bedenkliches Gesicht, zog noch härter an seiner Pfeife und sagte endlich: Es hätte an Holz gefehlt beim Aufrichten, kein anderes sei gleich bei der Hand gewesen, da habe man in Not und Eile einiges vom alten Haus genommen.

„Aber", sagte die Frau, „das schwarze Stück Holz war ja noch dazu zu kurz, oben und unten ist es angesetzt, und jeder Nachbar hätte euch von Herzen gerne ein ganz neues Stück gegeben."

„Ja, wir durften unsere Nachbarn nicht immer von neuem plagen, sie hatten uns schon genug geholfen mit Holz und Fahren", antwortete der Alte.

„Hör mal Ätti", sagte der Vetter, „mache nicht Schneckentänze, sondern gib die Wahrheit an und aufrichtigen Bericht! Schon manches habe ich raunen hören, aber punktum das Wahre nie vernehmen können. Jetzt schickte es sich so wohl, bis die Weiber den Braten fertighaben, du würdest uns damit so kurze Zeit machen, darum gib aufrichtigen Bericht!" Noch manchen Schneckentanz machte der Großvater, ehe er sich dazu verstund; aber der Vetter und die Weiber ließen nicht nach, bis er es endlich versprach, jedoch unter dem ausdrücklichen Vorbehalt, dass ihm dann lieber wäre, was er erzähle, bliebe unter ihnen und käme nicht weiter. So etwas scheuen gar viele Leute an einem Hause, und er möchte in seinen alten Tagen nicht gerne seinen Leuten böses Spiel machen.

268

„Allemal, wenn ich dieses Holz betrachte", begann der ehrwürdige Alte, „so muss ich mich verwundern, wie das wohl zuging, dass aus dem fernen Morgenlande, wo das

Menschengeschlecht entstanden sein soll, Menschen bis hierher kamen und diesen Winkel in diesem engen Tal fanden, und muss denken, was die, welche bis hierher verschlagen oder gedrängt wurden, alles ausgestanden haben werden, und wer sie wohl mögen gewesen sein. Ich habe viel darüber nachgefragt, aber nichts erfahren können, als dass diese Gegend schon sehr früh bewohnt gewesen, ja Sumiswald, noch ehe unser Heiland auf der Welt war, eine Stadt gewesen sein soll; aber aufgeschrieben steht das nirgends. Doch das weiß man, dass es schon mehr als sechshundert Jahre her ist, dass das Schloss steht, wo jetzt das Spital ist, und wahrscheinlich um dieselbe Zeit stund auch hier schon ein Haus und gehörte samt einem großen Teil der Umgegend zu dem Schlosse, musste dorthin Zehnten und Bodenzinse geben, Frondienste leisten, ja die Menschen waren leibeigen und nicht eigenen Rechtens, wie jetzt jeder ist, sobald er zu Jahren kömmt. Gar ungleich hatten es damals die Menschen, und nahe beieinander wohnten Leibeigene, welche die besten Händel hatten, und solche, die schwer, fast unerträglich gedrückt wurden, ihres Lebens nicht sicher waren. Ihr Zustand hing jeweilen von ihren Herren ab; die waren gar ungleich und doch fast unumschränkt Meister über ihre Leute, und diese fanden keinen, dem sie so leichtlich und wirksam klagen konnten. Die, welche zu diesem Schlosse gehörten, sollen es schlimmer gehabt haben zuzeiten als die meisten, welche zu anderen Schlössern gehörten. Die meisten anderen Schlösser gehörten einer Familie, kamen von dem Vater auf den Sohn, da kannten der Herr und seine Leute sich von Jugend auf, und gar mancher war seinen Leuten wie ein Vater. Dieses Schloss kam nämlich frühe in die Hände von Rittern, die man die Teutschen nannte, und der, welcher hier zu befehlen hatte, den nannte man den Comthur. Diese Obern wechselten nun, und bald war einer da aus dem Sachsenland und bald einer aus dem Schwabenland; da kam keine Anhänglichkeit auf, und ein jeder brachte Brauch und Art mit aus seinem Lande.

Nun sollten sie eigentlich in Polen und im Preußenlande mit den Heiden streiten, und dort, obgleich sie eigentlich geistliche Ritter waren, gewöhnten sie sich fast an ein heidnisch Leben und gingen mit anderen Menschen um, als ob kein Gott im Himmel wäre, und wenn sie dann heimkamen, so meinten sie noch immer, sie seien im Heidenland, und trieben das gleiche Leben fort. Denn die, welche lieber im Schatten lustig lebten als im wüsten Lande blutig stritten, oder die, welche ihre Wunden heilen, ihren Leib stärken mussten, kamen auf die Güter, welche der Orden, so soll man die Gesellschaft der Ritter genannt haben, in Deutschland und in der Schweiz besaß, und taten jeder nach seiner Art, und was ihnen wohlgefiel.

Einer der wüstesten soll der Hans von Stoffeln gewesen sein aus dem Schwabenlande, und unter ihm soll es sich zugetragen haben, was ihr von mir wissen wollt, und was sich bei uns vom Vater auf den Sohn vererbt hat.

Diesem Hans von Stoffeln fiel es bei, dort hinten auf dem Bärhegenhügel ein großes Schloss zu bauen; dort, wo man noch jetzt, wenn es wild Wetter geben will, die Schlossgeister ihre Schatze sonnen sieht, stand das Schloss. Sonst bauten die Ritter ihre Schlösser über den Straßen, wie man jetzt die Wirtshäuser an die Straßen baut, beides, um die Leute besser plündern zu können, auf verschiedene Weise freilich. Warum aber der Ritter dort auf dem wilden, wüsten Hügel in der Einöde ein Schloss haben wollte, wissen wir nicht. Genug, er wollte es, und die Bauern, welche zum Schlosse gehörten, mussten es bauen. Der Ritter fragte nach keinem von der Jahreszeit gebotenen Werk, nicht nach dem Heuet, nicht nach der Ernte, nicht nach dem Säet. So und so viel Gespanne mussten fahren, so und so viel Hände mussten arbeiten, zu der und der Zeit sollte der letzte Ziegel gedeckt, der letzte Nagel geschlagen sein. Dazu schenkte er keine Zehntgarbe, kein Mäß Bodenzins, kein Fasnachtshuhn, ja nicht einmal ein Fasnachtsei; Barmherzigkeit kannte er keine, die Bedürfnisse armer Leute kannte er nicht. Er ermunterte sie auf heidnische Weise mit Schlägen und Schimpfen, und wenn einer müde wurde, langsamer sich rührte oder gar ruhen wollte, so war der Vogt hinter ihm mit der Peitsche, und weder Alter noch Schwachheit ward verschont.

Wenn die wilden Ritter oben waren, so hatten sie ihre Freude dran, wenn die Peitsche recht knallte, und sonst trieben sie noch manchen Schabernack mit den Arbeitern; wenn sie ihre Arbeit mutwillig verdoppeln konnten, so sparten sie es nicht und hatten dann große Freude an ihrer Angst, an ihrem Schweiß.

Endlich war das Schloss fertig, fünf Ellen dick die Mauern. Niemand wusste, warum es da oben stand, aber die Bauern waren froh, dass es einmal stand, wenn es doch stehen musste, der letzte Nagel geschlagen, der letzte Ziegel oben war.

Sie wischten sich den Schweiß von den Stirnen, sahen mit betrübtem Herzen sich um in ihrem Besitztum, sahen seufzend, wie weit der unselige Bau sie zurückgebracht. Aber war doch ein langer Sommer vor ihnen und Gott über ihnen, darum fassten sie Mut und kräftig den Pflug und trösteten

271

Weib und Kind, die schweren Hunger gelitten, und denen Arbeit eine neue Pein schien.

Aber kaum hatten sie den Pflug ins Feld geführt, so kam Botschaft, dass alle Hofbauern eines Abends zur bestimmten Stunde im Schlosse zu Sumiswald sich einfinden sollten. Sie bangten und hofften. Freilich hatten sie von den gegenwärtigen Bewohnern des Schlosses noch nichts Gutes genossen, sondern lauter Mutwillen und Härte, aber es dünkte sie billig, dass die Herren ihnen etwas täten für den unerhörten Frondienst, und weil es sie so dünkte, so meinten viele, es dünke die Herren auch so, und sie würden an selbem Abend ihnen ein Geschenk machen oder einen Nachlass verkünden wollen.

Sie fanden sich am bestimmten Abend zeitig und mit klopfendem Herzen ein, mussten aber lange warten im Schlosshofe, den Knechten zum Gespött. Die Knechte waren auch im Heidenlande gewesen. Zudem wird es gewesen sein wie jetzt, wo jedes halbbatzige Herrenknechtlein das Recht zu haben meint, gesessene Bauern verachten zu können und verhöhnen zu dürfen.

Endlich wurden sie in den Rittersaal entboten. Vor ihnen öffnete sich die schwere Türe; drinnen saßen um den schweren Eichentisch die schwarzbraunen Ritter, wilde Hunde zu ihren Füßen, und obenan der von Stoffeln, ein wilder, mächtiger Mann, der einen Kopf hatte wie ein doppelt Bernmäß, Augen machte wie Pflugräder und einen Bart hatte wie eine alte Löwenmähne. Keiner ging gerne zuerst hinein, einer stieß den anderen vor. Da lachten die Ritter, dass der Wein über die Humpen spritzte. Und wütend stürzten die Hunde vor, denn wenn diese zitternde, zagende Glieder sehen, so meinen sie, dieselben gehören einem zu jagenden Wild. Den

Bauern aber ward nicht gut zumute, es dünkte sie, wenn sie nur wieder daheim wären, und einer drückte sich hinter den anderen.

Als endlich Hunde und Ritter schwiegen, erhob der von Stoffeln seine Stimme, und sie tönte wie aus einer hundertjährigen Eiche: „Mein Schloss ist fertig, doch noch eines fehlt, der Sommer kömmt, und droben ist kein Schattenzugang. In Zeit eines Monats sollt ihr mir einen pflanzen, sollt hundert ausgewachsene Buchen nehmen aus dem Münneberg, mit Ästen und Wurzeln, und sollt sie mir pflanzen auf Bärhegen, und wenn eine einzige Buche fehlt, so büßt ihr mir es mit Gut und Blut. Drunten steht Trunk und Imbiss, aber morgen soll die erste Buche auf Bärhegen stehen."

Als von Trunk und Imbiss einer hörte, meinte er, der Ritter sei gnädig und gut gelaunt und begann zu reden von ihrer notwendigen Arbeit und dem Hunger von Weib und Kind, vom Winter, wo die Sache besser zu machen wäre. Da begann der Zorn des Ritters Kopf größer und größer zu schwellen, und seine Stimme brach los wie der Donner aus einer Fluh, und er sagte ihnen: Wenn er gnädig sei, so seien sie übermütig. Wenn im Polenlande einer das nackte Leben habe, so küsse er einem die Füße, hier hätten sie Kind und Rind, Dach und Fach, und seien doch nicht satt.

„Aber gehorsamer und genügsamer mache ich euch, so wahr ich Hans von Stoffeln bin, und wenn in Monatsfrist die hundert Buchen nicht oben stehen, so lasse ich euch peitschen, bis kein Fingerlang mehr ganz an euch ist, und Weiber und Kinder werfe ich den Hunden vor."

274   Da wagte keiner mehr eine Einrede, aber auch keiner begehrte von dem Trunk und Imbiss. Sie drängten sich, als der zornige Befehl gegeben war, zur Türe hinaus, und jeder wäre

gerne der Erste gewesen, und weithin folgte ihnen des Ritters donnernde Stimme nach, der anderen Ritter Gelächter, der Knechte Spott, der Rüden Geheul.

Als der Weg sich beugte, vom Schlosse sie nicht mehr konnten gesehen werden, setzten sie sich an des Weges Rand und weinten bitterlich, keiner hatte einen Trost für den anderen, und keiner hatte den Mut zu rechtem Zorn, denn Not und Plage hatten den Mut ihnen ausgelöscht, sodass sie keine Kraft mehr zum Zorne hatten, sondern nur noch zum Jammern. Über drei Stunden weit sollten sie durch wilde Wege die Buchen führen mit Ästen und Wurzeln den steilen Berg hinauf, und neben diesem Berge wuchsen viele und schöne Buchen und die mussten sie stehen lassen! In Monatsfrist sollte das Werk geschehen sein, zwei Tage drei, den dritten vier Bäume sollten sie schleppen durchs lange Tal, den steilen Berg auf mit ihrem ermatteten Vieh. Und über alles dieses war es der Maimond, wo der Bauer sich rühren muss auf seinem Acker, fast Tag und Nacht ihn nicht verlassen darf, wenn er Brot will und Speise für den Winter.

Wie sie da so ratlos weinten, keiner den anderen ansehen, in den Jammer des anderen sehen durfte, weil der seinige schon über ihm zusammenschlug, und keiner heimdurfte mit der Botschaft, keiner den Jammer heimtragen mochte zu Weib und Kind, stund plötzlich vor ihnen, sie wussten nicht woher, lang und dürre, ein grüner Jägersmann. Auf dem kecken Barett schwankte eine rote Feder, im schwarzen Gesicht flammte ein rotes Bärtchen, und zwischen der gebogenen Nase und dem zugespitzten Kinn, fast unsichtbar, wie eine Höhle unter überhängendem Gestein, öffnete sich ein

Mund und trug: „Was gibt es, ihr guten Leute, dass ihr dasitzet und heulet, dass es Steine aus dem Boden sprengt und Äste ab den Bäumen?" Zweimal frug er und erhielt keine Antwort.

Da ward noch schwärzer des Grünen schwarz Gesicht, noch röter das rote Bärtchen, es schien darin zu knistern und zu spretzeln wie Feuer im Tannenholz; wie ein Pfeil spitzte sich der Mund, dann tat er sich auseinander und frug ganz holdselig und mild: „Aber ihr guten Leute, was hilft es euch, dass ihr dasitzet und heulet? Ihr könnet da heulen, bis es eine neue Sündflut gibt oder euer Geschrei die Sterne aus dem Himmel sprengt; aber damit wird euch wahrscheinlich wenig geholfen sein. Wenn euch aber Leute fragen, was ihr hättet, Leute, die es gut mit euch meinen, euch vielleicht helfen könnten, so solltet ihr statt zu heulen antworten und ein vernünftig Wort reden, das hülfe euch viel mehr."

Da schüttelte ein alter Mann das weiße Haupt und sprach: „Haltet es nicht für ungut, aber das, worüber wir weinen, nimmt kein Jägersmann uns ab, und wenn das Herz einmal im Jammer verschwollen ist, so kommen keine Worte mehr daraus."

Da schüttelte sein spitziges Haupt der Grüne und sprach: „Vater, Ihr redet nicht dumm, aber so ist es doch nicht. Man mag schlagen, was man will, Stein oder Baum, so gibt es einen Ton von sich, es klaget. So soll auch der Mensch klagen, soll alles klagen, soll dem ersten Besten klagen, vielleicht hilft ihm der erste Beste. Ich bin nur ein Jägersmann, wer weiß, ob ich nicht daheim ein tüchtiges Gespann habe, Holz und Steine oder Buchen und Tannen zu führen?"

Als die armen Bauern das Wort Gespann hörten, fiel es ihnen allen ins Herz, ward da zu einem Hoffnungsfunken, und alle sahen auf ihn, und dem Alten ging der Mund noch weiter auf.

Er sprach: Es sei nicht immer richtig, dem ersten Besten zu sagen, was man auf dem Herzen hätte; da man ihm es aber anhöre, dass er es gut meine, dass er vielleicht helfen könne, so wolle man kein Hehl vor ihm haben. Mehr als zwei Jahre hätten sie schwer gelitten unter dem neuen Schlossbau, kein Hauswesen sei in der ganzen Herrschaft, welches nicht bitterlich im Mangel sei. Jetzt hätten sie frisch aufgeatmet, in der Meinung, endlich freie Hände zu haben zur eigenen Arbeit, hätten mit neuem Mut den Pflug ins Feld geführt, und soeben hätte der Comthor ihnen befohlen, aus im Münneberg gewachsenen Buchen in Monatsfrist beim neuen Schloss einen neuen Schattengang zu pflanzen. Sie wüssten nicht, wie das vollbringen in dieser Frist mit ihrem abgekarrten Vieh, und wenn sie es vollbrächten, was hülfe es ihnen! Anpflanzen könnten sie nicht und müssten nachher hungers sterben, im Fall die harte Arbeit sie nicht schon tötete. Diese Botschaft dürften sie nicht heimtragen, möchten nicht zum alten Elend noch den neuen Jammer schütten.

Da machte der Grüne ein gar mitleidiges Gesicht, hob drohend die lange, magere schwarze Hand gegen das Schloss empor und vermaß sich zu schwerer Rache gegen solche Tyrannei. Ihnen aber wollte er helfen. Sein Gespann, wie keines sei im Lande, solle diesseits Sumiswald, ihnen alle Buchen, so viele sie dorthin zu bringen vermöchten, auf Bärhegen führen, ihnen zulieb, den Rittern zum Trotz und um geringen Lohn.

Da horchten hochauf die armen Männer bei diesem unerwarteten Anerbieten. Konnten sie um den Lohn einig werden, so waren sie gerettet, denn bis an den Kirchstalden konnten sie die Buchen führen, ohne dass ihre Landarbeit darüber versäumt, und sie zugrunde gingen.

Darum sagte der Alte: „So sag an, was du verlangst, auf dass wir mit dir des Handels einig werden mögen!"

Da machte der Grüne ein pfiffig Gesicht; es knisterte in seinem Bärtchen, und wie Schlangenaugen funkelten sie seine Augen an, und ein gräulich Lachen stand in beiden Mundwinkeln, als er den Mund voneinander tat und sagte: „Wie ich gesagt, ich begehre nicht viel, nicht mehr als ein ungetauftes Kind."

Das Wort zuckte durch die Männer wie ein Blitz, wie eine Decke fiel es von ihren Augen, und wie Spreu im Wirbelwinde stoben sie auseinander.

Da lachte hellauf der Grüne, dass die Fische im Bache sich bargen, die Vögel das Dickicht suchten, und grausig die Feder am Hute schwankte, und auf und nieder ging das Bärtchen.

„Besinnet euch oder suchet bei euren Weibern Rat, in der dritten Nacht findet ihr hier mich wieder!", so rief er den Fliehenden mit scharf tönender Stimme nach, dass die Worte in ihren Ohren hängen blieben, wie Pfeile mit Widerhaken hängen bleiben im Fleische.

Blass und zitternd an der Seele und an allen Gliedern stoben die Männer nach Hause; keiner sah nach dem anderen sich um, keiner hätte den Hals gedreht, nicht um alle Güter der Welt. Als so verstört die Männer dahergestoben kamen, wie Tauben vom Vogel gejagt zum Taubenschlag, da drang mit ihnen der Schrecken in alle Häuser, und alle bebten vor der Kunde, welche den Männern die Glieder also durcheinander warf.

In zitternder Neugierde schlichen die Weiber den Männern nach, bis sie dieselben an den Orten hatten, wo man im Stillen ein vertraut Wort reden konnte. Da musste jeder Mann seinem Weibe erzählen, was sie im Schloss vernommen, das hörten sie mit Wut und Fluch. Sie mussten erzählen, wer ihnen begegnet, was er ihnen angetragen. Da ergriff namenlose Angst die Weiber, ein Wehgeschrei ertönte über Berg und Tal, einer jeden ward, als hätte ihr eigen Kind der Ruchlose begehrt. Ein einziges Weib schrie nicht den anderen gleich. Das war ein grausam handliches Weib, eine Lindauerin soll es gewesen sein, und hier auf dem Hofe hat es gewohnt. Es hatte wilde schwarze Augen und fürchtete sich nicht viel vor Gott und Menschen. Böse war es schon geworden, dass die Männer dem Ritter nicht rundweg das Begehren abgeschlagen; wenn es dabei gewesen, es hätte ihm es sagen wollen, sagte es. Als sie vom Grünen hörte und seinem Antrage, und wie die Männer davongestoben, da ward sie erst recht böse und schalt die Männer über ihre Feigheit, und dass sie dem Grünen nicht kecker ins Gesicht gesehen, vielleicht hätte er mit einem anderen Lohne sich auch begnügt, und da die Arbeit für das Schloss sei, würde es ihren Seelen nichts schaden, wenn der Teufel sie mache. Sie ergrimmte in der Seele, dass sie nicht dabei gewesen, und wäre es nur, damit sie einmal den Teufel gesehen und auch wüsste, was er für ein Aussehen hätte. Darum weinte dieses Weib nicht, sondern redete in seinem Grimme harte Worte gegen den eigenen Mann und gegen alle anderen Männer.

Des folgenden Tages, als in stilles Gewimmer das Wehgeschrei verglommen war, saßen die Männer zusammen, suchten Rat und fanden keinen. Anfangs war die Rede von neuem Bitten bei dem Ritter, aber niemand wollte bitten gehen, keinem schienen Leib und Leben feil. Einer wollte Weiber und Kinder schicken mit Geheul und Jammer, der aber verstummte schnell, als die Weiber zu reden begannen; denn schon damals waren die Weiber in der Nähe, wenn die Männer im Rate saßen. Sie wussten keinen Rat, als in Gottes Namen Gehorsam zu versuchen. Sie wollten Messen lesen lassen, um Gottes Beistand zu gewinnen, wollten Nachbarn um nächtliche geheime Hilfe ansprechen, denn eine offenbare hätten ihnen ihre Herren nicht erlaubt, wollten sich teilen, die Hälfte sollte bei den Buchen schaffen, die andere Hälfte Haber säen und des Viehes warten. Sie hofften, auf diese Weise und mit Gottes Hülfe täglich wenigstens drei Buchen auf Bärhegen hinaufzuschaffen. Vom Grünen redete niemand. Ob niemand an ihn dachte, ist nicht verzeichnet worden.

Sie teilten sich ein, rüsteten die Werkzeuge, und als der erste Maitag über seine Schwelle kam, sammelten die Männer sich am Münneberg und begannen mit gefasstem Mute die Arbeit. In weitem Ringe mussten die Buchen umgraben, sorgfältig die Wurzeln geschont, sorgfältig die Bäume, damit sie nicht verletzten, zur Erde gelassen werden. Noch war der Morgen nicht hoch am Himmel, als drei zur Abfahrt bereitlagen, denn immer drei sollten zusammen geführt werden, damit man auf dem schweren Weg mit Hand und Vieh sich gegenseitig helfen könne. Aber schon stand die Sonne am Mittag, und noch waren sie mit den drei Buchen nicht zum Walde hinaus, schon stand sie hinter den Bergen, und noch waren sie nicht über Sumiswald hinaus. Erst der neue Morgen fand sie am Fuße des Berges, auf dem das Schloss stand, und die Buchen sollten gepflanzet werden.

Ein Missgeschick nach dem anderen traf sie: Die Geschirre zerrissen, die Wagen brachen, Pferde und Ochsen fielen oder weigerten den Gehorsam. Noch ärger ging es am zweiten Tage. Neue Not brachte immerfort neue Mühe, unter rastloser Arbeit keuchten die Armen, und keine Buche war noch oben, keine Buche über Sumiswald hinausgeschafft.

Der von Stoffeln schalt und fluchte; je mehr er schalt und fluchte, umso größer ward der Unstern, umso störrischer das Vieh. Die anderen Ritter lachten und höhnten und freuten sich gar sehr über das Zappeln der Bauern, den Zorn des von Stoffeln. Sie hatten gelacht über des von Stoffeln neues Schloss auf dem nackten Gipfel. Da hatte der geschworen: In Monatsfrist müsste ein schöner Laubgang droben sein. Darum fluchte er, darum lachten die Ritter und weinten die Bauern.

Eine fürchterliche Mutlosigkeit erfasste diese, keinen Wagen hatten sie mehr ganz, keinen Zug unbeschädigt, in zwei Tagen nicht drei Buchen zur Stelle gebracht, und alle Kraft war erschöpft.

Nacht war es geworden, schwarze Wolken stiegen auf, es blitzte zum ersten Male in diesem Jahre. An den Weg hatten sich die Männer gesetzt, es war die gleiche Beugung des Weges, in welcher sie vor drei Tagen gesessen waren, sie wussten es aber nicht. Da saß der Hornbachbauer, der Lindauerin Mann, mit zwei Knechten, und andere mehr saßen auch bei ihnen. Sie wollten da auf Buchen warten, die von Sumiswald kommen sollten, wollten ungestört sinnen über ihr Elend, wollten ruhen lassen ihre zerschlagenen Glieder.

Da kam rasch ein Weib daher, einen großen Korb auf dem Kopfe. Es war Christine, die Lindauerin, des Hornbachbauern Eheweib, zu dem derselbe gekommen war, als er einmal mit seinem Herrn zu Felde gezogen war. Sie war nicht von den Weibern, die froh sind, daheim zu sein, in der Stille ihre Geschäfte zu beschicken, und die sich um nichts kümmern als um Haus und Kind. Christine wollte wissen, was ging, und wo sie ihren Rat nicht dazu geben konnte, da ginge es schlecht, so meinte sie.

Mit der Speise hatte sie daher keine Magd gesandt, sondern den schweren Korb auf den eigenen Kopf genommen und die Männer lange gesucht umsonst; bittere Worte ließ sie fallen darüber, sobald sie dieselben gefunden. Unterdessen war sie aber nicht müßig, die konnte noch reden und schaffen zu gleicher Zeit. Sie stellte den Korb ab, deckte den Kübel ab, in welchem das Hafermus war, legte das Brot und den Käse zurecht und steckte jedem gegenüber für Mann und Knecht die Löffel ins Mus, und hieß auch die anderen zugreifen, die noch speislos waren.

Dann frug sie nach der Männer Tagwerk und wie viel geschaffet worden in den zwei Tagen? Aber Hunger und Worte waren den Männern ausgegangen, und keiner griff zum Löffel, und keiner hatte eine Antwort.

Nur ein leichtfertig Knechtlein, dem es gleichgültig war, regne oder sonnenscheine es in der Ernte, wenn nur das Jahr umging, und der Lohn kam und zu jeder Essenszeit das Essen auf den Tisch, griff zum Löffel und berichtete Christine, dass noch keine Buche gepflanzet sei, und alles gehe, als ob sie verhext wären.

Da schalt die Lindauerin, dass das eitel Einbildung wäre und die Männer nichts als Kindbetterinnen; mit Schaffen und Weinen, mit Hocken und Heulen werde man keine Buchen auf Bärhegen bringen. Ihnen würde nur ihr Recht widerfahren, wenn der Ritter seinen Mutwillen an ihnen ausließe; aber um Weib und Kinder willen müsse die Sache anders zur Hand genommen werden.

Da kam plötzlich über die Achsel des Weibes eine lange schwarze Hand, und eine grelle Stimme rief: „Ja, die hat Recht!"

Und mitten unter ihnen stand mit grinsendem Gesicht der Grüne, und lustig schwankte die rote Feder auf seinem Hute. Da hob der Schreck die Männer von dannen, sie stoben die Halde auf wie Spreu im Wirbelwinde.

Nur Christine, die Lindauerin, konnte nicht fliehen, sie erfuhr es, wie man den Teufel leibhaftig kriegt, wenn man ihn an die Wand male. Sie blieb stehen wie gebannt, musste schauen die rote Feder am Barett, und wie das rote Bärtchen lustig auf- und niederging im schwarzen Gesichte. Gellend lachte der Grüne den Männern nach, aber gegen Christine machte er ein zärtlich Gesicht und fasste mit höflicher Gebärde ihre Hand. Christine wollte sie wegziehen, aber sie entrann dem Grünen nicht mehr, es war ihr, als zische Fleisch zwischen glühenden Zangen.

Und schöne Worte begann er zu reden, und zu den Worten zwitzerte lüstern sein rot Bärtchen auf und ab. So ein schön Weibchen habe er lange nicht gesehen, sagte er, das Herz lache ihm im Leibe; zudem habe er sie gerne mutig, und gerade die seien ihm die liebsten, welche stehen bleiben dürften, wenn die Männer davonliefen.

Wie er so redete, kam Christine der Grüne immer weniger schreckhaft vor. Mit dem sei doch noch zu reden, dachte sie, und sie wüsste nicht, warum davonlaufen, sie hätte schon viel Wüstere gesehen. Der Gedanke kam ihr immer mehr: Mit dem ließe sich was machen, und wenn man recht mit ihm zu reden wüsste, so täte er einem wohl einen Gefallen, oder am Ende könnte man ihn übertölpeln wie die anderen Männer auch.

283

Er wüsste gar nicht, fuhr der Grüne fort, warum man sich so vor ihm scheue, er meinte es doch so gut mit allen Menschen, und wenn man so grob gegen ihn sei, so müsse man sich nicht wundern, wenn er den Leuten nicht immer täte, was ihnen am liebsten wäre.

Da fasste Christine ein Herz und antwortete: Er erschrecke aber die Leute auch, dass es schrecklich wäre. Warum habe er ein ungetauft Kind verlangt, er hätte doch von einem anderen Lohn reden können, das komme den Leuten gar verdächtig vor, ein Kind sei immer ein Mensch, und ungetauft eins aus den Händen geben, das werde kein Christ tun.

„Das ist mein Lohn, an den ich gewohnt bin, und um anderen fahre ich nicht, und was frägt man doch so einem Kinde nach, das noch niemand kennt? So jung gibt man sie am liebsten weg, hat man doch noch keine Freude an ihnen gehabt und keine Mühe mit ihnen. Ich aber habe sie je jünger je lieber, je früher ich ein Kind erziehen kann auf meine Manier, umso weiter bringe ich es, dazu habe ich aber das Taufen gar nicht nötig und will es nicht."

Da sah Christine wohl, dass er mit keinem anderen Lohn sich werde begnügen wollen; aber es wuchs in ihr immer mehr der Gedanke: Das wäre doch der Einzige, der nicht zu betrügen wäre. Darum sagte sie: Wenn aber einer etwas verdienen wolle, so müsste er sich mit dem Lohne begnügen, den man ihm geben könne, sie aber hätten gegenwärtig in keinem Hause ein ungetauft Kind, und in Monatsfrist gebe es keins, und in dieser Zeit müssten die Buchen geliefert sein.

Da schwänzelte gar höflich der Grüne und sagte: „Ich begehre das Kind ja nicht zum Voraus. Sobald man mir verspricht, das erste zu liefern, ungetauft, welches geboren wird, so bin ich schon zufrieden."

Das gefiel Christine gar wohl. Sie wusste, dass es in geraumer Zeit kein Kind geben werde in ihrer Herren Gebiet. Wenn nun einmal der Grüne sein Versprechen gehalten, und die Buchen gepflanzt seien, so brauche man ihm gar nichts mehr zu geben, weder ein Kind noch was anderes. Man lasse Messen lesen zu Schutz und Trutz und lache tapfer den Grünen aus, so dachte Christine. Sie dankte daher schon ganz herzhaft für das gute Anerbieten und sagte: Es sei zu bedenken und sie wolle mit den Männern darüber reden.

„Ja", sagte der Grüne, „da ist gar nichts mehr weder zu denken noch zu reden. Für heute habe ich euch bestellt, und jetzt will ich den Bescheid. Ich habe noch an gar vielen Orten zu tun und bin nicht bloß wegen euch da. Du musst mir zu- oder absagen, nachher will ich von dem ganzen Handel nichts mehr wissen."

Christine wollte die Sache verdrehen, denn sie nahm sie nicht gerne auf sich, sie wäre sogar sehr zärtlich geworden, um Stündigung zu erhalten, allein der Grüne war nicht aufgelegt, wankte nicht.

„Jetzt oder nie!", sagte er. Sobald aber der Handel geschlossen sei um ein einzig Kind, so wolle er in jeder Nacht so viel Buchen auf Bärhegen führen, als man ihm vor Mitternacht unten an den Kirchstalden liefere, dort wollte er sie in Empfang nehmen.

„Nun, schöne Frau, bedenke dich nicht!", sagte der Grüne und klopfte Christine holdselig auf die Wange.

Da klopfte doch ihr Herz, sie hätte lieber die Männer hineingestoßen, um hinterdrein ihnen die Schuld geben zu können. Aber die Zeit drängte, kein Mann war da als Sündenbock, und der Glaube verließ sie nicht, dass sie listiger als der Grüne sei und wohl ein Einfall kommen werde, ihn mit langer Nase abzuspeisen. Darum sagte Christine: Sie für ihre Person wolle zugesagt haben; wenn aber dann später die Männer nicht wollten, so vermöchte sie dessen nicht, und er solle es sie nicht entgelten lassen.

Mit dem Versprechen, zu tun, was sie könne, sei er hinlänglich zufrieden, sagte der Grüne.

Jetzt schauderte Christine doch an Leib und Seele, jetzt meinte sie, komme der schreckliche Augenblick, wo sie mit ihrem Blute dem Grünen den Akkord unterschreiben müsse.

Aber der Grüne machte es ihr viel leichter und sagte: Von hübschen Weibern begehre er niemals eine Unterschrift, mit einem Kuss sei er zufrieden. Somit spitzte er seinen Mund gegen Christines Gesicht, und Christine konnte nicht fliehen, war wiederum wie gebannt, steif und starr.

Da berührte der spitzige Mund Christines Gesicht, und ihr war, als ob von spitzigem Eisen aus Feuer durch Mark und Bein fahre, durch Leib und Seele, und ein gelber Blitz fuhr zwischen ihnen durch und zeigte Christine freudig verzerrt des Grünen teuflisch Gesicht, und ein Donner fuhr über sie, als ob der Himmel zersprungen wäre.

Verschwunden war der Grüne, und Christine stand wie versteinert, als ob tief in den Boden hinunter ihre Füße Wurzeln getrieben hätten in jenem schrecklichen Augenblick. Endlich war sie ihrer Glieder wieder mächtig, aber im Gemüte brauste und sauste es ihr, als ob ein mächtiges Wasser seine Fluten wälze über turmhohe Felsen hinunter in schwarzen Schlund. Wie man im Donner der Wasser die eigene Stimme nicht hört, so ward Christine der eigenen Gedanken sich nicht bewusst im Tosen, das donnerte in ihrem Gemüte. Unwillkürlich floh sie den Berg hinan, und immer glühender fühlte sie ein Brennen an ihrer Wange, da wo des

Grünen Mund sie berührt. Sie rieb, sie wusch, aber der Brand nahm nicht ab.

Es ward eine wilde Nacht. In Lüften und Klüften heulte und toste es, als ob die Geister der Nacht Hochzeit hielten in den schwarzen Wolken, die Winde die wilden Reigen spielten zu ihrem grausen Tanze, die Blitze die Hochzeitsfackeln wären und der Donner der Hochzeitssegen.

In finsterem Bergestale regte es sich um ein großes Haus und viele drängten sich um sein schirmend Obdach. Sonst treibt im Gewittersturm die Angst um den eigenen Herd den Landmann unter das eigene Dach, und sorgsam wachend, solange das Gewitter am Himmel steht, wahret und hütet er das eigene Haus. Aber jetzt war die gemeinsame Not größer als die Angst vor dem Gewitter. Diese trieb sie in diesem Hause zusammen, an welchem vorbeigehen mussten die, welche der Sturm aus dem Münneberg trieb, und die, welche von Bärhegen sich geflüchtet. Den Graus der Nacht ob dem eigenen Elend vergessend, hörte man sie klagen und grollen über ihr Missgeschick. Zu allem Unglück war noch das Toben der Natur gekommen. Pferde und Ochsen waren scheu geworden, betäubt, hatten Wagen zertrümmert, sich über Felsen gestürzt, und schwer verwundet stöhnte mancher in tiefem Schmerze, laut auf schrie mancher, dem man zerrissene Glieder einzog und zusammenband.

In das Elend hinein flüchteten sich auch in schauerlicher Angst die, welche den Grünen gesehen, und erzählten bebend die wiederholte Erscheinung. Bebend hörte die Menge, was die Männer erzählten, drängte sich aus dem weiten, dunklen Raume dem Feuer zu, um welches die Männer saßen, und wenn der Wind durch die Sparren fuhr oder Donner über dem Hause rollte, so schrie laut auf die Menge und meinte, es breche durchs Dach der Grüne, sich zu zeigen in ihrer Mitte. Als er aber nicht kam, als der Schreck vor ihm verging, als das alte Elend blieb, und der Jammer der Leidenden lauter wurde, da stiegen allmählich die Gedanken auf, die den Menschen, der in der Not ist, so gerne um seine Seele bringen. Sie begannen zu rechnen, wie viel mehr wert sie alle seien als ein einzig ungetauft Kind, sie vergaßen immer mehr, dass die Schuld an einer Seele tausendmal schwerer wiege als die Rettung von tausend und abermal tausend Menschenleben.

Diese Gedanken wurden allmählich laut und begannen sich zu mischen als verständliche Worte in das Schmerzensgestöhn der Leidenden. Man fragte näher nach dem Grünen, grollte, dass man ihm nicht besser Rede gestanden; genommen hätte er niemand, und je weniger man ihn fürchte, umso weniger tue er den Menschen. Dem ganzen Tale hätten sie vielleicht helfen können, wenn sie das Herz am rechten Orte gehabt hätten.

Da begannen die Männer sich zu entschuldigen. Sie sagten nicht, dass es sich mit dem Teufel nicht spaßen lasse, dass wer ihm ein Ohr leihe, bald den ganzen Kopf ihm geben müsse, sondern sie redeten von des Grünen schrecklicher Gestalt, seinem Flammenbarte, der feurigen Feder auf seinem Hute, einem Schlossturme gleich, und dem schrecklichen Schwefelgeruch, den sie nicht hätten ertragen mögen.

Christines Mann aber, der gewöhnt worden war, dass sein Wort erst durch die Zustimmung seiner Frau Kraft erhielt, sagte, sie sollten nur seine Frau fragen, die könne ihnen sagen, ob es jemand hätte aushalten mögen, und dass die ein mutiges Weib sei, wüssten alle. Da sahen alle nach Christine sich um, aber keiner sah sie. Es hatte jeder nur an seine eigene Rettung gedacht und an andere nicht, und wie jetzt jeder im Trockenen saß, so meinte er, die anderen säßen ebenso. Jetzt erst fiel allen bei, dass sie Christine seit jenem schrecklichen Augenblick nicht mehr gesehen, und ins Haus war sie nicht gekommen. Da begann der Mann zu jammern und alle anderen mit ihm, denn es ward ihnen allen, als ob Christine allein zu helfen wüsste.

Plötzlich ging die Tür auf, und Christine stand mitten unter ihnen, ihre Haare trieften, rot waren die Wangen, und ihre Augen brannten noch dunkler als sonst in unheimlichem Feuer. Eine Teilnahme, deren Christine sonst nicht gewohnt war, empfing sie, und jeder wollte ihr erzählen, was man gedacht und gesagt, und wie man Kummer um sie gehabt. Christine sah bald, was alles zu bedeuten hatte, und verbarg ihre innere Glut hinter spöttischen Worten, warf den Männern ihre übereilte Flucht vor, und wie keiner um ein arm Weib sich bekümmert, und keiner sich umgesehen, was der Grüne mit ihr beginne.

Da brach der Sturm der Neugierde aus, und jeder wollte zuerst wissen, was nun der Grüne mit ihr angefangen, und die Hintersten hoben sich hochauf, um besser zu hören und die Frau näher zu sehen, die dem Grünen so nahe gestanden.

Sie sollte nichts sagen, meinte Christine zuerst, man hätte es nicht um sie verdient, als Fremde sie übel geplaget im Tale, die Weiber ihr einen üblen Namen angehängt, die Männer sie allenthalben im Stich gelassen, und wenn sie nicht besser gesinnet wäre als alle, und wenn sie nicht mehr Mut als alle hätte, so wäre noch jetzt weder Trost noch Ausweg da. So redete Christine noch lange, warf harte Worte gegen die Weiber, die ihr nie hätten glauben wollen, dass der Bodensee größer sei als der Schlossteich, und je mehr man ihr anhielt, umso härter schien sie zu werden und stützte sich besonders darauf, dass, was sie zu sagen hätte, man ihr übel auslegen und, wenn die Sache gut käme, ihr keinen Dank haben werde; käme sie aber übel, so lüde man ihr alle Schuld auf und die ganze Verantwortung.

Als endlich die ganze Versammlung vor Christine wie auf den Knien lag mit Bitten und Flehen, und die Verwundeten laut aufschrien und anhielten, da schien Christine zu erweichen und begann zu erzählen, wie sie standgehalten und mit dem Grünen Abrede getroffen; aber von dem Kusse sagte sie nichts, nichts davon, wie er sie auf der Wange gebrannt und wie es ihr getoset im Gemüte. Aber sie erzählte, was sie seither gesinnet im verschlagenen Gemüte. Das Wichtigste sei, dass die Buchen nach Bärhegen geschafft würden; seien sie einmal oben, so könne man immer noch sehen, was man machen wolle, die Hauptsache sei, dass bis dahin, soviel ihr bekannt, unter ihnen kein Kind werde geboren werden. Vielen lief es kalt den Rücken auf bei der Erzählung, aber dass man dann noch immer sehen könne, was man machen wolle, das gefiel allen wohl.

Nur ein junges Weibchen weinte gar bitterlich, dass man unter seinen Augen die Hände hätte waschen können, aber sagen tat es nichts.

Ein alt ehrwürdig Weib dagegen, hoch gestaltet und mit einem Gesichte, vor dem man sonst sich beugen oder vor ihm fliehen musste, trat in die Mitte und sprach: Gottvergessen wäre es gehandelt, auf das Ungewisse das Gewisse zu stellen und zu spielen mit dem ewigen Leben. Wer mit dem Bösen sich einlasse, komme vom Bösen nimmer los, und wer ihm den Finger gebe, den behalte es mit Leib und Seele. Aus diesem Elend könne niemand helfen als Gott, wer ihn aber verlasse in der Not, der versinke in der Not. Aber diesmal verachtete man der Alten Rede, und schweigen hieß man das junge Weibchen, mit Weinen und Heulen sei einem diesmal nicht geholfen, da bedürfe man Hülfe anderer Art, hieß es.

Rätig wurde man bald, die Sache zu versuchen. Bös könne das kaum gehen im bösesten Fall; aber nicht das erste Mal sei es, dass Menschen die schlimmsten Geister betrogen, und wenn sie selbst nichts wüssten, so fände wohl ein Priester Rat und Ausweg. Aber in finsterm Gemüte soll mancher gedacht haben, wie er später bekannte: Gar viel Geld und Umtriebe wage er nicht eines ungetauften Kindes wegen.

Als der Rat nach Christines Sinn gefasst wurde, da war es, als ob alle Wirbelwinde über dem Hause zusammenstießen, die Heere der wilden Jäger vorübersausten; die Pfosten des Hauses wankten, die Balken bogen sich, Bäume splitterten am Hause wie Speere auf einer Ritterbrust. Blass wurden drinnen die Menschen, Grauen überfiel sie, aber den Rat lösten sie nicht; bei grauendem Morgen begannen sie eine Ausführung.

Schön und hell war der Morgen, Gewitter und Hexenwerke verschwunden, die Äxte hieben noch einmal so scharf wie sonst. Der Boden war locker, und jede Buche fiel gerade, wie man sie haben wollte, kein Wagen brach mehr, das Vieh war willig und stark und die Menschen geschützt vor jedem Unfall wie durch unsichtbare Hand.

Nur eines war sonderbar. Unterhalb Sumiswald führte damals noch kein Weg ins hintere Tal; oder war noch Sumpf, den die zügellose Grüne bewässerte, man musste den Stalden auf durchs Dorf fahren, an der Kirche vorbei. Sie fuhren wie an den früheren Tagen immer drei Gespanne auf einmal, um einander helfen zu können mit Rat, Kraft und Vieh, und hatten nun nur durch Sumiswald zu fahren, außerhalb des Dorfes den Kirchstalden ab, an dem eine kleine Kapelle stand; unterhalb desselben auf ebenem Wege hatten sie die Buchen abzulegen. Sobald sie den Stalden auf waren und auf ebenem Wege gegen die Kirche kamen, so ward das Gewicht der Wagen nicht leichter, sondern schwerer und schwerer, sie mussten Tiere vorspannen, so viele sie deren hatten, mussten unmenschlich auf sie schlagen, mussten selbst Hand an die Speichen legen, dazu scheuten die sanftesten Rosse, als ob etwas Unsichtbares vom Kirchhofe her ihnen im Wege stehe, und ein dumpfer Glockenton, fast wie der verirrte Schall einer Totenglocke, kam von der Kirche her, dass ein eigentümlich Grauen die stärksten Männer ergriff, und jedes Mal Menschen und Tiere bebten, wenn man gegen die Kirche kam. War man einmal vorbei, so konnte man ruhig abladen, ruhig zu frischer Ladung wieder gehen.

Sechs Buchen lud man selbigen Tags nebeneinander ab an die abgeredete Stelle, sechs Buchen waren am folgenden Morgen zu Bärhegen oben gepflanzet, und durchs ganze Tal hin hatte niemand eine Achse gehört, die sich umgedreht um ihre Spule, niemand der Fuhrleute üblich Geschrei, der Pferde Wiehern, der Ochsen einförmig Gebrüll. Aber sechs Buchen standen oben, die konnte sehen, wer wollte, und es waren die sechs Buchen, die man unten an dem Stalden hingelegt hatte, und nicht andere.

Da war das Staunen groß im ganzen Tale, und die Neugierde regte sich bei männiglich. Absonderlich die Ritter nahm es wunder, welche Pacht die Bauern geschlossen, und auf welche Weise die Buchen zur Stelle geschafft würden. Sie hätten gerne auf heidnische Weise den Bauern das Geheimnis ausgepresst. Allein sie sahen bald, dass die Bauern auch nicht alles wüssten, da sie selbst halb erschrocken waren. Zudem wehrte der von Stoffeln. Dem war es nicht nur gleichgültig, wie die Buchen nach Bärhegen kamen, im Gegenteil, wenn nur die Buchen heraufkamen, so sah er gerne, dass die Bauern dabei geschont wurden. Er hatte wohl gesehen, dass der Spott der Ritter ihn zu einer Unbesonnenheit verleitet hatte, denn wenn die Bauern zugrunde gingen, die Felder unbestellt blieben, so hatte die Herrschaft den größten Schaden dabei; allein, was der von Stoffeln einmal gesagt hatte, dabei blieb es. Die Erleichterung, welche die Bauern sich verschafft, war ihm daher ganz recht, und ganz gleichgültig, ob sie dafür ihre Seelen verschrieben; denn was gingen ihn der Bauern Seelen an, wenn einmal der Tod ihre Leiber genommen. Er lachte jetzt über seine Ritter und schützte die Bauern vor ihrem Mutwillen. Diese wollten den Handel doch ergründen und sandten Knappen zur Wache, die fand man des Morgens halb tot in Gräben, wohin eine unsichtbare Hand sie geschleudert.

Da zogen zwei Ritter hin auf Bärhegen: Es waren kühne Degen, und wo ein Wagnis zu bestehen gewesen im Heidenland, da hatten sie es bestanden. Am Morgen fand man sie erstarrt am Boden, und als sie der Rede wieder mächtig waren, sagten sie, ein roter Ritter mit feuriger Lanze hätte sie niedergerannt. Hie und da konnte eine neugierige Weibsseele sich nicht enthalten, wenn es Mitternacht war, durch eine Spalte oder Luke nach dem Wege im Tale zu sehen. Alsbald wehete ein giftiger Wind sie an, das Gesicht schwoll auf, wochenlang konnte man weder Nase noch Augen sehen, den Mund mit Mühe finden. Da verging den Leuten das Spähen, kein Auge sah mehr zu Tale, wenn Mitternacht über demselben lag.

Einmal aber kam einen Mann plötzlich das Sterben an, er bedurfte des letzten Trostes, aber niemand durfte den Priester holen, denn Mitternacht war nahe, und der Weg führte am Kirchstalden vorbei. Da lief ein unschuldig Bübchen, Gott und Menschen lieb, aus Angst um den Vater ungeheißen Sumiswald zu. Als es gegen den Kirchstalden kam, sah es von dort die Buchen auffahren vom Boden, jede von zwei feurigen Eichhörnchen gezogen, und nebenbei sah es reiten auf schwarzem Bocke einen grünen Mann, eine feurige Geißel hatte er in der Hand, einen feurigen Bart im Gesichte, und auf dem Hute schwankte glutrot eine Feder. So sei der Zug gefahren hoch durch die Lüfte und schnell wie ein Augenblick. Solches sah der Knabe und niemand tat ihm was.

Noch waren nicht drei Wochen vergangen, so stunden neunzig Buchen auf Bärhegen, machten einen schönen Schattengang, denn alle schlugen üppig aus, keine einzige verdorrte. Aber die Ritter und auch der von Stoffeln ergingen sich nicht oft darin, es wehte sie allemal ein heimlich Grauen an; sie hätten von der Sache lieber nichts mehr gewusst, aber keiner machte ihr ein Ende, es tröstete ein jeder sich: Fehle es, so trage der andere die Schuld.

Den Bauern aber wohlete es mit jeder Buche, welche oben war, denn mit jeder Buche wuchs die Hoffnung, dem Herrn zu genügen, den Grünen zu betrügen; er hatte ja kein Unterpfand, und war die unterste einmal oben, was frugen sie dann dem Grünen nach? Indessen waren sie der Sache noch nicht sicher; aller Tage fürchteten sie, er spiele ihnen einen Schabernack und lasse sie im Stiche. Am Urbanustage brachten sie ihm die letzten Buchen an den Kirchstalden, und Alt und Jung schlief wenig in selber Nacht. Man konnte fast nicht glauben, dass er ohne Umstände und ohne Kind oder Pfand die Arbeit vollende.

Am folgenden Morgen, lange vor der Sonne, waren Alt und Jung auf den Beinen, in allen regte sich die gleiche neugierige Angst; aber lange wagte sich keiner auf den Platz, wo die Buchen lagen; man wusste nicht, lag dort eine Beize für die, welche den Grünen betrügen wollten.

Ein wilder Küherbub, der Käse von der Alp gebracht, wagte es endlich, sprang voran und fand keine Buchen mehr, und keine Hinterlist tat auf dem Platze sich kund. Noch trauten sie dem Spiele nicht; ihnen vorauf musste der Küherbub nach Bärhegen. Dort war alles in Ordnung, hundert Buchen standen in Reih und Glied, keine war verdorret, keinem von ihnen lief das Gesicht auf, keinem tat ein Glied weh. Da stieg der Jubel hoch in ihren Herzen, und viel Spott gegen den Grünen und gegen die Ritter floss. Zum dritten Mal sandten sie aus den wilden Küherbub und ließen dem von Stoffeln sagen, es sei auf Bärhegen nun alles in der Ordnung, er möchte kommen und die Buchen zählen. Dem aber ward es grauslich, und er ließ ihnen sagen, sie sollten machen, dass sie heimkämen.

Gerne hätte er ihnen sagen lassen, sie sollten den ganzen Schattengang wieder wegschaffen, aber er tat es nicht, seiner Ritter wegen, es sollte nicht heißen, er fürchte sich; aber er wusste nicht von der Bauern Pacht und wer sich in den Handel mischen könnte.

Als der Kühersbub den Bescheid brachte, da schwollen die Herzen noch trotziger auf; die wilde Jugend tanzte im Schattengange, wildes Jodeln hallte von Kluft zu Kluft, von Berg zu Berg, hallte an den Mauern des Schlosses Sumiswald wider.

Bedächtige Alte warnten und baten, aber trotzige Herzen achten bedächtiger Alten Warnung nicht; wenn dann das Unglück da ist, so sollen es die Alten mit ihrem Zagen und Warnen herbeigezogen haben. Die Zeit ist noch nicht da, wo man es erkennt, dass der Trotz das Unglück aus dem Boden stampft. Der Jubel zog sich über Berg und Tal in alle Häuser, und wo noch eines Fingers lang Fleisch im Rauche hing, da ward es gekocht, und wo noch eine Handgroß Butter im Hafen war, da wurde geküchelt.

Das Fleisch ward gegessen, die Küchli schwanden, der Tag war verronnen, und ein anderer Tag stieg am Himmel auf. Immer näher kam der Tag, an welchem ein Weib ein Kind gebären sollte; und je näher der Tag kam, umso dringlicher wurde die Angst wieder: Der Grüne werde sich wieder künden, fordern, was ihm gehöre, oder ihnen eine Beize legen.

Den Jammer jenes jungen Weibes, welches das Kind gebären sollte, wer will ihn ermessen? Im ganzen Hause tönte er wider, ergriff nach und nach alle Glieder des Hauses, und Rat wusste niemand. Je näher die verhängnisvolle Stunde kam, umso näher drängte das arme Weibchen sich zu Gott, umklammerte nicht mit den Armen allein, sondern mit dem Leibe und der Seele und aus dem ganzen Gemüte die heilige Mutter, bittend um Schutz um ihres gebenedeiten Sohnes willen. Und ihr ward immer klarer, dass im Leben und Sterben in jeder Not der größte Trost bei Gott sei, denn wo der sei, da dürfe der Böse nicht sein und hätte keine Macht.

Immer deutlicher trat der Glaube vor dessen Seele, dass wenn ein Priester des Herren mit dem Allerheiligsten, dem heiligen Leibe des Erlösers, bei der Geburt zugegen wäre, und bewaffnet mit kräftigen Bannsprüchen, so dürfte kein böser Geist sich nahen, und alsobald könnte der Priester das neugeborene Kind mit dem Sakramente der Taufe versehen, was die damalige Sitte erlaubte; dann wäre das arme Kind der Gefahr für immer entrissen, welche die Vermessenheit der Väter über es gebracht. Dieser Glaube stieg auch bei den anderen auf, und der Jammer des jungen Weibes ging ihnen zu Herzen, aber sie scheuten sich, dem Priester ihre Pacht mit dem Satan zu bekennen, und niemand war seither zur Beichte gegangen, und niemand hatte ihm Rede gestanden. Es war ein gar frommer Mann, selbst die Ritter des Schlosses trieben keine Kurzweil mit ihm, er aber sagte ihnen die Wahrheit. Wenn einmal die Sache getan sei, so könne er sie nicht mehr hindern, hatten die Bauern gedacht; aber jetzt ward doch niemand gerne der Erste, der es ihm sagte, das Gewissen sagte ihnen wohl, warum.

Endlich drang einem Weibe der Jammer zu Herzen; es lief hin und offenbarte dem Priester den Handel und des armen Weibes Wunsch. Gewaltig entsetzte sich der fromme Mann, aber mit leeren Worten verlor er die Zeit nicht; kühn trat er für die arme Seele in den Kampf mit dem gewaltigen Widersacher. Er war einer von denen, die den härtesten Kampf nicht scheuten, weil sie gekrönt werden wollen mit der Krone des ewigen Lebens, und weil sie wohl wissen, es werde keiner gekrönet, er kämpfe denn recht.

Ums Haus, in welchem das Weib ihrer Stunde harrte, zog

er den heiligen Bann mit geweihtem Wasser, den böse Geister nicht überschreiten dürfen, segnete die Schwelle ein, die ganze Stube, und ruhig gebar das Weib, und ungestört taufte der Priester das Kind. Ruhig blieb es auch draußen, am klaren Himmel flimmerten die hellen Sterne, leise Lüfte spielten in den Bäumen. Ein wiehernd Gelächter wollten die einen gehört haben von ferne her; die anderen aber meinten, es seien nur die Käuzlein gewesen an des Waldes Saum. Alle, die da waren, aber freuten sich höchlich, und alle Angst war verschwunden, auf immer, wie sie meinten; hatten sie den Grünen einmal angeführt, so konnten sie es immer tun mit dem gleichen Mittel.

Ein großes Mahl ward zugerichtet, weither wurden die Gäste entboten. Umsonst mahnte der Priester des Herrn von Schmaus und Jubel ab, mahnte, zu zagen und zu beten, denn noch sei der Feind nicht besiegt, Gott nicht gesühnt. Es sei ihm im Geiste, als dürfe er ihnen keine Buße zur Sühnung auferlegen, als nahe sich eine Buße gewaltig und schwer und aus Gottes selbsteigener Hand. Aber sie hörten ihn nicht, wollten ihn befriedigen mit Speise und Trank. Er aber ging betrübt weg, bat für die, welche nicht wüssten, was sie täten, und rüstete sich, mit Beten und Fasten zu kämpfen als ein getreuer Hirt für die anvertraute Herde.

Mitten unter den Jubilierenden ist auch Christine gesessen, aber sonderbar stille, mit glühenden Wangen, düstern Augen, seltsam sah man es zucken in ihrem Gesichte. Christine war bei der Geburt zugegen gewesen als erfahrne Wehmutter, war bei der plötzlichen Taufe zu Gevatter gestanden mit frechem Herzen, ohne Furcht, aber wie der Priester das Wasser sprengte über das Kind und es taufte in den drei höchsten Namen, da war es ihr, als drücke man ihr plötzlich

ein feurig Eisen auf die Stelle, wo sie des Grünen Kuss empfangen. In jähem Schrecken war sie zusammengezuckt, das
Kind fast zur Erde gefallen, und seither hatte der Schmerz
nicht abgenommen, sondern ward glühender von Stunde zu
Stunde. Anfangs war sie stille gesessen, hatte den Schmerz
erdruckt und heimlich die schweren Gedanken gewälzet in
ihrer erwachten Seele, aber immer häufiger fuhr sie mit der
Hand nach dem brennenden Fleck, auf dem ihr eine giftige
Wespe zu sitzen schien, die ihr einen glühenden Stachel
bohre bis ins Mark hinein. Als keine Wespe zu verjagen war,
die Stiche immer heißer wurden, die Gedanken immer
schrecklicher, da begann Christine ihre Wange zu zeigen, zu
fragen, was darauf zu sehen sei, und immer von neuem frug
Christine, aber niemand sah etwas, und bald mochte niemand
mehr mit dem Spähen auf die Wange die Lust sich verkürzen.

Endlich konnte sie noch ein alt Weib erbitten; eben krähte der Hahn, der Morgen graute, da sah die Alte auf Christines Wange einen fast unsichtbaren Fleck. Es sei nichts, sagte die, das werde schon vergehen, und ging weiter.

Und Christine wollte sich trösten, es sei nichts und werde bald vergehen; aber die Pein nahm nicht ab, und unmerklich wuchs der kleine Punkt, und alle sahen ihn und frugen sie, was es da Schwarzes gebe in ihrem Gesichte? Sie dachten nichts Besonderes, aber die Reden fuhren ihr wie Stiche ins Herz, weckten die schweren Gedanken wieder auf, und immer und immer musste sie denken, dass auf den gleichen Fleck der Grüne sie geküsst, und dass die gleiche Glut, die damals wie ein Blitz durch ihr Gebein gefahren, jetzt bleibend in demselben brenne und zehre. So wich der Schlaf von ihr, das Essen schmeckte ihr wie Feuerbrand, unstet lief sie hierhin, dorthin, suchte Trost und fand keinen, denn der Schmerz wuchs immer noch, und der schwarze Punkt ward größer und schwärzer, einzelne dunkle Streifen liefen von ihm aus, und nach dem Munde hin schien sich auf dem runden Flecke ein Höcker zu pflanzen.

So litt und lief Christine manchen langen Tag und manche lange Nacht und hatte keinem Menschen die Angst ihres Herzens geoffenbaret und was sie vom Grünen auf diese Stelle erhalten; aber wenn sie gewusst hätte, auf welche Weise sie dieser Pein loswerden könnte, sie hätte alles im Himmel und auf Erden geopfert. Sie war von Natur ein vermessen Weib, jetzt aber erwildet in wütendem Schmerze.

Da geschah es, dass wiederum ein Weib ein Kind erwartete. Diesmal war die Angst nicht groß, die Leute wohlgemut; sobald sie zu rechter Zeit für den Priester sorgten, meinten sie, des Grünen spotten zu können. Nur Christine war es nicht so. Je näher der Tag der Geburt kam, desto schrecklicher ward der Brand auf ihrer Wange, desto mächtiger dehnte der schwarze Punkt sich aus, deutliche Beine streckte er von sich aus, kurze Haare trieb er empor, glänzende Punkte und Streifen erschienen auf seinem Rücken, und zum Kopfe ward der Höcker, und glänzend und giftig blitzte es aus demselben wie aus zwei Augen hervor. Laut auf schrien alle, wenn sie die giftige Kreuzspinne sahen auf Christines Gesicht, und voll Angst und Grauen flohen sie, wenn sie sahen, wie sie fest saß im Gesichte und aus demselben herausgewachsen. Allerlei redeten die Leute, der eine riet dies, der andere ein anderes, aber alle mochten Christine gönnen, was es auch sein möchte, und alle wichen ihr aus und flohen sie, wo es nur möglich war. Je mehr die Leute flohen, desto mehr trieb es Christine ihnen nach, sie fuhr von Haus zu Haus, sie fühlte wohl, der Teufel mahne sie an das verheißene Kind, und um das Opfer den Leuten einzureden mit unumwundenen Worten, fuhr sie ihnen nach in Höllenangst. Aber das kümmerte die anderen wenig; was Christine peinigte, tat ihnen nicht weh, was sie litt, hatte, nach ihrer Meinung, sie verschuldet, und wenn sie ihr nicht mehr entrinnen konnten, so sagten sie zu ihr: „Da siehe du zu! Keiner hat ein Kind verheißen, darum gibt auch keiner eins." Mit wütender Rede setzte sie dem eigenen Manne zu. Dieser floh wie die anderen, und wenn er nicht mehr fliehen konnte, so sprach er Christine kaltblütig zu, das werde schon besser, das sei ein Malzeichen, wie gar viele Menschen deren hätten, wenn es einmal ausgewachsen sei, so höre der Schmerz auf, und leicht sei es dann abzubinden.

301

Unterdessen aber hörte der Schmerz nicht auf, jedes Bein war ein Höllenbrand, der Spinne Leib die Hölle selbst, und als des Weibes erwartete Stunde kam, da war es Christine, als umwalle sie ein Feuermeer, als wühlten feurige Messer in ihrem Mark, als führen feurige Wirbelwinde durch ihr Gehirn. Die Spinne aber schwoll an, bäumte sich auf, und zwischen den kurzen Borsten hervor quollen giftig ihre Augen. Als Christine in ihrer glühenden Pein nirgends Teilnahme, die Kreißende wohl bewacht fand, da stürzte sie einer Wirbelsinnigen gleich den Weg entlang, den der Priester kommen musste.

Raschen Schrittes kam derselbe der Halde entlang, begleitet vom handfesten Sigrist; die heiße Sonne und der steile Weg hemmten die Schritte nicht, denn es galt, eine Seele zu retten, ein unendlich Unglück zu wenden, und von entferntem Kranken kommend, bangte der Priester vor schrecklicher Säumnis. Verzweifelt warf Christine sich ihm in den Weg, umfasste seine Knie, bat um Lösung aus ihrer Hölle, um das Opfer des Kindes, das noch kein Leben kenne, und die Spinne schwoll noch höher auf, funkelte schrecklich schwarz in Christines rot angelaufenem Gesichte, und mit grässlichen Blicken glotzte sie nach des Priesters heiligen Geräten und Zeichen. Dieser aber schob Christine rasch zur Seite und schlug das heilige Zeichen; er sah den Feind wohl, aber er ließ den Kampf, um eine Seele zu retten. Christine aber fuhr auf, stürmte ihm nach und versuchte das Äußerste; doch des Sigristen starke Hand hielt das wütende Weib vom Priester ab, und zurzeit noch konnte er das Haus schützen, in geweihte Hände das Kind empfangen und in die Hände dessen legen, den die Hölle nie überwältigt.

302   Draußen hatte unterdessen Christine einen schrecklichen Kampf gekämpft. Sie wollte das Kind ungetauft in ihre Hände, wollte hinein ins Haus, aber starke Männer wehrten

es. Windstöße stießen an das Haus, der fahle Blitz umzüngelte es, aber die Hand des Herrn war über ihm; es wurde das Kind getauft, und Christine umkreiste vergeblich und machtlos das Haus. Von immer wilderer Höllenqual ergriffen, stieß sie Töne aus, die nicht Tönen glichen aus einer Menschenbrust; das Vieh schlotterte in den Ställen und riss von den Stricken, die Eichen im Walde rauschten auf, sich entsetzend.

Im Hause begann der Jubel über den neuen Sieg, des Grünen Ohnmacht, seiner Helfershelferin vergeblich Ringen; aber draußen lag Christine von entsetzlicher Pein zu Boden geworfen, und in ihrem Gesicht begannen Wehen zu kreißen, wie sie noch keine Wöchnerin erfahren auf Erden, und die Spinne im Gesichte schwoll immer höher auf und brannte immer glühender durch ihr Gebein.

Da war es Christine, als ob plötzlich das Gesicht ihr platzte, als ob glühende Kohlen geboren würden in demselben, lebendig wurden, ihr gramselten über das Gesicht weg, über alle Glieder weg, als ob alles an ihm lebendig würde und glühend gramsle über den ganzen Leib weg. Da sah sie in des Blitzes fahlem Scheine mit einem Mal langbeinig, giftig, unzählbar schwarze Spinnchen laufen über ihre Glieder, hinaus in die Nacht. Und den Entschwundenen liefen langbeinig, giftig, unzählbar andere nach. Endlich sah sie keine mehr den frühern folgen, der Brand im Gesichte legte sich, die Spinne ließ sich nieder, ward zum fast unsichtbaren Punkte wieder, schaute mit erlöschenden Augen ihrer Höllenbrut nach, die sie geboren hatte und ausgesandt, zum Zeichen, wie der Grüne mit sich spaßen lasse.

Matt, einer Wöchnerin gleich, schlich Christine nach Hause; wenn schon die Glut so heiß nicht mehr brannte auf dem Gesicht, die Glut im Herzen hatte nicht abgenommen, wenn schon die matten Glieder nach Ruhe sich sehnten, der Grüne ließ ihr keine Ruhe mehr; wen er einmal hat, dem macht er es so.

Drinnen im Hause aber, da jubelten sie und freuten sich und hörten lange nicht, wie das Vieh brüllte und tobte im Stalle. Endlich fuhren sie doch auf. Man ging nachzusehen; schreckensblass kamen die wieder, die gegangen waren, und brachten die Kunde, die schönste Kuh liege tot, die übrigen tobten und wüteten, wie sie es nie gesehen. Da sei es nicht richtig, etwas Absonderliches walte da. Da verstummte der Jubel, alles lief nach dem Vieh, dessen Gebrüll erscholl über Berg und Tal, aber keiner hatte Rat. Gegen den Zauber versuchte man weltliche und geistliche Künste, aber alle umsonst. Ehe noch der Tag graute, hatte der Tod das sämtliche Vieh im Stalle gestreckt. Wie es aber hier stumm wurde, so begann es hier zu brüllen und dort zu brüllen; die das waren hörten, wie in ihre Ställe die Not gebrochen, wehlich das Vieh seine Meister zu Hilfe rief in seiner grausen Angst.

Als ob die Flamme aus ihrem Dache schlüge, eilten sie heim, aber Hilfe brachten sie keine; hier wie dort streckte der Tod das Vieh, Wehgeschrei von Menschen und Tieren erfüllte Berge und Täler, und die Sonne, welche das Tal so fröhlich verlassen, sah in entsetzlichen Jammer hinein.

Als die Sonne schien, sahen endlich die Menschen, wie es in den Ställen, in denen das Vieh gefallen war, wimmelte von zahllosen schwarzen Spinnen. Diese krochen über das Vieh, das Futter, und was sie berührten, war vergiftet, und was lebendig war, begann zu toben, ward bald vom Tode gestreckt. Von diesen Spinnen konnte man keinen Stall, in dem sie waren, säubern, es war, als wüchsen sie aus dem Boden herauf; konnte keinen Stall, in dem sie noch nicht waren, vor ihnen behüten, unversehens krochen sie aus allen Wänden, fielen haufenweise von der Diele. Man trieb das Vieh auf die Weiden, man trieb es nur dem Tode in den Rachen. Denn wie eine Kuh auf eine Weide den Fuß setzte, so begann es lebendig zu werden am Boden, schwarze langbeinige Spinnen sprossen auf, schreckliche Alpenblumen, krochen auf am Vieh, und ein fürchterlich wehlich Geschrei erscholl von den Bergen nieder zu Tale. Und alle diese Spinnen sahen der Spinne auf Christines Gesicht ähnlich wie Kinder der Mutter, und solche hatte man noch keine gesehen.

Das Geschrei der armen Tiere war auch zum Schlosse gedrungen, und bald kamen ihm auch Hirten nach, verkündend, dass ihr Vieh gefallen von den giftigen Tieren, und in immer höherem Zorne vernahm der von Stoffeln, wie Herde um Herde verloren gegangen, vernahm, welchen Pacht man mit dem Grünen gehabt, wie man ihn zum zweiten Male betrogen, und wie die Spinnen ähnlich seien, wie Kinder der Mutter, der Spinne in der Lindauerin Gesicht, die mit dem Grünen den Bund gemacht, allein, und nie rechten Bericht darüber gegeben. Da ritt der von Stoffeln in grimmem Zorn den Berg hinauf und donnerte die Armen an, dass er nicht um ihretwillen Herde um Herde verlieren wolle, was er geschädigt worden, müssten sie ersetzen, und was sie versprochen, das müssten sie halten, was sie freiwillig getan, das müssten sie tragen. Schaden leiden ihretwegen wolle er nicht, oder leide er, so müssten sie ihn büßen tausendfältig. Sie könnten sich vorsehen. So redete er zu ihnen, unbekümmert um das, was er ihnen zumutete, und dass er sie dazu getrieben, fiel ihm nicht bei, nur was sie getan, rechnete er ihnen zu.

Den meisten schon war es aufgedämmert, dass die Spinnen eine Plage des Bösen seien, eine Mahnung, den Pacht zu halten, und dass Christine Näheres darum wissen müsste, ihnen nicht alles gesagt hätte, was sie mit dem Grünen verhandelt. Nun zitterten sie wieder vor dem Grünen, lachten seiner nicht mehr, zitterten vor ihrem weltlichen Herrn; wenn sie diese befriedigten, was sagte der geistliche Herr dazu, erlaubte er es, und hätte dann der keine Buße für sie? So in der Angst versammelten sich die Angesehensten in einsamer Scheuer, und Christine musste kommen und klaren Bescheid geben, was sie eigentlich verhandelt.

Christine kam, verwildert, rachedurstig, aufs Neue von der wachsenden Spinne gefoltert. Als sie das Zagen der Männer sah und keine Weiber, da erzählte sie punktum, was ihr begegnet: Wie der Grüne sie schnell beim Worte genommen und ihr zum Pfande einen Kuss gegeben, den sie nicht mehr geachtet als andere. Wie ihr jetzt auf selbigem Fleck die Spinne gewachsen sei unter Höllenpein vom Augenblick an, als man das erste Kind getauft. Wie die Spinne, eben als man das zweite Kind getauft und den Grünen genarrt, unter Höllenwehen die Spinnen geboren in ungemessner Zahl; denn narren lasse er sich nicht ungestraft, wie sie es fühle in tausendfachen Todesschmerzen. Jetzt wachse die Spinne wieder, die Pein mehre sich, und wenn das nächste Kind nicht des Grünen werde, so wisse niemand, wie grässlich die einbrechende Plage sei, wie grässlich des Ritters Rache.

So erzählte Christine, und die Herzen der Männer bebten, und lange wollte keiner reden. Nach und nach kamen aus den angstgepressten Kehlen abgebrochene Laute hervor, und wenn man sie zusammensetzte, so meinten sie gerade, was Christine meinte, aber kein Einzelner hatte seine Einwilli-

gung gegeben in ihren Rat. Nur einer stund auf und redete kurz und deutlich: Das Beste schiene ihm, Christine totzuschlagen, sei einmal die tot, so könnte der Grüne an die Tote sich halten, hätte keine Handhabe mehr an den Lebendigen.

Da lachte Christine wild auf, trat ihm unter das Gesicht und sagte: Er solle zuschlagen, ihr sei es recht, aber der Grüne wolle nicht sie, sondern ein ungetauft Kind, und wie er sie gezeichnet, ebenso gut könne er die Hand zeichnen, die an ihr sich vergreife. Da zuckte es in des Mannes Hand, der allein geredet, er setzte sich und hörte schweigend dem Rate der anderen zu. Und abgebrochen, wo keiner alles sagte, sondern jeder nur etwas, das wenig bedeuten sollte, kam man überein, das nächste Kind zu opfern, aber keiner wollte seine Hand bieten dazu, niemand das Kind an den Kirchstalden tragen, wo man die Buchen hingelegt hatte. Zum allgemeinen Besten, wie sie meinten, den Teufel zu brauchen, hatte keiner sich gescheut, aber persönliche Bekanntschaft mit ihm zu machen begehrte keiner.

Da erbot sich Christine willig dazu, denn hatte man einmal mit dem Teufel zu tun gehabt, so konnte es das zweite Mal wenig mehr schaden. Man wusste wohl, wer das nächste Kind gebären sollte, aber man redete nicht davon, und der Vater desselben war nicht zugegen. Verständigt, mit und ohne Worte, ging man auseinander.

Das junge Weib, welches in jener grauenvollen Nacht, wo Christine Bericht vom Grünen brachte, gezaget und geweinet hatte, wusste damals nicht warum, erwartete nun das nächste Kind. Die frühern Vorgänge machten es nicht getrost und zuversichtlich, eine unnennbare Angst lag auf seinem Herzen, es konnte sie weder mit Beten noch Beichten wegbringen. Ein verdächtiges Schweigen schien es zu umringen, niemand sprach von der Spinne mehr, verdächtig schienen ihm alle Augen, die auf ihm ruhten, schienen ihm zu berechnen die Stunde, in welcher sie seines Kindes habhaft werden, den Teufel versöhnen könnten.

So einsam und verlassen fühlte es sich gegen die unheimliche Macht um sich; keinen Beistand hatte es als seine Schwiegermutter, eine fromme Frau, die zu ihm stund, aber was vermag eine alte Frau gegen eine wilde Menge? Es hatte seinen Mann, der hatte alles Gute wohl versprochen; aber wie jammerte der um sein Vieh und gedachte so wenig des armen Weibes Angst! Es hatte der Priester verheißen, zu kommen, so schnell und so früh zu kommen, als man ihn verlange, aber was konnte begegnen vom Augenblicke an, da man gesandt, bis dass er kam, und das arme Weib hatte keinen zuverlässigen Boten als den eigenen Mann, der ihm Schutz und Wache sein sollte. Und das arme Weibchen wohnte dazu noch mit Christine in einem Hause, und ihre Männer waren Brüder, und keine eigenen Verwandte hatte es. Als Waise war es ins Haus gekommen! Man kann sich des armen Weibes Herzensangst denken, nur im Beten mit der frommen Mutter fand es einiges Vertrauen, das alsobald wieder schwand, sobald es in die bösen Augen sah.

Unterdessen war die Krankheit noch immer da, sie unterhielt den Schrecken. Freilich, nur hie und da fiel ein Stück, zeigten die Spinnen sich. Aber sobald bei jemanden der Schreck nachließ, sobald irgendeiner dachte oder sagte: Das Übel lasse von selbst nach, und man sollte sich wohl bedenken, ehe man an einem Kinde sich versündige, so flammte auf Christines Höllenpein, die Spinne blähte sich hochauf, und dem, der so gedacht oder geredet, kehrte mit neuer Wut der Tod in seine Herde ein. Ja, je näher die erwartete Stunde kam, umso mehr schien die Not wieder zuzunehmen, und sie erkannten, dass sie bestimmte Abrede treffen müssten, wie sie des Kindes sicher und sonder Fehl sich bemächtigen könnten. Den Mann fürchteten sie am meisten, und Gewalt gegen ihn zu brauchen, war ihnen zuwider. Da übernahm Christine, ihn zu gewinnen, und sie gewann ihn. Er wollte um die Sache nicht wissen, wollte seinem Weibe zu willen sein, den Priester holen, aber nicht eilen, und, was in seiner Abwesenheit vorgehe, danach wolle er nicht fragen; so fand er sich mit seinem Gewissen ab; mit Gott wollte er sich durch Messen abfinden, und für des armen Kindes Seele sei vielleicht auch noch etwas zu tun, dachte er, vielleicht gewinne der fromme Priester es dem Teufel wieder ab, dann seien sie aus dem Handel, hätten das Ihre getan und den Bösen doch geprellt. So dachte der Mann, und jedenfalls, es möge nun gehen, wie es wolle, so hätte er an der ganzen Sache keine Schuld, sobald er nicht mit selbsteigenen Händen dabei tätig sei.

So war das arme Weibchen verkauft und wusste es nicht, hoffte mit Bangen auf Rettung; und beschlossen im Rate der Menschen war der Stoß in sein Herz – aber was der droben beschlossen hatte, das deckten noch die Wolken, die vor der Zukunft liegen.

Es war ein gewitterhaftes Jahr und die Ernte gekommen; alle Kräfte wurden angespannt, um in den heitern Stunden das Korn unter das sichere Dach zu bringen. Es war ein heißer

Nachmittag gekommen, schwarze Häupter streckten die Wolken über die dunklen Berge empor, ängstlich ums Dach flatterten die Schwalben, und dem armen Weibchen ward so eng und bang allein im Haus, denn selbst die Großmutter war draußen auf dem Acker, zu helfen mit dem Willen mehr als mit der Tat. Da zuckte zweischneidend der Schmerz ihm durch Mark und Bein, es dunkelte vor seinen Augen, es fühlte das Nahen seiner Stunde und war allein. Die Angst trieb es aus dem Hause, schwerfällig schritt es dem Acker zu, aber bald musste es sich niedersetzen; es wollte in die Ferne die Stimme schicken, aber diese wollte nicht aus der beklemmten Brust. Bei ihm war ein klein Bübchen, das erst seine Beinchen gebrauchen lernte, das nie noch auf eigenen Beinen auf dem Acker gewesen war, sondern nur auf der Mutter Arme. Dieses Bübchen musste das arme Weib als seinen Boten brauchen, wusste nicht, ob es den Acker finden, ob seine Beinchen es dahin tragen würden. Aber das treue Bübchen sah, in welcher Angst die Mutter war, und lief und fiel und stand wieder auf, und die Katze jagte sein Kaninchen, Tauben und Hühner liefen ihm um die Füße, stoßend und spielend sprang sein Lamm ihm nach, aber das Bübchen sah alles nicht, ließ sich nicht säumen und richtete treulich seine Botschaft aus.

Atemlos erschien die Großmutter, aber der Mann säumte, nur das Fuder solle er noch ausladen, hieß es. Eine Ewigkeit verstrich, endlich kam er, und wiederum verstrich eine Ewigkeit, endlich ging er langsam auf den langen Weg, und in Todesangst fühlte das arme Weib, wie seine Stunde schneller und schneller nahte.

Frohlockend hatte Christine draußen auf dem Acker allem zugesehen. Heiß brannte wohl die Sonne zu der schweren

Arbeit, aber die Spinne brannte fast gar nicht mehr, und leicht schien ihr der Gang in den nächsten Stunden. Sie trieb fröhlich die Arbeit und eilte mit dem Heimgehen nicht, wusste sie doch, wie langsam der Bote war. Erst als die letzte Garbe geladen war und Windstöße das nahende Gewitter verkündeten, eilte Christine ihrer Beute zu, die ihr gesichert war; so meinte sie. Und als sie heimging, da winkte sie bedeutungsvoll manchem Begegnenden; sie nickten ihr zu, trugen rasch die Botschaft heim. Da schlotterte manches Knie, und manche Seele wollte beten in unwillkürlicher Angst, aber sie konnte nicht.

Drinnen im Stübchen wimmerte das arme Weib, und zu Ewigkeiten wurden die Minuten, und die Großmutter vermochte den Jammer nicht zu stillen mit Beten und Trösten. Sie hatte das Stübchen wohl verschlossen und schweres Geräte vor die Tür gestellt. Solange sie allein im Hause waren, war es noch nicht schlimm, aber als sie Christine heimkommen sahen, als sie ihren schleichenden Tritt an der Türe hörten, als sie draußen noch manch anderen Tritt hörten und heimlich Flüstern, kein Priester sich zeigte, kein anderer treuer Mensch und näher und näher der sonst so ersehnte Augenblick trat, da kann man sich denken, in welcher Angst die armen Weiber schwammen, wie in siedendem Öle, ohne Hülfe und ohne Hoffnung. Sie hörten, wie Christine nicht von der Tür wich, es fühlte das arme Weib seiner wilden Schwägerin feurige Augen durch die Tür hindurch, und sie brannten sie durch Leib und Seele. Da wimmerte das erste Lebenszeichen eines Kindes durch die Türe, unterdrückt so schnell wie möglich, aber zu spät. Die Türe flog auf von wütendem, vorbereitetem Stoße, und wie auf seinen Raub der Tiger stürzt, stürzt Christine auf die arme Wöchnerin. Die alte Frau, die dem Sturme sich entgegenwirft, fällt nieder, in heiliger Mutterangst rafft die Wöchnerin sich auf, aber der schwache Leib bricht zusammen, in Christines Händen ist das Kind; ein grässlicher Schrei bricht aus dem Herzen der Mutter, dann hüllt sie in schwarzen Schatten die Ohnmacht.

Zagen und Grausen ergriff die Männer, als Christine mit dem geraubten Kinde herauskam. Das Ahnen einer grausen Zukunft ging ihnen auf, aber keiner hatte Mut, die Tat zu hemmen, und die Furcht vor des Teufels Plagen war stärker als die Furcht vor Gott. Nur Christine zagte nicht, glühend leuchtete ihr Gesicht, wie es dem Sieger leuchtet nach überstandenem Kampfe, es war ihr, als ob die Spinne sie in sanftem Jucken liebkose; die Blitze, die auf ihrem Wege zum Kirchstalden sie umzüngelten, schienen ihr fröhliche Lichter, der Donner ein zärtlich Grollen, ein lieblich Säuseln der racheschnaubende Sturm.

Hans, des armen Weibes Mann, hatte sein Versprechen nur zu gut gehalten. Langsam war er seines Weges gegangen, hatte bedächtig jeden Acker beschauet, jedem Vogel nachgesehen, den Fischen im Bache abgewartet, wie sie sprangen und Mücken fingen vor dem einbrechenden Gewitter. Dann sprang er vorwärts, rasche Schritte tat er, einen Ansatz zum Springen nahm er. Es war etwas in ihm, das ihn trieb, das ihm die Haare auf dem Kopfe emportrieb; es war das Gewissen, das ihm sagte, was ein Vater verdiene, der Weib und Kind verrate, es war die Liebe, die er doch noch hatte zu seinem Weibe und seiner Leibesfrucht. Aber dann hielt ihn wieder ein anderes, und das war stärker als das Erste. Es war die Furcht vor den Menschen, die Furcht vor dem Teufel und die

Liebe zu dem, was dieser ihm nehmen konnte. Dann ging er wieder langsamer, langsam wie ein Mensch, der seinen letzten Gang tut, der zu seiner Richtstätte geht. Vielleicht war es auch so, weiß doch gar mancher Mensch nicht, dass er den letzten Gang tut, wenn er es wüsste, er täte ihn nicht oder anders.

So war es spät geworden, ehe er auf Sumiswald kam. Schwarze Wolken jagten über den Münneberg her, schwere Tropfen fielen, versengten im Staube, und dumpf begann das Glöcklein im Turme die Menschen zu mahnen, dass sie denken möchten an Gott und ihn bitten, dass er sein Gewitter nicht zum Gerichte werden lasse über sie. Vor seinem Hause stand der Priester, zu jeglichem Gange gerüstet, damit er bereit sei, wenn sein Herr, der über seinem Haupte daherfuhr, zu einem Sterbenden oder einem brennenden Hause oder sonst wohin ihn rufe.

Als er Hans kommen sah, erkannte er den Ruf zum schweren Gange, schürzte sein Gewand und sandte Botschaft seinem läutenden Sigrist, dass er sich ablösen lasse am Glockenstrang und sich einfinde zu seinem Begleit. Unterdessen stellte er Hans einen Labetrunk vor, so wohltätig nach raschem Laufe in schwüler Luft, dessen Hans nicht bedürftig war, aber der Priester ahnte die Tücke des Menschen nicht. Bedächtig labte sich Hans. Zögernd fand der Sigrist sich ein und nahm gerne teil an dem Tranke, den Hans ihm bot. Gerüstet stand vor ihnen der Priester, verschmähend jeden Trank, den er zu solchem Gang und Kampf nicht bedurfte. Er hieß ungerne von der Kanne weggehen, die er aufgestellt, ungerne verletzte er die Rechte des Gastes, aber er kannte ein Recht, das höher war als das Gastrecht, das säumige Trinken fuhr ihm zornig durch die Glieder.

Er sei fertig, sagte er endlich, ein bekümmert Weib harre, und über ihm sei eine grauenvolle Untat, und zwischen das Weib und die Untat müsste er stehen mit heiligen Waffen, darum sollten sie nicht säumen, sondern kommen, droben werde wohl noch etwas sein für den, der den Durst hier unten nicht gelöscht. Da sprach Hans, des harrenden Weibes Mann, es eile nicht so sehr, bei seinem Weibe gehe jede Sache schwer. Und alsobald flammte ein Blitz in die Stube, dass alle geblendet waren, und ein Donner brach los überm Hause, dass jeder Pfosten am Haus, jedes Glied im Hause bebte. Da sprach Sigrist, als er seinen Segensspruch vollendet: „Höret, wie es macht draußen, und der Himmel hat selbst bestätigt, was Hans gesagt, dass wir warten sollen, und was nütze es, wenn wir gingen, lebendig kämen wir doch nimmer hinauf, und er selbst hat ja gesagt, dass es bei seinem Weibe nicht solche Eile habe."

Und allerdings stürmte ein Gewitter daher, wie man es in Menschengedenken nicht oft erlebt. Aus allen Schlünden und Gründen stürmte es heran, stürmte von allen Seiten, von allen Winden getrieben über Sumiswald zusammen, und jede Wolke ward zum Kriegesheer, und eine Wolke stürmte an die andere, eine Wolke wollte der anderen Leben, und eine Wolkenschlacht begann, und das Gewitter stund, und Blitz auf Blitz ward entbunden, und Blitz auf Blitz schlug zur Erde nieder, als ob sie sich einen Durchgang bahnen wollten durch der Erde Mitte auf der Erde andere Seite. Ohne Unterlass brüllte der Donner, zornesvoll heulte der Sturm, geborsten war der Wolken Schoß, Fluten stürzten nieder. Als so plötzlich und gewaltig die Wolkenschlacht losbrach, da hatte der Priester dem Sigristen nicht geantwortet, aber sich auch nicht niedergesetzt, und ein immer steigendes Bangen ergriff ihn, ein Drang kam ihn an, sich hinauszustürzen in der Elemente Toben, aber seiner Gefährten wegen zauderte er. Da ward ihm, als höre er durch des Donners schreckliche Stimme eines Weibes markdurchschneidenden Weheruf. Da ward ihm plötzlich der Donner zu Gottes schrecklichem Scheltwort seiner Säumnis, er machte sich auf, was auch die beiden anderen sagen mochten. Er schritt, gefasst auf alles, hinaus in die feurigen Wetter, in des Sturmes Wut, der Wolken Fluten; langsam, unwillig kamen die beiden nach.

Es sauste und brauste und toste, als sollten diese Töne zusammenschmelzen zur letzten Posaune, die der Welten Untergang verkündet, und feurige Garben fielen über das Dorf, als solle jede Hütte aufflammen; aber der Diener dessen, der dem Donner seine Stimme gibt und den Blitz zu seinem Knechte hat, hat sich vor diesem Mitknecht des gleichen Herren nicht zu fürchten, und wer auf Gottes Wegen geht, kann getrost Gottes Wettern das Seine überlassen. Darum schritt der Priester unerschrocken durch die Wetter dem Kirchstalden zu, die geweihten heiligen Waffen trug er bei sich, und bei Gott war sein Herz. Aber nicht in gleichem Mute folgten ihm die anderen, denn nicht am gleichen Orte war ihr Herz; sie wollten nicht den Kirchstalden ab, nicht in solchem Wetter, nicht in später Nacht, und Hans hatte noch einen besondern Grund, warum er nicht wollte. Sie baten den Priester umzukehren, auf anderen Wegen zu gehen, Hans wusste nähere, der Sigrist bessere, beide warnten vor den Wassern im Tale, der aufgeschwollenen Grüne. Aber der Priester hörte nicht, achtete ihre Rede nicht, von einem wunderbaren Drange getrieben, eilte er auf den Flügeln des Gebetes dem Kirchstalden zu, sein Fuß stieß an keinen Stein, sein Auge ward durch keinen Blitz geblendet; bebend und weit hinter ihm, gedeckt, wie sie meinten, durch das Heiligste, das der Priester selbst trug, folgten Hans und der Sigrist ihm nach.

Als sie aber hinauskamen vor das Dorf, wo ins Tal hinunter der Stalden sich senkt, da steht der Priester plötzlich still und schirmt mit der Hand die Augen. Unterhalb der Kapelle schimmert in des Blitzes Schein eine rote Feder, und des Priesters scharfes Auge sieht aus grünem Hage hervorragen ein schwarzes Haupt, und auf diesem schwankt die rote Feder. Und wie er noch länger schaut, sieht er am jenseitigen Abhange in schnellstem Laufe, wie gejagt von des Windes wildestem Stoße, daherfliegen eine wilde Gestalt dem dunkeln Haupte zu, auf dem einer Fahne gleich die rote Feder schwankte.

Da loderte im Priester auf der heilige Kampfesdrang, der sobald sie den Bösen ahnen, über die kömmt, die gottgeweihten Herzens sind, wie der Trieb über das Samenkorn kömmt, wenn das Leben in es dringt, wie er in die Blume dringt, wenn sie sich entfalten soll, wie er über den Helden kömmt, wenn sein Feind das Schwert erhebt. Und wie der Lechzende in des Stromes kühle Flut, wie der Held zur Schlacht, stürzt der Priester den Stalden nieder, stürzt zum kühnsten Kampf, dringt zwischen den Grünen und Christine, die eben das Kindlein in des anderen Arme legen wollte, mitten hinein, schmettert zwischen sie die drei höchsten heiligen Namen, hält das Heiligste dem Grünen ans Gesicht, sprengt heiliges Wasser über das Kind und trifft Christine zugleich. Da fährt mit fürchterlichem Wehegeheul der Grüne von dannen, wie ein glutroter Streifen zuckte er dahin, bis die Erde ihn verschlingt; vom geweihten Wasser berührt, schrumpft mit entsetzlichem Zischen Christine zusammen, wie Wolle im Feuer, wie Kalk im Wasser, schrumpft zischend, flammensprühend zusammen bis auf die schwarze hoch aufgeschwollene, grauenvolle Spinne in ihrem Gesichte, schrumpft mit dieser zusammen, zischt in diese hinein, und diese sitzt nun giftstrotzend, trotzig mitten auf dem Kinde, und sprüht aus ihren Augen zornige Blitze dem Priester entgegen. Dieser sprengt ihr Weihwasser entgegen, es zischt wie auf heißem Steine gewöhnliches Wasser; immer größer wird die Spinne, streckt immer weiter ihre schwarzen Beine aus über das Kind, glotzt immer giftiger den Priester an; da fasst dieser in feurigem Glaubensmut nach ihr mit kühner Hand. Es ist, als wenn er griffe in glühende Stacheln hinein, aber unerschüttert greift er fest, schleudert das Ungeziefer weg, fasst das Kind und eilt mit ihm der Mutter zu.

Und wie sein Kampf zu Ende war, stillte sich auch der Kampf der Wolken, sie eilten wieder in ihre dunklen Kammern, bald flimmerte in stillem Sternenlicht das Tal, in dem kurz zuvor die wildeste Schlacht getobt, und fast atemlos eilte der Priester in das Haus, in welchem an Mutter und Kind die Freveltat begangen worden.

Dort war die Mutter noch ohnmächtig, mit dem gellenden Schrei hatte sie ihr Leben fortgesendet; neben ihr saß betend die Alte, sie traute noch auf Gott, dass er mächtiger sei als der Teufel böse.

Mit dem Kinde brachte der Priester der Mutter auch das Leben zurück. Als sie erwachend das Kindlein wieder sah, durchfloss sie eine Wonne, wie sie nur die Engel im Himmel kennen, und auf der Mutter Armen taufte der Priester das Kind im Namen Gottes des Vaters, des Sohnes und des Heiligen Geistes; und jetzt war es entrissen des Teufels Gewalt auf immer, bis es sich ihm freiwillig übergeben wollte. Aber vor dem hütete es Gott, in dessen Gewalt jetzt seine Seele übergeben worden, während der Leib von der Spinne vergiftet blieb.

Bald schied seine Seele wieder, und wie mit Brandflecken war das Leibchen gezeichnet. Die arme Mutter weinte wohl, aber wo jeder Teil wieder dahin gehet, wo er hingehöret, zu Gott die Seele, zur Erde der Leib, da findet sich der Trost ein, früher dem, später jenem.

Sobald der Priester sein heilig Amt verrichtet hatte, begann er ein seltsam Jucken zu fühlen in Hand und Arm, womit er die Spinne weggeschleudert. Kleine schwarze Flecken sah er auf der Hand, sichtbarlich wurden sie größer und schwollen auf, Todesschauer rieselte ihm durchs Herz. Er segnete die Weiber und eilte heim, die heiligen Waffen wollte er als getreuer Streiter wieder dahin bringen, wo sie hingehörten, damit sie einem anderen nach ihm zur Hand seien. Hochauf schwoll der Arm, schwarze Beulen quollen immer höher auf, er kämpfte mit des Todes Mattigkeit, aber er erlag ihr nicht.

Als er an den Kirchstalden kam, sah er Hans, den gottvergessenen Vater, von dem man nicht wusste, wo er geblieben, mitten im Wege auf dem Rücken liegen. Hochgeschwollen und brandschwarz war sein Gesicht, und mitten auf demselben saß groß und schwarz und grausig die Spinne. Als der Pfarrer kam, blähte sie sich auf, giftig bäumten sich die Haare auf ihrem Rücken, giftig und sprühend glotzten ihre Augen ihn an, sie tat wie die Katze, wenn sie sich rüstet zu einem Sprung in ihres Todfeindes Gesicht. Da begann der Priester einen guten Spruch und hob die heiligen Waffen, und die Spinne schrak zusammen, kroch langbeinig vom schwarzen Gesichte, verlor sich in zischendem Grase. Darauf ging der Pfarrer vollends heim, stellte das Allerheiligste an seinen

Ort, und während wilde Schmerzen den Leib zum Tode rissen, harrte in süßem Frieden seine Seele ihres Gottes, für den sie recht gestritten in kühnem Gotteskampfe, und lange ließ Gott sie nicht harren.

Aber solch süßer Friede, der still des Herren harrt, war hinten im Tal, war oben auf den Bergen nicht.

Von dem Augenblicke an, als Christine mit dem geraubten Kinde den Berg hinuntergerannt war dem Teufel zu, war heilloser Schreck in alle Herzen gefahren. Während dem fürchterlichen Ungewitter bebten die Menschen in den Schrecken des Todes, denn ihre Herzen wussten wohl, wenn Gottes Hand vernichtend über sie komme, so sei es mehr als wohlverdient. Als das Gewitter vorüber war, lief die Kunde von Haus zu Haus, wie der Pfarrer das Kindlein zurückgebracht und getauft, aber kein Hans, keine Christine gesehen worden sei.

Der grauende Morgen fand lauter bleiche Gesichter, und die schöne Sonne färbte sie nicht, denn alle wussten wohl, dass nun das Schrecklichste kommen werde. Da hörte man, dass mit schwarzen Beulen der Pfarrer gestorben, man fand Hans mit schrecklichem Gesichte, und von der grässlichen Spinne, in die Christine verwandelt worden, hörte man seltsam verwirrte Worte.

Es war ein schöner Erntetag, aber keine Hand rührte sich zur Arbeit; die Leute liefen zusammen, wie man es pflegt am Tage nach dem Tage, an welchem ein großes Unglück begegnet ist. Sie fühlten erst jetzt in ihren bebenden Seelen so recht, was es heiße, von irdischer Not und Plage mit einer unsterblichen Seele sich loskaufen zu wollen, fühlten, dass ein Gott im Himmel sei, der alles Unrecht, das armen Kindern, die sich nicht wehren können, angetan wird, fürchterlich räche. So stunden sie bebend zusammen und jammerten, und wer bei den anderen war, der durfte nicht mehr heim, und doch waren Zank und Streit unter ihnen, und einer gab dem anderen Schuld, und jeder wollte abgemahnet und gewarnet haben, und jeder hatte nichts dawider, dass Strafe die Schuldigen treffe, sich und sein Haus wollte aber jeder ohne Strafe. Und wenn sie in diesem schrecklichen Haaren und Streiten ein neu unschuldig Opfer gewusst hätten, es wäre keiner gewesen, der nicht an demselben gefrevelt in der Hoffnung, sich selbst zu retten.

Da schrie mitten im Haufen einer entsetzlich auf, es war ihm, als sei er in einen glühenden Dorn getreten, als nagle man mit glühendem Nagel den Fuß an den Boden, als ströme Feuer durch das Mark seiner Gebeine. Der Haufen fuhr auseinander, und alle Augen sahen nach dem Fuße, gegen den die Hand des Schreienden fuhr. Auf dem Fuße aber saß schwarz und groß die Spinne und glotzte giftig und schadenfroh in die Runde. Da erstarrte allen zuerst das Blut in den Adern, der Atem in der Brust, der Blick im Auge, und ruhig und schadenfroh glotzte die Spinne umher, und der Fuß ward schwarz, und im Leibe war's, als kämpfe zischend und wütend Feuer mit Wasser; die Angst sprengte die Fesseln des Schreckens, der Haufen stob auseinander. Aber in wunderbarer Schnelle hatte die Spinne ihren ersten Sitz verlassen und kroch diesem über den Fuß und jenem an die Ferse, und Glut fuhr durch ihren Leib, und ihr grässlich Geschrei jagte die Fliehenden noch heftiger. In Windeseile, in Todesschrecken, wie das gespenstige Wild vor der wilden Jagd, stoben sie ihren Hütten zu, und jeder meinte hinter sich die Spinne,

verrammelte die Türe und hörte doch nicht auf zu beben in
unsäglicher Angst.

Und einen Tag war die Spinne verschwunden, kein neues To-
desgeschrei hörte man, die Leute mussten die verrammelten
Häuser verlassen, mussten Speise suchen fürs Vieh und sich,
sie taten es mit Todesangst. Denn wo war jetzt die Spinne,
und konnte sie nicht hier sein und unversehens auf den Fuß
sich setzen? Und wer am vorsichtigsten niedertrat und mit
den Augen am schärfsten spähte, der sah die Spinne plötzlich
sitzend auf Hand oder Fuß, sie lief ihm übers Gesicht, saß
schwarz und groß ihm auf der Nase und glotzte ihm in die
Augen, feurige Stacheln wühlten sich in sein Gebein, der
Brand der Hölle schlug über ihm zusammen, bis der Tod ihn
streckte.

So war die Spinne bald nirgends, bald hier, bald dort, bald
im Tale unten, bald auf den Bergen oben; sie zischte durchs
Gras, sie fiel von der Decke, sie tauchte aus dem Boden auf.

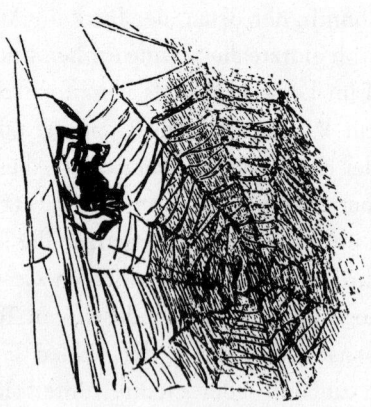

An hellem Mittage, wenn die Leute um ihr Habermus saßen, erschien sie glotzend unten am Tisch, und ehe die Menschen den Schrecken gesprengt, war sie allen über die Hände gelaufen, saß oben am Tisch auf des Hausvaters Haupte und glotzte über den Tisch, die schwarz werdenden Hände weg. Sie fiel des Nachts den Leuten ins Gesicht, begegnete ihnen im Walde, suchte sie heim im Stalle. Die Menschen konnten sie nicht meiden, sie war nirgends und allenthalben, konnten im Wachen vor ihr sich nicht schützen, waren schlafend vor ihr nicht sicher. Wenn sie am sichersten sich wähnten unterm freien Himmel, auf eines Baumes Gipfel, so kroch Feuer ihnen den Rücken auf, der Spinne feurige Füße fühlten sie im Nacken, sie glotzte ihnen über die Achsel. Das Kind in der Wiege, den Greis auf dem Sterbebette schonte sie nicht; es war ein Sterben, wie man noch von keinem wusste, und das Sterben daran war schrecklicher, als man es je erfahren, und schrecklicher noch als das Sterben war die namenlose Angst vor der Spinne, die allenthalben war und nirgends, die, wenn man am sichersten sich wähnte, einem todbringend plötzlich in die Augen glotzte.

Die Kunde von diesem Schrecken war natürlich alsobald ins Schloss gedrungen und hatte auch dorthin Schreck und Streit gebracht, so weit er bei den Regeln des Ordens stattfinden konnte. Dem von Stoffeln machte es Bange, dass auch sie ebenso heimgesucht werden möchten wie früher ihr Vieh, und der verstorbene Priester hatte manches geäußert, welches ihm jetzt die Seele aufrührte. Er hatte ihm manchmal gesagt, dass alles Leid, welches er den Bauern antue, auf ihn zurückfahre, aber er hatte es nie geglaubt, weil er meinte, Gott werde einen Unterschied zu machen wissen zwischen einem Ritter und einem Bauern, hätte er sie doch sonst nicht so verschieden erschaffen. Aber jetzt ward ihm doch angst, es gehe nach des Priesters Wort, er gab harte Worte seinen Rittern und meinte, es käme jetzt schwere Strafe ihrer leichtfertigen Worte wegen. Die Ritter aber wollten auch nicht schuld sein, und einer schob es dem anderen zu, und wenn's auch keiner sagte, so meinten doch alle, das gehe eigentlich nur den von Stoffeln an, denn wenn man es recht nehme, so sei der an allem schuld. Und neben diesem sahen sie einen jungen Polenritter an, der hatte eigentlich die meisten leichtfertigen Worte über das Schloss gesprochen und den von Stoffeln am meisten gereizt zum neuen Bau und vermessenen Schattengange. Der war noch sehr jung, aber der wildeste von allen, und wenn's eine vermessene Tat galt, so war er voran. Er war wie ein Heide und fürchtete weder Gott noch Teufel.

Der merkte wohl, was die anderen meinten, aber ihm nicht sagen durften, merkte auch ihre heimliche Angst. Darum höhnte er sie und sagte, wenn sie vor einer Spinne sich fürchteten, was sie dann gegen Drachen machen wollten? Dann wappnete er sich gut und ritt ins Tal hinauf, sich vermessend, nicht zurückkehren zu wollen, bis sein Ross die Spinne zertreten, seine Faust sie zerdrückt. Wilde Hunde sprangen um ihn her, der Falke saß ihm auf der Faust, am Sattel hing die Lanze, lustig bäumte sich das Pferd; halb schadenfroh, halb ängstlich sah man ihn aus dem Schlosse reiten und gedachte der nächtlichen Wachen auf Bärhegen, wo die Kraft der weltlichen Waffen gegen diesen Feind so schlecht sich bewährt hatte.

Er ritt am Saume eines Tannenwaldes dem nächsten Gehöfe zu, scharfen Auges spähend um und über sich. Als er das Haus erblickte, Leute darum, rief er den Hunden, machte das Haupt des Falken frei, lose klirrte in der Scheide der Dolch.

Wie der Falke die geblendeten Augen zum Ritter kehrte, seines Winkes gegenwärtig, prallte er ab der Faust und schoss in die Luft, die hergesprungenen Hunde heulten auf und suchten mit dem Schweife zwischen den Beinen das Weite. Vergebens ritt und rief der Ritter, seine Tiere sah er nicht wieder. Da ritt er den Menschen zu, wollte Kunde einziehen, sie stunden ihm, bis er nahe kam. Da schrien sie grässlich auf und flohen in Wald und Schlucht, denn auf des Ritters Helm saß schwarz in übernatürlicher Größe die Spinne und glotzte giftig und schadenfroh ins Land. Was er suchte, das trug der Ritter und wusste es nicht; in glühendem Zorne rief und ritt er den Menschen nach, rief immer wütender, ritt immer toller, brüllte immer entsetzlicher, bis er und sein Ross über eine Fluh hinab zu Tale stürzten. Dort fand man Helm und Leib, und durch den Helm hindurch hatten die Füße der Spinne sich gebrannt, dem Ritter bis ins Gehirn hinein, den schrecklichsten Brand ihm dort entzündet, bis er den Tod gefunden.

Da kehrte der Schreck erst recht ein ins Schloss; sie schlossen sich ein und fühlten sich doch nicht sicher, sie suchten nach geistigen Waffen, fanden aber lange niemanden, der sie zu führen wusste und zu führen wagte.

Endlich ließ sich ein ferner Pfaffe locken mit Geld und Wort. Er kam und wollte ausziehen mit heiligem Wasser und heiligen Sprüchen gegen den bösen Feind. Dazu aber stärkte er sich nicht mit Gebet und Fasten, sondern er tafelte des Morgens früh mit den Rittern und zählte die Becher nicht und lebte wohl an Hirsch und Bär. Dazwischen redete er viel von seinen geistigen Heldentaten und die Ritter von ihren weltlichen, und die Becher zählte man sich nicht nach, und die Spinne vergaß man. Da löschte auf einmal alles Leben aus, die Hände hielten erstarrt Becher oder Gabel, der Mund blieb offen, stier waren alle Augen auf einen Punkt gerichtet, nur der von Stoffeln trank den Becher leer und erzählte von einer Heldentat im Heidenlande. Aber auf seinem Kopfe saß groß die Spinne und glotzte um den Rittertisch, aber der Ritter fühlte sie nicht. Da begann die Glut zu strömen durch Gehirn und Blut, grässlich schrie er auf, fuhr mit der Hand nach dem Kopfe, aber die Spinne war nicht mehr dort, war in ihrer schrecklichen Schnelle den Rittern allen über ihre Gesichter gelaufen, keiner konnte es wehren. Einer nach dem anderen schrie auf, von Glut verzehrt, und von des Pfaffen Glatze nieder glotzte sie in den Gräuel hinein, und mit dem Becher, der nicht aus seiner Hand wollte, wollte der Pfaffe den Brand löschen, der in ihm loderte vom Kopfe herab durch Mark und Bein. Aber der Waffe trotzte die Spinne und glotzte von ihrem Throne herab in den Gräuel, bis der letzte Ritter den letzten Schrei ausgestoßen, am letzten Atemzuge geendet.

Im Schlosse blieben nur wenige Diener verschont, die nie Hohn mit den Bauern getrieben; sie erzählten, wie schrecklich es gegangen. Das Gefühl, dass den Rittern ihr Recht geschehen, tröstete aber die Bauern nicht, der Schreck ward immer größer, grässlicher. Mancher suchte zu fliehen. Die einen wollten das Tal verlassen, aber gerade die fielen der Spinne zu. Auf dem Wege fand man ihre Leichname. Andere flohen auf die hohen Berge, aber droben vor ihnen war die Spinne, und wenn sie sich gerettet glaubten, so saß ihnen die Spinne im Nacken oder im Gesicht. Das Untier ward immer boshafter, immer teuflischer. Es überraschte nicht mehr unerwartet, brannte nicht mehr unversehens den Tod ein, es saß vor den Menschen im Grase, hing über ihm am Baume, glotzte giftig ihn an. Dann floh der Mensch, so weit seine Füße ihn trugen, und stund er atemlos stille, so saß die Spinne vor ihm und glotzte giftig ihn an. Floh er abermals, und musste er abermals die Schritte hemmen, so saß sie wieder vor ihm, und konnte er nicht mehr fliehen, dann erst kroch sie langsam an ihn heran und gab ihm den Tod.

Da versuchte wohl mancher in der Verzweiflung Widerstand, und ob die Spinne nicht zu töten sei, warf zentnerige Steine auf sie, wenn sie vor ihm im Grase saß, schlug mit Keulen und mit Beilen nach ihr; aber alles umsonst, der schwerste Stein erdrückte sie nicht, das schärfste Beil verletzte sie nicht, unversehens saß sie dem Menschen im Gesicht, unversehrt kroch sie an ihn heran. Flucht, Widerstand, alles war eitel. Da ging alles Hoffen aus, und Verzweiflung füllte das Tal, saß auf den Bergen.

Ein einziges Haus hatte das Untier bis dahin verschont und war nie in demselben erschienen; es war das Haus, in welchem Christine gewohnt, aus welchem sie das Kindlein geraubet. Ihren eigenen Mann hatte sie auf einsamer Weide angefallen, dort fand man seinen Leichnam grässlich zugerichtet wie keinen anderen, seine Züge zerrissen in unaussprechlichem Schmerze; an ihm hatte sie ihren grässlichsten Zorn ausgelassen, das grässlichste Wiedersehn dem Ehemanne bereitet. Aber wie es zuging, hatte niemand gesehen.

Zum Hause war sie noch nicht gekommen; ob sie es bis zuletzt sparen wollte, oder ob sie sich scheute davor, das erriet man nicht.

Aber nicht weniger als an anderen Orten war die Angst eingekehrt.

Das fromme Weibchen war genesen, und es zagte nicht für sich, aber fast sehr um sein treues Bübchen und dessen Schwesterchen und wachte über sie Tag und Nacht, und die treue Großmutter teilte seine Sorgen und Wachen. Und gemeinsam beteten sie zu Gott, dass er ihnen ihre Augen offen halten möchte zur Wache, dass er sie erleuchten und stärken möchte zur Rettung der unschuldigen Kindlein.

Oft war es ihnen, wenn sie so wachten lange Nächte durch, als sähen sie die Spinne glimmen und glitzern in dunkelm Winkel, als glotze sie zum Fenster herein; dann ward ihre Angst groß, denn sie wussten keinen Rat, wie vor der Spinne die Kindlein schützen, und umso inbrünstiger baten sie Gott um seinen Rat und Beistand. Sie hatten allerlei Waffen zur Hand gelegt, aber wie sie hörten, dass der Stein seine Schwere, das Beil seine Schärfe verliere, sie wieder beiseite gelegt. Da kam es der Mutter immer deutlicher vor, immer lebendiger in den Sinn: Wenn jemand es wagen würde, die Spinne mit der Hand zu fassen, so vermöchte man sie zu überwältigen. Sie hörte auch von Leuten, die, als der Stein nichts half, mit der Hand sie zu erdrücken versuchten, allein vergeblich. Ein grässlicher Glutstrom, der durch Hand und Arm zuckte, tilgte jede Kraft und brachte den Tod ins Herz. Es kam ihr auch vor, zu erdrücken vermöchte sie die Spinne nicht, aber sie erfassen dürfte sie wohl und so viel Kraft würde ihr Gott verleihen, dieselbe irgendwohin zu tun, sie unschädlich zu machen. Sie hatte schon oft gehört, wie kundige Männer Geister eingesperrt hätten in ein Loch in Felsen oder Holz, welches sie mit einem Nagel zugeschlagen und solange den Nagel niemand ausziehe, müsse der Geist gebannt im Loche sein.

Gleiches zu versuchen drängte der Geist sie immer mehr. Sie bohrte ein Loch in den Fensterpfosten, der ihr am nächsten lag zur rechten Hand, wenn sie bei der Wiege saß, rüstete einen Zapfen, der scharf ins Loch passte, weihte ihn mit geheiligtem Wasser, legte einen Hammer zurecht und betete nun Tag und Nacht zu Gott um Kraft zur Tat. Aber manchmal war das Fleisch stärker als der Geist, und schwerer Schlaf drückte ihr die Augen zu, dann sah sie im Traume die Spinne, glotzend auf ihres Bübchens goldenen Locken, dann fuhr sie aus dem Traume, fuhr nach des Bübchen Locken. Dort war aber keine Spinne, ein Lächeln saß auf seinem Gesichtchen, wie Kindlein lächeln, wenn sie ihren Engel im Traume sehen. Der Mutter aber glitzerten in allen Ecken der Spinne giftige Augen, und auf lange wich der Schlaf von ihr.

So hatte sie auch einmal nach strengem Wachen der Schlaf überwältigt, und dicht umnachtete er sie. Da war es ihr, als stürze der fromme Priester, der in der Rettung ihres Kindleins gestorben, herbei aus weiten Räumen und rufe aus der Ferne her: „Weib, wache auf, der Feind ist da!" Dreimal rief er so, und erst beim dritten Mal rang sie sich los aus des Schlafes engen Banden, aber wie sie die schweren Augenlider mühsam hob, sah sie langsam giftgeschwollen die Spinne schreiten übers Bettlein hinauf, dem Gesichte ihres Bübchens zu. Da dachte sie an Gott und griff mit rascher Hand die Spinne. Da fuhren Feuerströme von derselben aus, der treuen Mutter durch Hand und Arm bis ins Herz hinein, aber Muttertreue und Mutterliebe drückten die Hand ihr zu, und zum Aushalten gab Gott die Kraft. Unter tausendfachen Todesschmerzen drückte sie mit der einen Hand die Spinne ins bereitete Loch, mit der anderen den Zapfen davor und schlug mit dem Hammer ihn fest.

Drinnen sauste und brauste es, wie wenn mit dem Meere die Wirbelwinde streiten, das Haus wankte in seinen Grundfesten, doch fest saß der Zapfen, gefangen blieb die Spinne. Die treue Mutter aber freute sich noch, dass sie ihre Kindlein gerettet, dankte Gott für seine Gnade, dann starb sie auch den gleichen Tod wie alle, doch ihre Muttertreue löschte die Schmerzen aus, und die Engel geleiteten ihre Seele zu Gottes Thron, wo alle Helden sind, die ihr Leben eingesetzt für andere, die für Gott und die Ihren alles gewagt.

Nun war der schwarze Tod zu Ende. Ruhe und Leben kehrten ins Tal zurück. Die schwarze Spinne ward nicht mehr gesehen zur selben Zeit, denn sie saß in jenem Loche gefangen, wo sie jetzt noch sitzt.

Als die Leute die Spinne eingesperrt wussten, sie ihres Lebens wieder sicher waren, da soll es ihnen gewesen sein, als seien sie im Himmel und der liebe Gott mit seiner Seligkeit mitten unter ihnen. Und lange ging es gut. Sie hielten sich zu Gott und flohen den Teufel, und auch die Ritter, die frisch eingezogen waren ins Schloss, hatten Respekt vor Gottes Hand und hielten milde die Menschen und halfen ihnen auf.

Dieses Haus aber betrachteten alle mit Ehrfurcht, fast wie eine Kirche. Anfangs schauderte es sie freilich, wenn sie es ansahen, den Kerker der schrecklichen Spinne sahen und dachten, wie leicht sie da losbrechen und das Elend von vorn anfangen könnte mit des Teufels Gewalt. Aber sie sahen bald, dass da Gottes Gewalt stärker sei als die des Teufels, und aus Dank gegen die Mutter, die für alle gestorben, halfen sie den Kindern und bebauten ihnen unentgeltlich den Boden, bis sie ihn selbst bearbeiten konnten. Die Ritter wollten ihnen bewilligen, ein neues Haus zu bauen, damit sie vor der Spinne sich nicht zu fürchten hätten oder diese durch Zufall im bewohnten Hause loskomme, und viele Nachbaren wollten ihnen helfen, die die Scheu vor dem Untier, vor dem sie so schrecklich gezittert, nicht loswerden konnten. Aber die alte Großmutter wollte es nicht tun. Sie lehrte ihre Enkel: Hier sei die Spinne gebannt durch Gott Vater, Sohn und Heiligen Geist, solange diese drei heiligen Namen gelten in diesem Hause, solange in diesen drei heiligen Namen an diesem Tische gegessen und getrunken werden, so lange seien sie vor der Spinne sicher und diese fest im Loche, und kein Zufall mache etwas an der Sache. Hier an diesem Tische, hinter ihnen die Spinne, würden sie nie vergessen, wie nötig ihnen Gott und wie mächtig er sei; so mahne sie die Spinne an Gott und müsse, dem Teufel zum Trotz, ihnen zum Heil werden. Ließen sie aber von Gott, und wären es hundert Stunden von da, so könnte die Spinne sie finden oder der Teufel selbst. Das fassten die Kinder, blieben im Hause, wuchsen gottesfürchtig auf, und über dem Hause war der Segen Gottes.

Das Bübchen, welches so treu an der Mutter gewesen, so treu die Mutter an ihm, wuchs auf zu einem stattlichen Manne, der lieb war Gott und Menschen und Gnade bei den Rittern fand. Darum ward er auch gesegnet mit zeitlichem Gut und vergaß Gott nie darob, ward nie geizig damit; er half anderen in ihren Nöten, wie er wünschte, dass ihm geholfen werde in der letzten Not, und wo er zu schwach zu eigener Hülfe war, da ward er ein umso kräftigerer Fürsprecher bei Gott und Menschen. Er ward gesegnet mit einem weisen Weibe, und zwischen ihnen war ein unergründlicher Friede, darum blühten fromm ihre Kinder auf, und beide fanden spät einen sanften Tod. Seine Familie blühte fort in Gottesfurcht und Rechttun.

Ja, über dem ganzen Tale lag der Segen Gottes, und Glück war in Feld und Stall und Friede unter den Menschen. Die schrecklichste Lehre war den Menschen zu Herzen gegangen, sie hielten fest an Gott; was sie taten, taten sie in seinem Namen, und wo einer dem anderen helfen konnte, da säumte er nicht. Vom Schlosse her ward ihnen kein Übel, aber viel Gutes. Immer weniger Ritter wohnten dort, denn immer härter ward der Streit im Heidenlande und immer nöter jede Hand, die fechten konnte; die aber, welche im Schlosse waren, mahnte täglich die große Totenhalle, in der die Spinne an Rittern wie an den Bauern ihre Macht geübt, dass Gott mit gleicher Kraft über jedem sei, der von ihm abfalle, sei er Bauer oder Ritter.

So schwanden viele Jahre in Glück und Segen, und das Tal ward berühmt vor allen anderen. Stattlich waren seine Häuser, groß seine Vorräte, manch Geldstück ruhte im Kasten, sein Vieh war das schönste zu Berg und Tal, und seine Töchter waren berühmt landauf, landab und seine Söhne gerne gesehen überall. Und dieser Ruhm dauerte von Geschlecht zu Geschlecht; denn in der gleichen Gottesfurcht und Ehrbarkeit wie die Väter lebten auch die Söhne von Geschlecht zu Geschlecht.

Aber wie gerade in den Birnbaum, der am flüssigsten genährt wird, am stärksten treibt, der Wurm sich bohrt, ihn umfrisst, welken lässt und tötet, so geschieht es, dass, wo Gottes Segensstrom am reichsten über die Menschen fließt, der Wurm in den Segen kömmt.

So wurden, nachdem viele Geschlechter dahingegangen, Hochmut und Hoffart heimisch im Tale, fremde Weiber brachten und mehrten beides. Die Kleider wurden hoffärtiger, Kleinode sah man glänzen, ja selbst an die heiligen Zeichen wagte die Hoffart sich, und statt dass ihre Herzen während des Betens inbrünstig bei Gott gewesen wären, hingen ihre Augen hoffärtig an den goldenen Kugeln ihres Rosenkranzes. So ward ihr Gottesdienst Pracht und Hoffart, ihre Herzen aber hart gegen Gott und Menschen. Um Gottes Gebote bekümmerte man sich nicht, seines Dienstes, seiner Diener spottete man. Denn, wo viel Hoffart ist oder viel Geld, da kömmt gerne der Wahn, dass man sein Gelüsten für Weisheit hält und diese Weisheit höher als Gottes Weisheit. Wie sie früher von den Rittern geplagt worden waren, so wurden sie jetzt hart gegen das Gesinde und plagten dieses, und je weniger sie selbst arbeiteten, umso mehr muteten sie diesem zu, und je mehr sie Arbeit von Knechten und Mägden forderten, umso mehr behandelten sie dieselben wie unvernünftiges Vieh, und dass diese auch Seelen hätten, die zu wahren seien, dachten sie nicht. Wo viel Geld oder viel Hoffart ist, da fängt das Bauen an, einer schöner als der andere, und wie früher die Ritter bauten, so bauten jetzt sie, und wie früher die Ritter sie plagten, so schonten sie jetzt weder Gesinde noch Vieh, wenn der Bauteufel über sie kam. Dieser Wandel war auch über dieses Haus gekommen, während der alte Reichtum geblieben war.

Fast zweihundert Jahre waren verflossen, seit die Spinne im Loche gefangen saß, da war ein schlau und kräftig Weib hier Meister, sie war keine Lindauerin, aber doch glich sie Christine in vielen Stücken. Sie war auch aus der Fremde, der Hoffart, dem Hochmute ergeben, und hatte einen einzigen Sohn; der Mann war unter ihrer Meisterschaft gestorben. Dieser Sohn war ein schöner Bube, hatte ein gutes Gemüt, war freundlich mit Mensch und Vieh; sie hatte ihn auch gar lieb, aber sie ließ es ihn nicht merken. Sie meisterte ihn jeden Schritt und Tritt, und keiner war ihr recht, den sie ihm nicht

333

erlaubt, und längst war er erwachsen und durfte nicht zu Kameradschaft und an keine Kilbi ohne der Mutter Begleit. Als sie ihn endlich alt genug glaubte, gab sie ihm ein Weib aus ihrer Verwandtschaft, eins nach ihrem Sinn. Jetzt hatte er zwei Meister statt nur einen, und beide waren gleich hoffärtig und hochmütig, und weil sie es waren, so sollte auch Christen es sein, und wenn er freundlich war und demütig, wie es ihm so wohl anstund, so erfuhr er, wer Meister war.

Schon lange war das alte Haus ihnen ein Dorn im Auge, und sie schämten sich seiner, da die Nachbarn neue Häuser hatten und doch kaum so reich als sie waren. Die Sage von der Spinne und was die Großmutter gesagt, war damals noch in jedermanns Gedächtnis, sonst wäre das alte Haus längst schon eingerissen worden, aber alle wehrten es ihnen. Sie nahmen aber dieses Wehren immer mehr für Neid, der ihnen kein neues Haus gönne. Zudem ward es ihnen immer unheimeliger im alten Hause. Wenn sie hier am Tische saßen, so war es ihnen, entweder als schnurre hinter ihnen behaglich die Katze oder als ginge leise das Loch auf, und die Spinne ziele nach ihrem Nacken. Ihnen fehlte der Sinn, der das Loch zumachte, darum fürchteten sie sich immer mehr, das Loch möchte sich öffnen. Darum fanden sie einen guten Grund, ein neues Haus zu bauen, in dem sie die Spinne nicht zu fürchten hätten, wie sie meinten. Das alte wollten sie dem Gesinde überlassen, das ihrer Hoffart oft im Wege war, so wurden sie rätig.

Christen tat es sehr ungern, er wusste, was die alte Großmutter gesagt, und glaubte, dass der Familiensegen an das Familienhaus geknüpfet sei, und vor der Spinne fürchtete er sich nicht, und wenn er hier oben am Tische saß, so schien es ihm, er könne am andächtigsten beten. Er sagte, wie er es meinte, aber seine Weiber hießen ihn schweigen, und weil er ihr Knecht war, so schwieg er auch, weinte aber oft bitterlich, wenn sie es nicht sahen.

In hoffärtiger Ungeduld, weil sie keinen Verstand vom Bauen hatten und nicht warten mochten, bis sie mit dem neuen Hause hochmütig tun konnten, plagten sie beim Bauen Gesinde und Vieh übel, schonten selbst die heiligen Feiertage nicht und gönnten ihnen auch des Nachts nicht Ruhe, und kein Nachbar war, der ihnen helfen konnte, dass sie zufrieden waren, dem sie nichts Böses nachgewünscht, wenn er nach unentgeltlicher Hülfe, wie man sie schon damals einander leistete, wieder heimging, um auch zu seiner Sache zu sehen.

Als man aufrichtete und den ersten Zapfen in die Schwelle schlug, so rauchte es aus dem Loche herauf wie nasses Stroh, wenn man es anbrennen will; da schüttelten die Werkleute bedenklich die Köpfe und sagten es heimlich und laut, dass der neue Bau nicht alt werden würde, aber die Weiber lachten darüber und achteten des Zeichens sich nicht. Als endlich das Haus erbauet war, zogen sie hinüber, richteten sich ein mit unerhörter Pracht und gaben als so genannte Hausräuki eine Kilbi, die drei Tage lang dauerte, und Kind und Kindeskinder noch davon erzählten im ganzen Emmental.

Aber während allen dreien Tagen soll man im ganzen Hause ein seltsam Surren gehört haben, wie das einer Katze, welcher es behaglich wird, weil man ihr den Balg streicht. Doch die Katze, von welcher es kam, konnte man trotz allen Suchens nicht finden. Da ward manchem unheimlich, und trotz aller Herrlichkeit lief er mitten aus dem Feste. Nur die Weiber hörten nichts oder achteten sich dessen nicht, mit dem neuen Hause meinten sie alles gewonnen.

Ja, wer blind ist, sieht auch die Sonne nicht, und wer taub ist, hört auch den Donner nicht. Darum freuten die Weiber des neuen Hauses sich, wurden alle Tage hoffärtiger, dachten an die Spinne nicht, sondern führten im neuen Hause ein üppiges, arbeitsloses Leben mit Putzen und Essen, kein Mensch konnte es ihnen treffen, und an Gott dachten sie nicht.

Im alten Hause blieb das Gesinde allein, lebte, wie es wollte, und wenn Christen dasselbe auch unter seiner Aufsicht haben wollte, so duldeten die Weiber es nicht und schalten ihn, die Mutter aus Hochmut hauptsächlich, das Weib aus Eifersucht zumeist. Daher war drunten keine Ordnung und bald auch keine Gottesfurcht, und wo kein Meister ist, geht es so durchweg. Wenn kein Meister oben am Tische sitzt, kein Meister im Hause die Ohren spitzt, kein Meister draußen und drinnen die Zügel hält, so meint sich bald der der Größte, welcher am wüstesten tut, und der der Beste, welcher die ruchlosesten Reden führt.

So ging es zu im Hause drunten, und das sämtliche Gesinde glich bald einem Rudel Katzen, wenn sie am wüstesten tun. Von Beten wusste man nichts mehr, hatte darum weder vor Gottes Willen noch vor seinen Gaben Respekt. Wie die Hoffart der Meisterweiber keine Grenzen mehr kannte, so hatte der tierische Übermut des Gesindes keine Schranken mehr. Man schändete ungescheut das Brot, schleuderte das Habermus über den Tisch weg mit den Löffeln sich an die Köpfe, ja verunreinigte viehisch die Speise, um boshaft den anderen die Lust am Essen zu vertreiben. Sie neckten die Nachbarn, quälten das Vieh, höhnten jeden Gottesdienst, leugneten alle höhere Gewalt und plagten auf alle Weise den Priester, der strafend zu ihnen geredet hatte, kurz, sie hatten keine Furcht mehr vor Gott und Menschen und taten alle

Tage wüster. Das wüsteste Leben führten Knechte und Mägde und doch plagten sie einander wie nur möglich, und als die Knechte nicht mehr wussten, wie sie auf neue Art die Mägde quälen konnten, da fiel es einem ein, mit der Spinne im Loch die Mägde zu schrecken oder zahm zu machen. Er schmiss Löffel voll Habermus oder Milch an den Zapfen und schrie, die drinnen werde wohl hungrig sein, weil sie so viel hundert Jahre nichts gehabt. Da schrien die Mägde grässlich auf und versprachen alles, was sie konnten, und selbst den anderen Knechten graute es.

Da das Spiel sich ungestraft wiederholte, so wirkte es nicht mehr, die Mägde schrien nicht mehr, versprachen nichts mehr, und die anderen Knechte begannen es auch zu treiben. Nun fing der an, mit dem Messer gegen das Loch zu fahren, mit den grässlichsten Flüchen sich zu vermessen, er mache den Zapfen los und wolle sehen, was drinnen sei, und sie müssten einmal auch was Neues sehen. Das weckte neues Entsetzen, und der Bursche, der das tat, ward aller Meister und konnte zwingen, was er wollte, besonders bei den Mägden.

Das soll aber auch ein seltsamer Mensch gewesen sein, man wusste nicht, woher er kam. Er konnte sanft tun wie ein Lamm und reißend wie ein Wolf; war er allein bei einem Weibsbilde, so war er ein sanftes Lamm, vor der Gesellschaft aber war er wie ein reißender Wolf und tat, als ob er alle hasste, als ob er über alles auswolle mit wüsten Taten und Worten; solche sollten den Weibsbildern aber gerade die liebsten sein. Darum entsetzten sich die Mägde öffentlich vor ihm, sollen ihn aber doch, wenn sie allein waren, am liebsten von allen gehabt haben. Er hatte ungleiche Augen, aber man wusste nicht, von welcher Farbe, und beide hassten einander, sahen nie den gleichen Weg, aber unter langem Augenhaar und demütigem Niedersehen wusste er es zu verbergen. Sein Haar war schön gelockt, aber man wusste nicht, war es rot oder falb, im Schatten war es das schönste Flachshaar, schien aber die Sonne darauf, so hatte kein Eichhörnchen einen rötern Pelz. Er quälte wie keiner das Vieh. Dasselbe hasste ihn auch darnach. Von den Knechten meinte ein jeder, er sei sein Freund, und gegen jeden wies er die anderen auf. Den Meisterweibern war er unter allen allein recht, er allein war oft im obern Hause, dann taten unten die Mägde wüst. Sobald er es merkte, steckte er sein Messer an den Zapfen und begann sein Drohen, bis die Mägde zu Kreuze krochen.

Doch behielt dieses Spiel auch nicht lange seine Wirkung. Die Mägde wurden es gewohnt und sagten endlich: „Tue es doch, wenn du dich traust!"

Es nahte Weihnachten, die heilige Nacht. An das, was dieselbe uns weiht, dachten sie nicht, ein lustiges Leben hatten sie abgemacht in derselben. Im Schlosse drunten hauste ein alter Ritter nur, und der bekümmerte sich wenig mehr ums Zeitliche. Ein schelmischer Vogt verwaltete alles zu seinem Vorteil. Um ein Schelmenstück hatten sie diesem edlen Ungarwein abgehandelt, neben welchem Lande die Ritter in großem Streite lagen; des edlen Weines Kraft und Feuer kannten sie nicht.

Ein fürchterliches Unwetter kam herauf mit Blitz und Sturm, wie selten sonst um diese Zeit, keinen Hund hätte man unter dem Ofen hervorgejagt. Zur Kirche zu gehen hielt es sie nicht ab, sie wären bei schönem Wetter auch nicht gegangen, hätten den Meister allein gehen lassen, aber es hielt andere ab, sie zu besuchen; sie blieben allein im alten Hause beim edlen Weine.

Sie begannen den heiligen Abend mit Fluchen und Tanzen, mit wüstern und ärgern Dingen; dann setzten sie sich zum Mahle, wozu die Mägde Fleisch gekocht hatten, weißen Brei, und was sie sonst Gutes stehlen konnten. Da ward die Rohheit immer grässlicher, sie schändeten alle Speisen, lästerten alles Heilige; der genannte Knecht spottete des Priesters, teilte Brot aus und trank seinen Wein, als ob er die Messe verwaltete, taufte einen Hund unterm Ofen, trieb es, bis es angst und bange den anderen wurde, wie ruchlos sie sonst auch waren. Da stach er mit dem Messer ins Loch und fluchte, er wolle ihnen noch ganz andere Dinge zeigen. Als sie darob nicht erschrecken wollten, weil er das Gleiche schon manchmal getrieben, und mit dem Messer gegen den Zapfen kaum viel abzubringen war, so griff er in halber Raserei nach einem Bohrer, vermaß sich aufs Schrecklichste, sie sollten erfahren, was er könne, büßen ihr Lachen, dass ihnen die Haare zu Berge ständen, und drehte mit wildem Stoße den Bohrer in den Zapfen hinein. Laut aufschreiend stürzten alle auf ihn zu, aber ehe jemand es hindern konnte, lachte er wie der Teufel selbst, tat einen kräftigen Ruck am Bohrer.

Da bebte von ungeheurem Donnerschlag das ganze Haus, der Missetäter stürzte rücklings nieder, ein roter Glutstrom brach aus dem Loche hervor, und mittendrin saß groß und schwarz, aufgeschwollen im Gifte von Jahrhunderten, die Spinne und glotzte in giftiger Lust über die Frevler hin, die versteinert in tödlicher Angst kein Glied bewegen konnten, dem schrecklichen Untier zu entrinnen, das langsam und schadenfroh ihnen über die Gesichter kroch, ihnen einimpfte den feurigen Tod.

Da erbebte das Haus von schrecklichem Wehgeheul, wie hundert Wölfe es nicht auszustoßen vermögen, wenn der Hunger sie peinigt. Und bald erscholl ein ähnliches Wehgeschrei aus dem neuen Hause, und Christen, der eben den Berg aufkam von der heiligen Messe, meinte es seien Räuber eingebrochen, und seinen starken Armen trauend, stürzte er den Seinen zu Hülfe. Er fand keine Räuber, aber den Tod; mit diesem rangen Weib und Mutter und hatten schon keine Stimme mehr in den hoch aufgelaufenen, schwarzen Gesichtern; ruhig schlummerten seine Kinder, und gesund und rot waren ihre munteren Gesichter. Es stieg in Christen die schreckliche Ahnung dessen auf, was geschehen war; er stürzte ins untere Haus, dort sah er die Bediensteten alle verendet, die Stube zur Totenkammer geworden, geöffnet das schauerliche Loch, in des scheußlich entstellten Knechtes Hand den Bohrer und auf des Bohrers Spitze den schrecklichen Zapfen. Jetzt wusste er, was da geschehen war, schlug die Hände über dem Kopfe zusammen, und wenn die Erde ihn verschlungen hätte, so wäre es ihm recht gewesen …

Da kroch etwas hinterm Ofen hervor, schmiegte sich ihm an; entsetzt fuhr er zusammen, aber es war nicht die Spinne, es war ein armes Bübchen, das er um Gottes willen ins Haus genommen und unter dem ruchlosen Gesinde gelassen hatte. Das hatte keinen Teil genommen an den Gräueln des Gesindes, war erschreckt hinter den Ofen geflohen; es allein hatte die Spinne verschont, es konnte nun den Hergang erzählen.

Aber noch während das Bübchen erzählte, scholl durch Wind und Wetter Angstgeschrei von anderen Häusern her. Wie in hundertjähriger, aufgeschwellter Lust flog die Spinne durch die Talschaft, las zuerst die üppigsten Häuser sich aus, wo man am wenigsten an Gott dachte, aber am meisten an die Welt, daher von dem Tod am wenigsten wissen mochte.

Noch war es nicht Tag geworden, so war die Kunde in jeglichem Hause: Die alte Spinne sei losgebrochen, gehe aufs Neue todbringend um in der Gemeinde; schon lägen viele tot, und hinten im Tal fahre Schrei um Schrei zum Himmel auf von Gezeichneten, die sterben müssten. Da kann man sich denken, welch Jammer im Lande war, welche Angst in allen Herzen, was das für eine Weihnacht war in Sumiswald! An die Freude, die sie sonst bringt, konnte keine Seele denken, und solcher Jammer kam vom Frevel der Menschen. Der Jammer aber ward alle Tage größer, denn schneller, giftiger als das frühere Mal war die Spinne jetzt. Bald war sie zuvorderst, bald zuhinterst in der Gemeinde; auf den Bergen, im Tale erschien sie zu gleicher Zeit. Wie sie früher meist hier einen, dort einen gezeichnet hatte zum Tode, so verließ sie jetzt selten ein Haus, ehe sie alle vergiftet; erst wenn alle im Tode sich wanden, setzte sie sich auf die Schwelle und glotzte schadenfroh in die Vergiftung, als ob sie sagen wollte: Sie sei es und sei doch wieder da, wie lange man sie auch eingesperrt.

Es schien, als ob sie wüsste, ihr sei wenig Zeit vergönnt, oder als ob sie sich viele Mühe sparen wollte, sie tat, wo sie konnte, viele auf einmal ab. Darum lauerte sie am liebsten auf die Wagen, welche die Toten zur Kirche geleiten wollten. Bald hier, bald dort, am liebsten unten am Kirchstalden tauchte sie mitten in den Haufen auf und glotzte plötzlich vom Sarge herab auf die Begleitenden. Da fuhr dann ein schreckliches Wehgeschrei zum Himmel auf, Mann um Mann fiel nieder, bis alle Begleitenden am Wege lagen und rangen mit dem Tode, bis kein Leben mehr unter ihnen war, und um den Sarg ein Haufen Toter lag wie tapfere Krieger um ihre Fahne liegen, von der Übermacht erfasst. Da wurden keine Toten mehr zur Kirche gebracht, niemand wollte sie tragen, niemand geleiten; wo der Tod sie streckte, da ließ man sie liegen.

Verzweiflung lag überm ganzen Tale. Wut kochte in allen Herzen, strömte in schrecklichen Verwünschungen gegen den armen Christen aus; an allem sollte er jetzt schuld sein. Jetzt auf einmal wussten alle, dass Christen das alte Haus nicht hätte verlassen, das Gesinde nicht hätte sich selbst überlassen sollen. Auf einmal wussten alle, dass der Meister für sein Gesinde mehr oder minder verantwortlich sei, dass er wachen solle über Beten und Essen, wehren solle gottlosem Leben, gottlosen Reden und gottlosem Schänden der Gaben Gottes.

Seltsam, jetzt war allen auf einmal Hoffart und Hochmut vergangen, sie taten diese Laster in die unterste Hölle hinunter und hätten es kaum Gott geglaubt, dass sie dieselben noch vor wenigen Tagen so schmählich an sich getragen; sie waren alle wieder fromm, hatten die schlechtesten Kleider an und die alten verachteten Rosenkränze wieder in den Händen und überredeten sich selbst, sie seien immer gleich fromm gewesen, und an ihnen fehlte es nicht, dass sie Gott nicht das Gleiche überredeten.

Christen allein unter ihnen allen sollte gottlos sein, und Flüche wie Berge kamen von allen Seiten auf ihn her. Und war er doch vielleicht unter allen der Beste, aber sein Wille lag gebunden in seiner Weiber Willen, und dieses Gebundensein ist allerdings eine schwere Schuld für jeden Mann, und schwerer Verantwortung entrinnt er nicht, weil er anders ist, als Gott ihn will. Das sah Christen auch ein, darum war er nicht trotzig, pochte nicht, gab sich schuldiger dar, als er war; aber damit versöhnte er die Leute nicht, erst jetzt schrien sie einander zu, wie groß seine Schuld sein müsse, da er so viel auf sich nehme, so weit sich unterziehe, es ja selbst bekenne, er sei nichts wert.

Er aber betete Tag und Nacht zu Gott, dass er das Übel wende, aber es ward schrecklicher von Tag zu Tag. Er ward es inne, dass er gutmachen müsse, was er gefehlt, dass er sich selbst zum Opfer geben müsse, dass an ihm liege die Tat, die seine Ahnfrau getan. Er betete zu Gott, bis ihm so recht feurig im Herzen der Entschluss emporwuchs, die Talschaft zu retten, das Übel zu sühnen, und zum Entschluss kam der standhafte Mut, der nicht wankt, immer bereit ist zur gleichen Tat, am Morgen wie am Abend.

Da zog er herab mit seinen Kindern aus dem neuen Haus ins alte Haus, schnitt zum Loch einen neuen Zapfen, ließ ihn weihen mit heiligem Wasser und heiligen Sprüchen, legte zum Zapfen den Hammer, setzte zu den Betten der Kinder sich und harrte der Spinne.

Da saß er, betete und wachte und rang mit dem schweren Schlaf festen Mutes und wankte nicht; aber die Spinne kam nicht, ob sie sonst allenthalben war; denn immer größer war das Sterben, immer wilder die Wut der Überlebenden.

Mitten in diesen Schrecken sollte ein wildes Weib ein Kind gebären. Da kam den Leuten die alte Angst, ungetauft möchte die Spinne das Kindlein holen, das Pfand ihrer alten Pacht. Das Weib gebärdete sich wie unsinnig, hatte kein Gottvertrauen, desto mehr Hass und Rache im Herzen.

Man wusste, wie die Alten gegen den Grünen sich geschützt vor Zeiten, wenn ein Kind geboren werden sollte, wie der Priester der Schild war, den sie zwischen sich und den ewigen Feind gestellt. Man wollte auch nach dem Priester senden, aber wer sollte der Bote sein? Die unbegrabenen Toten, welche die Spinne bei den Leichenzügen erfasst, sperrten die Wege, und würde wohl ein Bote über die wilden Höhen der Spinne, die alles zu wissen schien, entgehen können, wenn er den Priester holen wollte? Es zagten alle. Da dachte endlich der Mann des Weibes, wenn die Spinne ihn haben wolle, so könne sie ihn daheim fassen wie auf dem Wege; wenn ihm der Tod bestimmt sei, so entrinne er ihm hier nicht und dort nicht.

Er machte sich auf den Weg, aber Stunde um Stunde rann vorüber, kein Bote kam wieder. Wut und Jammer wurden immer entsetzlicher, die Geburt rückte immer näher. Da riss das Weib in der Wut der Verzweiflung vom Lager sich auf, stürzte hin nach Christens Haus, dem tausendfach Verwünschten, der betend bei seinen Kindern saß, des Kampfes mit der Spinne gewärtig. Weither schon tönte ihr Geschrei, ihre Verwünschungen donnerten an Christens Türe, lange ehe sie dieselbe aufriss und den Donner in die Stube ihm brachte. Als sie hereinstürzte, so schrecklichen Angesichts, da fuhr er auf. Er wusste erst nicht, war es Christine in ihrer ursprünglichen Gestalt. Aber unter der Tür hemmte der Schmerz ihren Lauf, an den Türpfosten wand sie sich, die Flut ihrer Verwünschungen ausgießend über den armen Christen. Er sollte der Bote sein, wenn er nicht verflucht sein wolle mit Kind und Kindeskindern in Zeit und Ewigkeit. Da überwallete der Schmerz ihr Fluchen, und ein Söhnlein war geboren vom wilden Weibe auf Christens Schwelle, und alle, die ihr gefolgt waren, stoben ins Weite, des Schrecklichsten gegenwärtig. Das unschuldige Kindlein hielt Christen in seinen Armen; stechend und wild, giftig starrten aus des Weibes verzerrten Zügen dessen Augen ihn an, und es ward ihm immer mehr, als trete die Spinne aus ihnen heraus, als sei sie es selbst. Da kam die Kraft Gottes in ihn, und ein übermenschlicher Wille ward in ihm mächtig; einen innigen Blick warf er auf seine Kinder, hüllte das neugeborene Kind in sein warm Gewand, sprang über das glotzende Weib den Berg hinunter das Tal entlang, Sumiswald zu. Zur heiligen Weihe wollte er das Kindlein selbst tragen zur Sühne der Schuld, die auf ihm lag, dem Haupte seines Hauses, das Übrige überließ er Gott. Tote hemmten seinen Lauf, vorsichtig musste er seine Tritte setzen. Da ereilte ihn ein leichter Fuß, es war das arme Bübchen, dem es graute bei dem wilden Weibe, das ein kindlicher Trieb dem Meister nachgetrieben. Wie Stacheln fuhr es durch Christens Herz, dass seine Kinder allein bei dem wütenden Weibe seien. Aber sein Fuß stund nicht stille, strebte dem heiligen Ziele zu.

Schon war er unten am Kirchstalden, hatte die Kapelle im Auge, da glühte es plötzlich vor ihm mitten im Wege. Es regte sich im Busche. Im Wege saß die Spinne, im Busche

345

wankte rot ein Federbusch, und hoch hob sich die Spinne wie zum Sprunge. Da rief Christen mit lauter Stimme zum dreieinigen Gott, und aus dem Busche tönte ein wilder Schrei, es schwand die rote Feder, in des Bübchens Arme legte er das Kind und griff, dem Herren seinen Geist empfehlend, mit starker Hand die Spinne, die, wie gebannt durch die heiligen Worte, sitzen blieb. Glut strömte durch sein Gebein, aber er hielt fest. Der Weg war frei, und das Bübchen, verständigen Sinnes, eilte dem Priester zu mit dem Kinde. Christen aber, Feuer in der starken Hand, eilte geflügelten Laufes seinem Hause zu. Schrecklich war der Brand in seiner Hand, der Spinne Gift drang durch alle Glieder. Zu Glut ward sein Blut. Die Kraft wollte erstarren, der Atem stocken, aber er betete fort und fort, hielt Gott fest vor Augen, hielt aus in der Hölle Glut. Schon sah er sein Haus, mit dem Schmerz wuchs sein Hoffen, unter der Türe war das Weib. Als dasselbe ihn kommen sah ohne Kind, stürzte es sich ihm entgegen einer Tigerin gleich, der man die Jungen geraubt, es glaubte an den schändlichsten Verrat. Es achtete seines Winkens nicht, hörte nicht die Worte aus seiner keuchenden Brust, stürzte in seine vorgestreckten Hände, klammerte an sie sich an, in Todesangst musste er die Wütende schleppen zum Haus hinein, musste frei die Arme kämpfen, ehe es ihm gelang, ins alte Loch die Spinne zu drängen, mit sterbenden Händen den Zapfen zuschlagen. Er vermochte es mit Gottes Hilfe. Den sterbenden Blick warf er auf die Kinder, hold lächelten sie im Schlafe. Da ward es ihm leicht, eine höhere Hand schien seine Glut zu löschen, und laut betend schloss er zum Tod seine Augen.

Und Frieden und Freude fanden die auf seinem Gesicht, die vorsichtig und angstvoll kamen zu schauen, wo das Weib geblieben. Erstaunt sahen sie das Loch verschlagen, aber das Weib fanden sie versengt und verzerrt im Tode liegen; an Christens Hand hatte sie den feurigen Tod geholt. Noch standen sie und wussten nicht, was geschehen war, als mit dem Kinde das Bübchen wiederkehrte, vom Priester begleitet, der das Kind schnell getauft nach damaliger Sitte und wohlgerüstet und mutvoll dem gleichen Kampfe entgegengehen wollte, in dem sein Vorgänger siegreich das Leben gelassen. Aber ein solch Opfer forderte Gott nicht von ihm, den Kampf hatte schon ein anderer bestanden.

Lange fassten die Leute nicht, welch große Tat Christen vollbracht. Als ihnen endlich Glaube und Erkenntnis kamen, da beteten sie freudig mit dem Priester, dankten Gott für das neu geschenkte Leben und für die Kraft, die er Christen gegeben. Diesem aber baten sie im Tode noch ihr Unrecht ab und beschlossen, mit hohen Ehren ihn zu begraben, und sein Andenken stellte sich glorreich wie das eines Heiligen in aller Seelen.

Sie wussten nicht, wie ihnen war, als der Schreck, der fort und fort durch ihre Glieder zitterte, auf einmal geschwunden war und sie mit Freuden wieder in den blauen Himmel hinaufsehen konnten, ohne Angst, die Spinne krieche unterdessen auf ihre Füße. Sie beschlossen viele Messen und den allgemeinen Bußgang; vor allem wollten sie die beiden Leichen bestatten, Christen und seine Drängerin, dann sollten auch die anderen eine Stätte finden, so weit es möglich war.

Es war ein feierlicher Tag, als das ganze Tal zur Kirche wanderte, und auch in manchem Herzen war es feierlich, manche Sünde ward erkannt, manch Gelübde ward getan, und von dem Tage an wurde viel übertriebenes Wesen auf den Gesichtern und in den Kleidern nicht mehr gesehen.

Als in der Kirche und auf dem Kirchhofe viele Tränen geflossen, viele Gebete geschehen waren, gingen alle aus der ganzen Talschaft, welche zum Begräbnis gekommen war – und gekommen waren alle, die ihrer Glieder mächtig waren –, zum üblichen Imbiss ins Wirtshaus. Da geschah es nun, dass wie üblich Weiber und Kinder an einem eigenen Tische saßen, die sämtliche erwachsene Mannschaft aber Platz hatte an dem berühmten Scheibentische, der jetzt noch im „Bären" zu Sumiswald zu sehen ist. Er ward aufbewahret zum Andenken, dass einst nur noch zwei Dutzend Männer waren, wo jetzt an zweitausende wohnen, zum Andenken, dass auch das Leben der Zweitausend in der Hand dessen stehe, der die zwei Dutzend gerettet. Damals säumte man nicht lange beim Begräbnismahl; es waren die Herzen zu voll, als dass viel Speise und Trank Platz gehabt hätten. Als sie aus dem Dorfe hervor auf die freie Höhe kamen, sahen sie eine Röte am Himmel, und als sie heimkamen, fanden sie das neue Haus niedergebrannt bis auf den Boden; wie es zugegangen, erfuhr man nie.

Aber was Christen an ihnen getan, vergaßen die Leute nicht, an seinen Kindern vergalten sie es. Fromm und wacker erzogen sie dieselben in den frömmsten Häusern; an ihrem Gute vergriff sich keine Hand, obgleich keine Rechnung zu sehen war. Es wurde gemehret und wohl besorgt, und als die Kinder aufgewachsen waren, so waren sie nicht nur nicht um ihr Gut betrogen, sondern noch viel weniger um ihre Seelen. Es wurden rechtschaffene, gottesfürchtige Menschen, die Gnade bei Gott hatten und Wohlgefallen bei den Menschen, die Segen im Leben fanden und im Himmel noch mehr. Und so blieb es in der Familie, und man fürchtete die Spinne nicht, denn man fürchtete Gott, und wie es gewesen war, so soll es, so Gott will, auch bleiben, solange hier ein Haus steht, solange Kinder den Eltern folgen in Wegen und Gedanken."

Hier schwieg der Großvater, und lange schwiegen alle, und die einen sannen dem Gehörten nach, und die anderen meinten, er schöpfe Atem und fahre dann weiters fort.

Endlich sagte der ältere Götti: „An dem Scheibentisch bin ich manchmal gesessen und habe von dem Sterben gehört, und dass nach demselben sämtliche Mannschaft in der Gemeinde daran Platz gehabt. Aber wie punktum alles zugegangen, das konnte mir niemand sagen. Aber sage mir, wo hast du denn alles das vernommen?"

„He", sagte der Großvater, „das erbte sich bei uns vom Vater auf den Sohn, und als das Andenken davon bei den anderen Leuten im Tale sich verlor, hielt man es in der Familie sehr heimlich und scheute sich, etwas davon unter die Menschen zu lassen. Nur in der Familie redete man davon, damit kein Glied derselben vergesse, was ein Haus bauet und ein Haus zerstört, was Segen bringt und Segen vertreibt."

„Aber, Vettermann", sagte der Götti, „fragen muss ich dich doch noch: War denn das Haus, welches du vor sieben Jahren einrissest, das uralte? Ich kann das fast nicht glauben."

„Nein", sagte der Großvater. „Das uralte Haus war gar baufällig geworden schon vor fast dreihundert Jahren, und der Segen Gottes in Feldern und Matten hatte schon lange nicht mehr Platz darin. Und doch wollte es die Familie nicht verlassen, und ein neues bauen durfte sie nicht, sie hatte

349

nicht vergessen, wie es dem früheren ergangen. So kam sie in große Verlegenheit und fragte endlich einen weisen Mann, der zu Haslebach gewohnt haben soll, um Rat. Der soll geantwortet haben: Ein neues Haus könnten sie wohl bauen, an die Stelle des alten und nicht anderswo, aber zwei Dinge müssten sie wohl bewahren, das alte Holz, worin die Spinne sei, den alten Sinn, der ins alte Holz die Spinne geschlossen, dann werde der alte Segen auch im neuen Hause sein.

Sie bauten das neue Haus und ihm ein mit Gebet und Sorgfalt das alte Holz, und die Spinne rührte sich nicht, Sinn und Segen änderten sich nicht.

Aber auch das neue Haus ward wiederum alt und klein, wurmstichig und faul sein Holz, nur der Pfosten hier blieb fest und eisenhart. Mein Vater hätte schon bauen sollen, er konnte es erwehren, es kam an mich. Nach langem Zögern wagte ich es. Ich tat wie die Frühern, fügte das alte Holz dem neuen Haus bei, und die Spinne regte sich nicht. Aber gestehen will ich es: Mein Lebtag betete ich nie so inbrünstig wie damals, als ich das verhängnisvolle Holz in Händen hatte; die Hand, der ganze Leib brannte mich, unwillkürlich musste ich sehen, ob mir nicht schwarze Flecken wüchsen an Hand und Leib, und ein Berg fiel mir von der Seele, als endlich alles an seinem Orte stund. Da ward meine Überzeugung noch fester, dass weder ich noch meine Kindeskinder etwas von der Spinne zu fürchten hätten, solange wir uns fürchten vor Gott."

Da schwieg der Großvater, und noch war der Schauer nicht verflogen, der ihnen den Rücken heraufgekrochen, als sie hörten, der Großvater hätte das Holz in Händen gehabt, und sie dachten, wie es ihnen wäre, wenn sie es auch darein nehmen müssten.

Endlich sagte der Vetter: „Es ist nur schade, dass man nicht weiß, was an solchen Dingen wahr ist. Alles kann man kaum glauben, und etwas muss doch an der Sache sein, sonst wäre das alte Holz nicht da."

Sei jetzt daran wahr, was da wolle, so könne man viel daraus lernen, sagte der jüngere Götti, und dazu hätten sie noch kurze Zeit gehabt, es dünke ihn, er sei erst aus der Kirche gekommen.

Sie sollten nicht zu viel sagen, sagte die Großmutter, sonst fange ihr Alter ihnen eine neue Geschichte an, sie sollten jetzt auch einmal essen und trinken, es sei ja eine Schande, wie niemand esse und trinke. Es solle doch nicht alles schlecht sein. Sie hätten angewendet, so gut sie es verstanden.

Nun ward viel gegessen, viel getrunken und zwischendurch gewechselt manche verständige Rede, bis groß und golden am Himmel der Mond stund, die Sterne aus ihren Kammern traten, zu mahnen die Menschen, dass es Zeit sei, schlafen zu gehen in ihre Kämmerlein.

Die Menschen sahen die geheimnisvollen Mahner wohl, aber sie saßen da so heimelig, und jedem klopfte es unheimlich unterm Brusttuch, wenn er ans Heimgehen dachte, und wenn es schon keiner sagte, so wollte doch keiner der Erste sein.

Endlich stund die Gotte auf und schickte mit zitterndem Herzen zum Weggehen sich an, doch es fehlte ihr an sichern Begleitern nicht, und miteinander verließ die ganze Gesellschaft das gastliche Haus mit vielem Dank und guten Wünschen, allen Bitten an einzelne, an die Gesamtheit, doch noch länger zu bleiben, es werde ja nicht finster, zum Trotz.

Bald war es still ums Haus, bald auch still in demselben. Friedlich lag es da. Rein und schön glänzte es in des Mondes

Schein das Tal entlang, sorglich und freundlich barg es brave Leute in süßem Schlummer, wie die schlummern, welche Gottesfurcht und ein gutes Gewissen im Busen tragen, welche nie die schwarze Spinne, sondern nur die freundliche Sonne aus dem Schlummer wecken wird. Denn wo solcher Sinn wohnet, darf sich die Spinne nicht regen, weder bei Tage noch bei Nacht. Was ihr aber für eine Macht wird, wenn der Sinn sich ändert, das weiß der, der alles weiß und jedem seine Kraft zuteilt, den Spinnen wie den Menschen.

(gekürzt)

Ernst Theodor Amadeus Hoffmann

Die wundersame Geschichte von den zerbrochenen Eiern

Früh morgens, am Tage Marzii des Evangelisten, im Jahr des Herrn 1484, befand sich viel Landvolk auf dem Wege von Fürth nach Nürnberg und trug den Nürnbergern zu, was sie nun eben an schönen Produkten des Landes zu ihrer Leibesnahrung und Notdurft vonnöten. Unter dem Landvolk schritt aber ein gar stattliches Bauernweib in Sonntagskleidern daher, die auf jeden Gruß „Gelobt sei Jesus Christus!" demütiglich das Haupt verneigend „In Ewigkeit!" antwortete und überhaupt, wenn die Leute auch was Ausländisches an ihr bemerken wollten, doch ein frommes, ehrliches Ding schien.

Das Weib trug einen Korb mit schönen Hühnereiern, und jedem, welcher verwundert rief: „Ei, Nachbarin, was sind das für schöne glänzende Eier", erwiderte sie gar freundlich, indem ihr die kleinen grauen Äuglein blitzten: „Ei, meine Henne darf keine schlechtern legen für die ehrsame Frau Bürgermeisterin, der ich diese in die Küche trage."

Das Weib ging auch wirklich mit ihrer Ware geradesweges in das Haus des Bürgermeisters. Sowie sie eingetreten, tat sie gehorsam und demütiglich, was ihr der Vers an der Wand gebot:

Wer treten will die Steigen herein,
Dem sollen die Schuhe fein sauber sein.

353

Dann wurde sie von Frau Marta, der Haushälterin, zu der ehrsamen Frau Bürgermeisterin geleitet, die sich in ihrer Prangküchen befand. Da sah es denn nun so prächtig und blank aus, dass es eine wahre Augenverblendnis war. Schöne metallene Gefäße, manchmal von solcher Sauberkeit, als ob sie Peter Vischer selbst gearbeitet hätte, standen umher. Der Fußboden war getäfelt und gebohnt; was unsre edle Tischler- und Drechslerzunft wohl an zierlichen und saubern Sachen zu liefern vermag, davon war ringsumher was zu finden. Die Frau Bürgermeisterin saß aber in einem prächtigen Lehnstuhl von Nussbaum, mit Ebenholz ausgelegt und grünen Samtkissen mit goldenen Troddeln, der nicht weniger als fünf Fuß in die Breite hielt. So breit musste er aber sein, weil das Maß nach dem Gesäß der Frau Bürgermeisterin genommen.

Das Weib reichte den Korb mit Eiern der Frau Bürgermeisterin demutsvoll hin, indem sie hoch beteuerte, dass Sprut, ihre beste Henne, sich alle Mühe gegeben, die Eier so schön wie möglich für die Frau Bürgermeisterin zu legen.

Die Frau Bürgermeisterin nahm dem Weibe mit gar freundlicher Miene das Körblein aus der Hand und übergab es ihrer Haushälterin, der Frau Marta.

Als aber nun das Bauerweib die Eier bezahlt verlangte, gerieten die Frau Bürgermeisterin und Frau Marta, die den Korb mit Eiern für eine angenehme Verehrung gehalten hatten, in großen Zorn, und das arme Bauernweib hatte Mühe, die Hälfte des niedrigsten Preises für ihre Ware zu erhalten.

Frau Marta hatte indessen die Eier aus dem Korbe gezählt und für die zerbrechliche Ware keinen schicklicheren Platz gefunden als das grünsamtene Kissen im Lehnstuhl der Frau Bürgermeisterin, den sie eben verlassen.

Nach Paracelsi Rat hatte die Frau Bürgermeisterin soeben, um die heftige Gemütsbewegung ein wenig zu besänftigen, ein paar Gläschen Aquavit genommen und wollte nun aufs Neue der Ruhe pflegen. Als sie sich aber sänftiglich in den Lehnstuhl drückte, tat das den Eiern, die auf dem Polster lagen, nicht gut, sondern sie zerbrachen Stück für Stück, und kein einziges blieb ganz.

Die Frau Bürgermeisterin sprach unmutig: „Warum habe ich diese schönen Eier zerbrochen?" Da meinte aber die schelmische Magd, dass die Eier zwischen solchen Polstern unversehrt hätten liegen können, bis zu unserer fröhlichen Urständ. Aber die Bauersfrau aus Fürth sei eine böse Hexe, die den Leuten Eier von schönem Ansehen verkaufe, welche nachher zerbrochen wären.

Die Frau Bürgermeisterin unterließ nicht, den Vorfall ihrem ehrenfesten Herrn Gemahl, dem Bürgermeister, anzuzeigen. Der hochweise Rat, bestürzt, in dem Weichbilde der guten frommen Stadt eine Hexe zu wissen, ließ die arme Bauersfrau aufgreifen, nach Nürnberg bringen, wo sie alles von der Frau Bürgermeisterin erhaltene Geld von Heller zu Pfennig zurückzahlen musste und dann von den Bütteln zum Tore und über die Grenzen geschleppt wurde. Von allem Weibsvolk wurde sie verhöhnt, und man rief ihr nach:

„Seht, das ist die Hexe aus Fürth, die die Eierkörbe verkauft, in die sich nachher der Satan setzt und die Eier zerquetscht mit seinem höllischen ..."

Jenseits des Grenzzeichens blieb das Weib, von den Bütteln verlassen, auf einer Anhöhe stille stehen, und es war graulich anzusehen, wie sie hoch und dünn hinaufschoss, bald einer Hopfenstange gleichend, und mit den dürren Armen herumfocht, die sie endlich über Nürnberg fest aus-

streckte, und mit einer Stimme, die so kreischend und miss-
tönend war, dass man wohl den Satan selbst darin erkannte,
laut in die Lüfte rief:

Pfui, arg dick Weib,
Pfui, du Balg schalks Magd,
habt mich verjagt,
Eidex euch in den Leib!
Pfui Nürnbergsch Jung Volk,
Traun Trat,
Mennchin Krat
Heisa Mutter Zedxs vollendet hat.
Passt nur auf,
jetzt werden die Eier
in dem lieben Nürnberg
erst recht teuer.

Der Satan unterließ nicht, seiner Dienerin kräftig beizuste-
hen, und in alle Weiber Nürnbergs fuhr das unwiderstehliche
Gelüste, sich in Eierkörbe zu setzen und die darin befindliche
Ware zu zerbrechen, sodass einer, dem es nach einem guten
Eierschmalz gelüstete, dies wohl mit Golde hätte aufwiegen
mögen.

Dass aber, sagt der weise Chroniker, man hätte einen
ganzen Eimer Wein für ein Ei tauschen können, ist nur wie
ein Sprichwort anzusehen, das auf wundersame Weise entstanden.

Ein würdiger Herr Patrizier der Stadt wollte dem satani-
schen Unwesen mit dem Zerdrücken der Eier ein Ende ma-

chen und ließ daher unter lustigem Trompetenschall und Trommelschlag öffentlich bekannt machen, dass diejenige Frau, welche ihm Eier brächte, für jedes desselben, das unversehrt in seine Hände käme, einen Eimer guten Wein erhalten solle.

Unter vielen Weibern, denen der Versuch, ihrem Gelüst zu widerstehen, noch zuletzt schmählich missglückt war, meldete sich endlich die Frau seines Meiers, ein frommes, züchtiges Weib, das freilich an jenem Tage auch die vermeintliche Hexe sehr verfolgt und verhöhnt hatte, und überreichte dem Herrn ein Körbchen der wohl erhaltensten Eier.

„Mich wundert", sprach der edle Herr sehr freundlich, „dass Ihr nicht längst gekommen seid, liebe Frau, denn Ihr seid so fromm und gut, dass Ihr von Verhexungen und bösen Lüsten nichts wisst. Der Wein ist so gut wie Euer."

Hiermit wollte der edle Herr den Korb fassen, den riss ihm aber das Weib mit dem größten Ungestüm aus der Hand und setzte sich hinein mit dem größten Wohlgefallen, sodass alle Eier zerquetscht wurden.

Das arme Weib war vor Scham ganz außer sich und weinte sehr.

„Ei", sprach der Herr mit beschwichtigendem Ton, „ei, Frau Margareta, gebt Euch doch zufrieden, es kommt ja noch auf einen Versuch an, vielleicht widersteht Ihr dem Bösen."

Frau Margareta ließ sich das nicht zweimal sagen, sondern war acht Tage darauf mit dem letzten Schock Eier da, das der Hühnerhof nachgeliefert. Sie hatte viel festen und frommen Willen gefasst; doch sowie sie mit den Eiern in dem Zimmer des gnädigen Herrn stand, ging alles mit ihr um die Runde. Sie sah schon mit lüsterner Begier den Korb an, mit dem Gedanken, wie anmutig es sich in den Eiern sitzen würde, und war zu ihrer nicht geringen Betrübnis überzeugt, dass ihr heute der Versuch noch viel weniger gelingen würde als das erste Mal.

Es begab sich aber, dass in dem Augenblick des Nachbars Weib, das mit der Frau Margareta in beständigem Zank und Streit lebte, ebenfalls mit einem Korb hineintrat, um denselben Versuch zu machen.

Da wurde aber Frau Margareta ganz wütend von dem Gedanken, dass sie vor ihrer ärgsten Feindin mit Schmach und Schande bestehen solle, und ihre Augen leuchteten wie lichterlohe Flammen. Der anderen Antlitz glich auch einem glimmenden Kohlentopf, und es kam noch hinzu, dass beide die gespreizten Hände gegeneinander ausstreckten, so waren sie wohl gereizten wilden Tieren ähnlich, die sich anfallen wollen.

Der edle Herr trat hinein.

Beide stürzten auf ihn zu und reichten ihm ihre Körbe dar. Doch sowie er sie fasste, riss Frau Margareta den ihrigen ihm schnell aus der Hand und duckte nieder. Mit gar heftigem wilden Ungestüm hatte die Nachbarsfrau auch dem Herrn Ritter ihren Korb aus der Hand gerissen und setzte sich jetzt mit dem größten Wohlbehagen hinein.

In dem Gelächter, das das Weib jetzt anstimmte, fügte der leidige Gottseibeiuns seine obligate Stimme darein und jubilierte über seine höllischen Eierkuchen.

Frau Margareta hatte sich aber sanft von der Erde erhoben und überreichte dem Herrn Ritter freundlich das Körbchen mit sechzig Stück wohl erhaltenen Eiern. Sie hatte glücklich ihr Gelüst überwunden und die Nachbarin getäuscht, und so mag es wohl sein, dass Weibergroll stärker ist als alle Hexenkunst.

Der edle Herr Ritter zahlte richtig für jedes der sechzig Eier einen Eimer Wein, und so kam es, dass es hieß: „Zu der Zeit habe man für ein einziges Ei einen ganzen Eimer Wein hingegeben."

Edgar Allan Poe

Im Felsengebirge

Gegen Ende des Jahres 1827 wohnte ich in der Nähe von Charlottesville in Virginia und lernte dort zufällig einen gewissen Mr Augustus Bedloe kennen. Er war ein in jeder Hinsicht recht merkwürdiger junger Mann, der meine Neugier und mein Interesse aufs Höchste reizte. Seine äußere Erscheinung und sein ganzes Wesen erschienen mir seltsam. Weder gelang es mir, bestimmte Angaben über seine Familie zu bekommen, noch konnte ich in Erfahrung bringen, woher er stammte. Sogar sein Alter machte mir Kopfzerbrechen, obwohl ich ihn eben einen jungen Mann genannt habe. Er schien wirklich noch jung zu sein und berief sich auch oft auf seine Jugend. Trotzdem aber gab es Momente, in denen ich ihn ebenso gut für einen Hundertjährigen hätte halten können.

Das Sonderbarste aber an ihm war jedoch sein Aussehen. Er war ungewöhnlich groß und hager und ging sehr nach vorn gebeugt. Seine Arme und Beine waren auffallend lang und dürr, seine Stirn breit und niedrig, seine Gesichtsfarbe fahl.

Sein großer Mund war weichlich, seine Zähne waren zwar gesund, doch so unregelmäßig, wie ich es nie zuvor bei einem Menschen gesehen habe. Dennoch hatte sein Lächeln durchaus nichts Abstoßendes an sich, wie man vielleicht hätte glauben können, es war nur immer völlig gleich im Aus-

361

druck: tief melancholisch, von einer unendlichen Düsterkeit überschattet. Seine Augen waren ungeheuer groß und rund wie die einer Katze, und auch die Pupillen verengten oder erweiterten sich, je nachdem ob das Licht heller oder dunkler wurde, ganz so, wie es das Auge der Katze tut. Wenn er besonders erregt war, leuchteten seine Augen in einem sonderbaren Glanz, ja es schien geradezu ein Licht von ihnen auszugehen – nicht irgendeine Spiegelung, sondern ein ureigenes, aus dem Innern kommendes Licht, wie es die Sonne ausstrahlt oder eine brennende Kerze. Meistens aber blickten seine Augen so leblos, trüb und stumpf, dass sie an die Augen eines Leichnams erinnerten, der schon lange begraben ist.

Dieses sonderbare Aussehen schien Mr Bedloe großen Kummer zu bereiten, und er spielte unentwegt, halb erklärend, halb entschuldigend, darauf an, was mir, als ich es zum ersten Mal hörte, sehr peinlich war. Bald aber gewöhnte ich mich daran und konnte ihm ohne Unbehagen zuhören. Anscheinend wollte er durch seine häufigen Bemerkungen nur andeuten, dass er nicht immer so ausgesehen habe wie jetzt – dass eine ganze Reihe von Nervenanfällen sein einstiges gewinnendes Äußeres zerstört und ihn zu dem gemacht hätte, den ich nun vor mir sähe.

Seit vielen Jahren reiste er stets in der Begleitung seines Arztes, eines gewissen Mr Templeton, der nahezu siebzig Jahre alt war. Er hatte ihn seinerzeit in Saratoga kennen gelernt und ihn dort konsultiert und war mit seiner Behandlung so zufrieden gewesen, dass er mit Doktor Templeton ein Übereinkommen getroffen hatte, demzufolge der Arzt gegen ein beträchtliches Jahreshonorar – Bedloe war sehr wohlhabend – seine Zeit und Erfahrung auf dem Gebiet der Medizin ausschließlich diesem Kranken widmete.

Doktor Templeton war in seiner Jugend viel gereist, war in Paris ein Anhänger des Mesmerismus geworden und hatte sich ungemein für diesen interessiert. Es war ihm fast allein mithilfe magnetischer Kuren gelungen, die heftigen Schmerzen seines Patienten zu lindern, und dieser Erfolg hatte begreiflicherweise in Mr Bedloe das Vertrauen zu dieser Art der Behandlung geweckt. Natürlich hatte der Arzt, wie alle Enthusiasten, seinen ganzen Einfluss aufgeboten, um seinen Pflegebefohlenen wirklich vollkommen zu dieser Lehre zu bekehren, und tatsächlich gelang es ihm, den Leidenden dahin zu bringen, dass er sich willig zu allerlei Experimenten hergab.

Bei häufigerer Wiederholung dieser Versuche wurde ein Resultat erzielt, das heutzutage etwas so Alltägliches ist, dass man ihm wenig oder gar keine Beachtung mehr schenkt, das aber zu jener Zelt, in der meine Geschichte spielt, in Amerika noch völlig unbekannt war. Es entstand nämlich zwischen Doktor Templeton und Mr Bedloe allmählich eine klar zutage tretende starke Beziehung, eine immer deutlicher wahrnehmbare magnetische Verbindung. Ich kann jedoch nicht mit Bestimmtheit behaupten, ob der Einfluss, den der Arzt über seinen Patienten gewann, auch über die Grenzen des magnetischen Schlafes hinausging. Was jedoch diese Art der Einschläferung betrifft, so erzielte Doktor Templeton hierbei die schönsten Erfolge, obwohl der erste Versuch des Magnetiseurs gänzlich fehlgeschlagen war. Auch beim fünften oder sechsten Mal gelang ihm die Einschläferung trotz größter Anstrengung nur teilweise, und erst beim zwölften Versuch war der Triumph vollkommen.

363

Danach fügte der Wille des Patienten sich völlig dem des Arztes, und als ich die beiden kennen lernte, war die Macht

Doktor Templetons schon so weit gediehen, dass er den Kranken, selbst wenn dieser von seiner Gegenwart keine Ahnung hatte, lediglich durch Willensübertragung in wenigen Augenblicken in Schlaf versetzen konnte.

Erst jetzt, da wir das Jahr 1845 schreiben und sich täglich vor tausenden von Augenzeugen ähnliche Wunder vollziehen, finde ich den Mut, dieses ganz unmöglich erscheinende Experiment als wirkliche Tatsache hinzustellen.

Bedloes Gemüt war im höchsten Grade sensitiv, erregbar und begeisterungsfähig – er hatte eine überaus rege, lebhafte Fantasie – und seine Reizbarkeit wurde vermutlich durch den regelmäßigen Genuss von Morphium noch gesteigert. Er nahm es in großen Mengen zu sich und erklärte, ohne dies Gift nicht mehr leben zu können. So nahm er jeden Morgen unmittelbar nach dem Frühstück eine sehr starke Dosis, oder besser gesagt, nachdem er eine Tasse starken Kaffee getrunken hatte; denn er pflegte am Vormittag nichts zu essen. Dann unternahm er, zumeist allein oder nur in Begleitung eines Hundes, lange Wanderungen quer durch die wildromantische, öde Hügelkette, die sich westlich und südlich von Charlottesville hinzieht und den Namen „Felsengebirge" trägt.

An einem warmen, doch trüben und nebligen Tag gegen Ende November, in der eigentümlichen Übergangszeit, die man in Amerika „Indianischer Sommer" nennt, wanderte Mr Bedloe eines Morgens wie gewöhnlich in die Berge. Der Tag verging, aber er kam nicht zurück.

Um acht Uhr abends, als unsere Besorgnis seines langen Ausbleibens wegen den Höhepunkt erreicht hatte und wir uns eben aufmachen wollten, ihn zu suchen, erschien er plötzlich, nicht kränker als sonst, ja sogar eher in etwas gehobener Stimmung.

Sein Bericht über seine Wanderung und die Ereignisse, die ihn so lange aufgehalten hatten, klang allerdings mehr als sonderbar.

„Sie erinnern sich", hob er an, „dass ich Charlottesville heute früh um neun Uhr verlassen habe. Ich schlug gleich den Weg ins Gebirge ein und gelangte gegen zehn Uhr in eine Schlucht, in der ich noch nie gewesen war. Ich folgte mit größtem Interesse den Windungen dieses Engpasses. Die Szenerie zu beiden Seiten war zwar durchaus großartig, hatte aber für meine Begriffe etwas so unbeschreiblich Schönes, Trostloses und Düsteres, dass ich ganz entzückt davon war. Ich hatte die Empfindung, dass vor mir noch nie ein menschlicher Fuß den grünen Rasen und die kahlen Felsen betreten hatte. Der Eingang zu der Schlucht ist so verborgen, ja, fast unerreichbar, dass man höchstens durch eine Reihe von Zufällen hineingelangen kann, und es ist daher durchaus nicht ausgeschlossen, dass ich der erste und einzige Mensch bin, der je ihre Einsamkeit gestört hat.

Der dichte, eigentümliche Nebel oder Dunst, der den ‚Indianischen Sommer' kennzeichnet und der in dicken Schwaden auf der ganzen Gegend lastete, trug noch dazu bei, den unbestimmten, düsteren Eindruck zu vertiefen, den diese Schlucht hervorrief. Der Nebel war die ganze Zeit über so dicht, dass ich höchstens zwölf Ellen weit sah. Der Pfad, auf dem ich dahinschritt, war vielfach gewunden, und da die Sonne nicht zu sehen war, hatte ich keine Ahnung, in welcher Richtung ich mich fortbewegte. Mittlerweile machte sich auch die Wirkung des Morphiums in gewohnter Weise bemerkbar. Das heißt, ich empfand plötzlich ein ins Unfassbare gesteigertes Interesse für alle Dinge der äußeren Welt. Das Zittern eines Blattes, die Schattierungen eines Grashalmes, die Form eines Kleeblattes, das Summen der Biene, das Glänzen eines Tautropfens, das Säuseln des Windes, die süßen Düfte, die vom Walde herüberwehten – alles löste eine ganze Welt von Ahnungen und Eingebungen in mir aus, eine wilde, bunte Schar zusammenhängender, verworrener Gedanken.

So schritt ich denn, mit mir selbst vollauf beschäftigt, stundenlang dahin, indes der Nebel um mich immer dichter wurde, sodass ich mich schließlich nur mehr tastend vorwärts bewegen konnte. Da bemächtigte sich meiner plötzlich ein unbeschreibliches Unbehagen, ein angstvolles Zittern. Ich wagte kaum noch, einen Schritt vorwärts zu tun, aus Furcht, ich könnte in einen Abgrund stürzen. Ich entsann mich auf einmal allerlei unheimlicher Geschichten, die man sich von dem Felsengebirge und einem rohen, wilden Volksstamm erzählt, der in den Wäldern und Höhlen sein Unwesen treibe. Tausend verschwommene, wirre Vorstellungen jagten durch mein Gehirn und beunruhigten mich, Vorstellungen, die gerade durch ihre Undeutlichkeit besonders quälend waren. Plötzlich wurde ich aus meinen wirren Gedanken durch einen lauten Trommelschlag herausgerissen.

Meine Bestürzung war unbeschreiblich. Hier, mitten in den Bergen, eine Trommel! Der Posaunenstoß eines Erzengels hätte mich nicht mehr überraschen können. Mein Schreck und meine Verwirrung sollten sich aber noch steigern. Plötzlich ertönte nämlich ein wildes, rasselndes oder klirrendes Geräusch wie von einem großen Schlüsselbund, und im selben Augenblick stürzte ein dunkelhäutiger, halb nackter Mensch mit einem gellenden Schrei an mir vorbei. Er

schoss so nahe an mir vorüber, dass ich seinen heißen Atem im Gesicht verspürte, und hielt in der einen Hand ein Gerät, das aus vielen Stahlringen bestand und das er mitten im Lauf wild über seinem Haupte schwang. Kaum war er im Nebel verschwunden, da stürmte keuchend, mit offenem Maul und glühenden Augen, ein riesiges Tier hinter ihm her. Ich konnte mich unmöglich täuschen: Es war eine Hyäne!

Durch den Anblick des Tieres wurde mein Schrecken eher gemildert als gesteigert; denn ich war nun überzeugt, dass ich träumte. Ich bemühte mich also, den Traumzustand abzuschütteln. Ich machte ein paar kühne, energische Schritte. Ich rieb mir die Augen. Rief laut in den Nebel hinein. Ich zwickte mich, und als ich bald nachher an eine kleine Quelle kam, beugte ich mich nieder und ließ mir das Wasser über die Hände, den Kopf und den Nacken rieseln. Das schien die quälenden Eindrücke, die mich gepeinigt hatten, zu zerstreuen. Ich fühlte mich wie neu geboren und schritt rüstig und wohlgemut auf dem mir unbekannten Pfad weiter.

Nach einer Weile ließ ich mich, erschöpft von der anstrengenden Wanderung und der Schwüle, die rings um mich brütete, unter einem Baum nieder. Da schimmerte plötzlich ein matter Sonnenstrahl durchs Gewölk und zeichnete zart, aber deutlich den Schatten der Baumblätter vor mir auf den Rasen. Ich starrte minutenlang in höchstem Staunen auf diesen Schatten, dessen Konturen mich wahrhaftig verblüfften. Dann blickte ich zur Krone des Baumes empor: Es war eine Palme!

Da sprang ich hastig und erregt auf, denn diesmal wusste ich genau, dass ich nicht träumte. Ich sah und ich fühlte, dass ich vollkommen Herr meiner Sinne war. Nun aber überflutete meine Seele eine ganze Welt neuer und unfassbarer Eindrücke. Die Hitze wurde plötzlich unerträglich. Seltsame Düfte durchzogen die Luft. Ein leises, unentwegtes Murmeln wie von einem sanft dahinrauschenden Fluss drang an mein Ohr und schien sich mit dem Stimmengewirr einer riesigen Menschenmenge zu vermischen.

Während ich in grenzenlosem Erstaunen, das wohl keiner näheren Beschreibung bedarf, lauschte, trug ein kurzer, heftiger Windstoß die Nebelschwaden wie durch Zaubergewalt hinweg.

Ich befand mich am Fuß eines hohen Berges und sah in eine weite Ebene hinab, durch die sich ein majestätischer Strom wand. Am Ufer dieses Flusses lag eine Stadt von morgenländischem Aussehen. Da die Stadt tief unter mir lag, konnte ich jeden Winkel und jede Ecke so genau überblicken, als hätte ich eine Landkarte vor mir. Unzählige Straßen liefen kreuz und quer in alle Richtungen, glichen aber eher gewundenen Alleen als gewöhnlichen Straßen. Tausende von Menschen bevölkerten sie. Die Häuser hatten einen eigenartig malerischen Reiz. Überall gab es eine Fülle von Balkonen, Veranden, Minaretts, Nischen und wunderlich geschnitzten Erkern. In unzähligen Basaren wurden in reicher Auswahl die prächtigsten Waren feilgeboten, Seidenstoffe, Musseline, wundervolle Stücke der Messerschmiedekunst und die kostbarsten Juwelen und Edelsteine. Sänften, in denen vornehme, dicht verschleierte Frauen saßen, wurden vorübergetragen, und Elefanten mit reich verzierten Decken schritten würdevoll einher.

Viele hundert Treppenstufen führten von den übervollen Straßen zum Flussufer und zu den Badeplätzen hinab, während der Fluss selbst sich nur mit größter Mühe zwischen den unzähligen schwer beladenen Schiffen hindurchzuwinden schien, die, so weit nur das Auge reichte, seine Oberfläche bedeckten. Außerhalb der Stadt dehnten sich unermessliche Palmenhaine, und da und dort standen einzelne Gruppen anderer riesiger, uralter Bäume von zauberhaftem Aussehen. Auch Reisfelder sah ich und ganz verstreut die strohgedeckten Hütten der Landleute, hier einen Teich und dort ein Gebetshaus oder die anmutig dahinschreitende Gestalt eines Mädchens, das mit einem Krug auf dem Kopf, zum Ufer des majestätischen Stromes hinabging, um Wasser zu schöpfen.

Zweifellos werden Sie nun behaupten, dass ich das alles nur träumte. Doch Sie irren. Alles, was ich sah, was ich hörte, was ich empfand, was ich dachte, hatte nichts von den Verwirrungen des Traumes an sich. Es war alles tatsächlich vorhanden. Anfangs war ich mir selbst nicht ganz klar, ob ich nicht träumte. Die Proben aber, die ich in dieser Hinsicht anstellte, lieferten mir den deutlichen Beweis, dass ich tatsächlich wachte. Wenn jemand träumt und im Traum vermutet, dass er nur träume, wird dieser Argwohn sich alsbald bestätigen und der Schläfer fast unmittelbar danach erwachen. Wäre mir die geschilderte Vision erschienen, ohne dass ich den Argwohn gehabt hätte, es sei nur ein Traum, dann wäre es immerhin möglich gewesen, dass sie nichts als ein Traum war. Da ich selbst aber glaubte, es sei nur ein Traum, und mich selber auf die Probe stellte, so muss ich sie einer anderen Art von Erscheinungen einreihen."

„Ich bin nicht überzeugt, ob Sie sich nicht doch irren", warf Doktor Templeton ein. „Doch fahren Sie fort. Sie erhoben sich also und gingen zur Stadt hinunter."

„Ich erhob mich tatsächlich", fuhr Bedloe fort und sah seinen Arzt voller Erstaunen an, „ich erhob mich tatsächlich und ging zur Stadt hinab. Unterwegs aber geriet ich in ein furchtbares Gewühl von Menschen, die Kopf an Kopf die Straßen füllten und mit den Zeichen höchster Erregung alle in eine bestimmte Richtung drängten. Wie es kam, weiß ich selbst nicht, doch plötzlich wurde ich mir bewusst, dass ich den Vorgängen rings um mich höchstes Interesse entgegenbrachte. Es kam mir plötzlich so vor, als wäre mir selbst bei alldem eine wichtige Rolle zugeteilt, ohne dass ich mir indes klar war, worin sie eigentlich bestand. Die Menge jedoch, die mich umgab, war mir im höchsten Grade widerwärtig. Es gelang mir, mich hindurchzuwinden, und ich eilte nun raschen Schrittes auf einem Umweg der Stadt zu, die ich bald erreichte.

Hier empfing mich ein wildes Kampfgetümmel. Ein kleiner Trupp halb indisch, halb europäisch gekleideter Männer, die zum Teil von Anführern in britischer Uniform befehligt wurden, lag in heißem Kampf gegen den ihnen an Zahl bei weitem überlegenen Pöbel. Ich schloss mich der schwächeren Partei an, bewaffnete mich mit dem Degen eines gefallenen Offiziers und kämpfte mit verzweiflungsvollem Mut gegen einen Feind, den ich nicht kannte.

Durch die Überzahl unserer Gegner wurden wir bald geschlagen und mussten uns in eine Art Kiosk flüchten. Wir verbarrikadierten den Eingang und waren für den Augenblick sicher. Durch eine Luke, ziemlich an der Spitze des Kiosks, sah ich, wie ein riesiger Haufen des Pöbels in toller Wut einen prächtigen Palast, der halb in den Fluss hineingebaut war, umzingelte und stürmte. Plötzlich erschien in einem der oberen Fenster des Palastes ein weiblich aussehendes Wesen, das von Dienern mithilfe ihrer aneinander geknüpften Turbane vorsichtig herabgelassen wurde. Ein unten harrendes Boot nahm die Gestalt auf und brachte den Flüchtling an das gegenüberliegende Ufer.

Nun aber reifte ein neuer Plan in mir. Durch einige wenige kraftvolle Worte gewann ich Einfluss auf meine Gefährten und spornte sie zu einem kühnen Ausfall aus dem Kiosk an. So stürmten wir denn mitten unter die Menge, die uns in dichten Scharen umgab. Anfangs wich sie vor uns zurück, dann rottete sie sich wieder zusammen, kämpfte in wilder Raserei und musste abermals weichen. Im Kampfgewühl waren wir weit von unserem Kiosk abgedrängt worden und gerieten zu unserer Bestürzung in enge Gassen mit hohen, vorstehenden Häusern, in deren Winkel und Ecken noch nie ein Sonnenstrahl gedrungen war. Immer wütender bedrängte uns der Pöbel, bedrohte uns mit Speeren und überschüttete uns mit tausenden von Pfeilen. Diese Pfeile waren höchst merkwürdig und erinnerten in gewisser Hinsicht an die gewundenen Dolche der Malaien. Sie waren dem Körper einer kriechenden Schlange nachgebildet, waren lang und schwarz und hatten eine vergiftete Spitze. Einer dieser Pfeile traf mich in die rechte Schläfe. Ich taumelte und sank zu Boden. Noch in derselben Sekunde befiel mich eine fürchterliche Übelkeit. Ich suchte dagegen anzukämpfen – rang nach Atem – und starb."

„Sie werden schwerlich jetzt noch behaupten wollen", wandte ich lächelnd ein, „dass Ihr ganzes Abenteuer kein

Traum war. Ich nehme wenigstens an, dass Sie uns nicht glauben machen wollen, dass Sie jetzt tot sind?"

Ich erwartete natürlich irgendeine witzige, heitere Antwort von Mr Bedloe. Zu meinem Erstaunen zögerte er jedoch, schwieg, wurde sehr bleich und begann zu zittern. Ich blickte zu Templeton hinüber. Der saß starr und kerzengerade auf seinem Stuhl, seine Zähne schlugen hart aufeinander, und seine Augen traten weit aus den Höhlen.

„Weiter!", befahl er Bedloe endlich mit heiserer Stimme.

„Mehrere Minuten lang", fuhr dieser fort, „empfand ich nichts, fühlte ich nichts als absolute Finsternis und Leere. Ich war mir bewusst, gestorben zu sein. Plötzlich aber durchzuckte mich, einem elektrischen Funken gleich, ein heftiger Schlag. Gleichzeitig kehrten mir meine Bewegungsfähigkeit und das Empfindungsvermögen für Licht zurück. Das Licht jedoch fühlte ich, ohne es zu sehen. Im nächsten Augenblick war es mir, als erhöbe ich mich vom Boden. Doch ich hatte noch durchaus kein Empfinden für mein körperliches Dasein noch für mein Gehör, mein Gesicht oder Gefühl. Die Menschenmenge war verschwunden. Der Aufruhr hatte sich beruhigt, die Stadt war still und friedlich.

Unter mir lag mein Leichnam mit durchbohrter Schläfe, der Kopf entsetzlich angeschwollen und entstellt. Alles das sah ich jedoch nicht, sondern fühlte es. Eine absolute Gleichgültigkeit beherrschte mich. Nicht einmal für den Leichnam empfand ich das geringste Interesse. Ich war völlig willenlos; irgendetwas schien mich fortzudrängen, und so schwebte ich nun gleichsam auf dem Umweg, auf dem ich gekommen war, wieder zur Stadt hinaus. Als ich in der Schlucht zu der Stelle kam, wo ich die Hyäne gesehen hatte, durchzuckte mich abermals ein Schlag wie von einer galvanischen Batterie. Das

Gefühl der Schwere, des Willens, der körperlichen Wesenheit kehrte mir zurück. Ich wurde wieder ich selbst und wanderte eilends heimwärts. Das eben Erlebte verlor aber nichts an tatsächlicher Wirklichkeit, und auch jetzt noch vermag ich meine Vernunft nicht zu der Annahme zu bekehren, dass das alles nur ein Traum gewesen sei."

„Es war auch kein Traum", sagte Doktor Templeton mit ungewöhnlichem Ernst. „Aber es ist schwer, eine andere Bezeichnung dafür zu finden. Begnügen wir uns mit der Tatsache, dass sich der Geist der heutigen Menschheit der Entdeckung mancher erstaunlicher seelischer Rätsel nähert. Im Übrigen möchte ich nur noch einige Erklärungen hinzufügen. Ich habe hier ein kleines Aquarellbild, das ich Ihnen schon seit langem zeigen wollte; stets hielt mich jedoch eine unerklärliche Furcht davon ab."

Wir schauten das Bild an, das er uns zeigte. Ich entdeckte durchaus nichts Außergewöhnliches daran. Anders aber verhielt es sich mit Bedloe. Er wurde beinahe ohnmächtig. Dabei stellte das Bildchen nur das Porträt eines Mannes dar, der allerdings eine verblüffende Ähnlichkeit mit Bedloes merkwürdigen Zügen hatte. Diesen Eindruck gewann ich, als ich die Miniatur betrachtete.

„Lesen Sie das Datum auf dem Bildchen", fuhr Templeton fort, „hier in der Ecke steht es, kaum noch sichtbar – 1780. In diesem Jahr wurde die Miniatur gemalt. Es ist das Bildnis eines verstorbenen Freundes, eines gewissen Mr Oldeb, mit dem ich in Kalkutta, zur Zeit der Verwaltung Warren Hastings', eng befreundet war. Ich war damals erst zwanzig Jahre alt. Als ich Sie, Mr Bedloe, zum ersten Mal in Saratoga sah, bewog mich in erster Linie die unglaubliche Ähnlichkeit zwischen Ihnen und diesem Bilde, Ihre Bekanntschaft zu machen, Ihre Freundschaft zu erringen und das Übereinkommen zu treffen, demzufolge ich zu Ihrem ständigen Begleiter wurde. Zum großen Teil, ja, vielleicht hauptsächlich, trieb mich hierzu ein schmerzliches Erinnern an meinen verstorbenen Freund, in gewisser Hinsicht aber auch eine quälende Neugierde, die mir Ihre Person abnötigte.

In Ihrer Schilderung der Vision, die Sie in den Bergen gehabt haben, beschrieben Sie bis in die kleinsten Details die indische Stadt Benares am Ufer des heiligen Stromes. Der Aufruhr, die Kämpfe, das Massaker, alles das trug sich wirklich während des Aufstandes Cheyte Sings im Jahre 1780 zu, bei dem Hastings in große Todesgefahr geriet. Der Mann, der sich mithilfe des aus Turbanen hergestellten Seiles rettete, war Cheyte Sing selbst. Der kleine Trupp in dem Kiosk setzte sich aus Sepoys und britischen Offizieren zusammen, an deren Spitze Hastings stand. Auch ich war einer von ihnen und machte meinen ganzen Einfluss geltend, um den voreiligen, unseligen Ausfall eines Offiziers zu verhindern, der bald im Straßengewühl, von dem vergifteten Pfeil eines Bengalen getroffen, zu Boden sank.

Dieser Offizier war mein lieber Freund, Mr Oldeb. Diese Schriftstücke werden Ihnen beweisen …", er reichte uns ein Notizbuch, in dem mehrere Seiten vor anscheinend ganz kurzer Zeit voll geschrieben worden waren, „… dass ich um dieselbe Stunde, da Sie diese Vorgänge in den Bergen zu erleben glaubten, damit beschäftigt war, sie hier zu Hause niederzuschreiben."

Ungefähr eine Woche nach diesem Gespräch erschien in einer Zeitung in Charlottesville nachstehende Anzeige:

Es obliegt uns die traurige Pflicht, das Hinscheiden Mr Augustus Bedlos bekannt zu geben. Sein liebenswürdiges Wesen und seine vielen trefflichen Eigenschaften sichern ihm bei den Bürgern von Charlottesville ein ehrendes Andenken. Mr Bedlo litt seit einer Reihe von Jahren an einem Nervenleiden, das schon mehrfach einen schlimmen Ausgang befürchten ließ. Die Krankheit kann jedoch nur als mittelbare Todesursache angesehen werden. Das Ereignis, das unmittelbar seinen Tod zur Folge hatte, war überaus seltsam. Anlässlich eines Ausfluges in das Felsengebirge, den er vor einigen Tagen unternahm, zog er sich eine leichte fiebrige Erkältung zu und litt gleichzeitig an einem heftigen Blutandrang zum Kopf. Doktor Templeton suchte dem Patienten durch örtliche Blutentziehung Linderung zu verschaffen und setzte an den Schläfen Blutegel an. In erschreckend kurzer Zeit starb der Kranke. Die Nachforschungen ergaben, dass in das Gefäß, in dem die Blutegel aufbewahrt wurden, unseligerweise einer der giftigen, wurmartigen Blutegel geraten war, die hin und wieder in den benachburten Teichen vorkommen. Das Tier hatte sich an einer kleinen Ader der rechten Schläfe festgesaugt. Die große Ähnlichkeit mit dem medizinischen Blutegel war schuld daran, dass der furchtbare Irrtum zu spät bemerkt wurde.

N.B.: Die giftigen Blutegel von Charlottesville sind von den medizinischen in erster Linie durch ihre schwarze Farbe und besonders durch ihre wurmartigen Bewegungen, die an Schlangen erinnern, zu unterscheiden.

Ich sprach mit dem Redakteur des betreffenden Blattes über die Einzelheiten dieses merkwürdigen Unglücksfalles und fragte ganz beiläufig, wie es komme, dass der Name des Verstorbenen, Bedloe, unrichtig Bedlo gedruckt worden sei.

„Ich vermute", sagte ich, „man hat Sie beauftragt, den Namen so drucken zu lassen. Ich war allerdings stets der Meinung, er würde am Schluss mit e geschrieben."

„Beauftragt? Nein", antwortete der Redakteur. „Es handelt sich da nur um einen Druckfehler. Man schreibt den Namen Bedloe auf der ganzen Welt mit einem e am Ende. Ich wenigstens habe ihn noch niemals anders geschrieben."

„Dann also", sagte ich leise und wandte mich zum Gehen, „ist die Wahrheit wieder einmal seltsamer als alle Dichtung; denn Bedlo ohne e ergibt, wenn man das Wort umdreht, nichts anderes als den Namen Oldeb. Und da behauptet der Mann, es sei nur ein Druckfehler!"

(Aus dem Amerikanischen von Hanna Bautze)

Über die Autoren

Frederic Brown (1906 – 1972)
Amerikanischer Journalist und Schriftsteller.
Die Giesenstecks; aus: Frederic Brown, Flitterwochen in der
Hölle und andere Sciencefictiongeschichten. 1966, 1979 by
Diogenes Verlag AG, Zürich.

Arthur Conan Doyle (1859 – 1930)
Englischer Schriftsteller und Arzt. Verfasser berühmter
Kriminalromane und -geschichten um den Meisterdetektiv
Sherlock Holmes und seinen Assistenten Dr. Watson.
Die Mumie.

Johann Wolfgang von Goethe (1749 – 1832)
Deutscher Dichter. Zu seinen berühmtesten Werken zählen
u. a. die Tragödie „Faust", der Briefroman „Die Leiden des
jungen Werther" und der Roman „Wahlverwandtschaften".
Daneben schrieb Goethe auch viele bekannte Gedichte und
Balladen.
Erlkönig. Der Totentanz.

Jeremias Gotthelf, d.i. Albert Bitzius (1797 – 1854)
Schweizer Dichter. Schrieb Romane und Erzählungen, be-
gründete 1836 mit seinem Buch „Der Bauernspiegel oder
Die Lebensgeschichte des Jeremias Gotthelf" den deutsch-

sprachigen Bauernroman und war ein heftiger Streiter gegen die städtische Zivilisation.
Die schwarze Spinne.

Ernst Theodor Amadeus Hoffmann (1776 – 1822)
Deutscher Dichter, Kapellmeister, Komponist, Zeichner und Jurist. In seinen Romanen, Novellen und Erzählungen überschneiden sich realistische Alltagswelt und der Bereich des Unheimlich-Gespensterhaften bis hin zum Grotesken. Zu seinen berühmtesten Werken zählen u. a. „Die Elixiere des Teufels" und „Die Lebensansichten des Katers Murr".
Die wundersame Geschichte von den zerbrochenen Eiern; aus: Der Feind.

Montague Rhodes James (1862 – 1936)
Englischer Gelehrter und Schriftsteller. Wurde vor allem durch seine zahlreichen Geistergeschichten einem breiteren Publikum bekannt.
Eine Pfadfinder-Geschichte; aus: M. R. James, Der Schatz des Abtes Thomas.
Insel-Verlag, Frankfurt.

Friedrich Laun, d.i. Friedrich August Schulze (1770 – 1849)
Deutscher Schriftsteller. Verfasste zahlreiche Unterhaltungsromane, u. a. „Der Mann auf Freiersfüßen", und Erzählungen.
Der Totenkopf.

Eduard Mörike (1804 – 1875)
Deutscher Dichter. Seine Gedichte und Balladen zeichnen sich aus durch ein sensibles Gespür für die Regungen der

Seele. Schrieb auch einen Roman („Maler Nolten") und mehrere Erzählungen.
Die Geister am Mummelsee.

Margaret Oliphant (1828 – 1897)
Schottische Schriftstellerin. Schrieb über hundert Romane, in denen sie sich immer wieder dem Bereich des Okkulten zuwandte.
Die offene Tür.

Edgar Allan Poe (1809 – 1849)
Amerikanischer Dichter. Schrieb Kriminalerzählungen wie z. B. „Der Doppelmord in der Rue Morgue", Schauererzählungen wie „Der Untergang des Hauses Usher" und Abenteuererzählungen wie „Der Goldkäfer" u. a.
Im Felsengebirge.

Sir Walter Scott (1771 – 1832)
Schottischer Dichter. Sein berühmtester Roman ist „Ivanhoe", der auch in Deutschland zum Abenteuerklassiker avancierte.
Das Zimmer mit den Wandbehängen.

Heinrich Seidel (1842 – 1906)
War zunächst Ingenieur und wurde als Konstrukteur des Hallendaches über dem Anhalter Bahnhof bekannt, ehe er 1880 freier Schriftsteller wurde. Zahlreiche Geschichten von Sonderlingen usw.
Das arme alte Gespenst.

Oscar Wilde (1854 – 1900)

Irisch-englischer Dichter. Schrieb Theaterstücke und Erzählungen, zeichnete witzige, oft sarkastische Bilder der Gesellschaft, schrieb daneben aber auch Märchen und Geschichten von Geistern.

Der Geist von Canterville.